农业对外合作与乡村振兴丛书
Agricultural Foreign Cooperation and Rural Revitalization Series

臻于出彩的事业

A MAGNIFICENT CAREER

河南省农业对外经济合作中心成立40年工作回顾与展望

Review and Prospect of Henan Agricultural Foreign Economic Cooperation Center in the Past 40 Years

河南省农业对外经济合作中心 编
Henan Agricultural Foreign Economic Cooperation Center

黄河水利出版社
·郑州·

图书在版编目(CIP)数据

臻于出彩的事业:河南省农业对外经济合作中心成立40年工作回顾与展望/河南省农业对外经济合作中心编.—郑州:黄河水利出版社,2022.1
ISBN 978-7-5509-3231-9

Ⅰ.①臻… Ⅱ.①河… Ⅲ.①农业合作-对外经济合作-概况-河南 Ⅳ.①F327.61

中国版本图书馆CIP数据核字(2022)第022106号

审稿:席红兵 13592608739

出 版 社:黄河水利出版社 网址:www. yrcp.com
地址:河南省郑州市顺河路黄委会综合楼14层 邮政编码:450003
发行单位:黄河水利出版社
发行部电话:0371-66026940、66020550、66028024、66022620(传真)
E-mail:hhslcbs@163. com
承印单位:广东虎彩云印刷有限公司
开本:787 mm×1 092 mm 1/16
印张:15 插页:10
字数:300千字 印数:1—1 000
版次:2021年1月第1版 印次:2022年1月第1次印刷

定价:128.00元

世界粮食计划署无偿援助河南信阳大别山区四县低产田综合开发项目

亚行贷款旱作可持续农业项目启动会

业项目竣工

亚行贷款北方旱作农业项目技援检查座谈会

亚行贷款畜牧养殖项目

以色列政府贷款
智慧农业项目申报前期
准备工作座谈会

中国贸促会河南省农业行业支会
河南省农业对外商务协会
成立暨第一届会员代表大会

全省农业外经外事工作会议

河南省农业对外贸易形势与政策培训

中国农业国际交流协会三届二次会员代表大会
暨三届六次理事会

世界银行河南高质量绿色农业项目
专家鉴别团会议

农业对外合作交流

行贷款北方旱作农业项目环境影响报告表(书)技术评审会

农业外资专家项目区考察

FECC
农业农村部对外经济合作中心
(中国-欧洲联盟农业技术中心)
Foreign Economic Cooperation Center,
Ministry of Agriculture and Rural Affairs

FECC
农业农村部对外经济合作中心

农业农村部领导莅临农业国际展会河南展馆

河南

郑州思念食品有限公司
金牌虾

发展甘薯优势产业 建设现代农业园区
园区简介
园区规划

河南省优质农产品展销中心
第17届中国-东盟博览会直播

农业国际展会河南展厅

河南
HENAN
大餐桌 大市场
World's Dining Table
Enormous Market
老家河南 豫农名品
一带一路
东盟合作
名优产品
绿色农业
河南
HENAN

河南
HENAN
绿色河南 出彩中原
绿色河南 出彩中原

河南

河南
河南九龙食品有限公司

河南
新乡综合展区

开封综合展区
新乡综合展区

开幕式
CIFIE
2019

CIFIE
2019

CIFIE
2019

CIFIE
2019

CIFIE
2019

CIFIE
2019

2021
国际茶日·大使品茶
International Tea Day · Tea and Ambassadors

谨以此书

献给40年来为河南农业对外合作与
农业利用外资事业辛勤耕耘的工作者

编者的话

河南省是农业大省，农业生产在河南省国民经济发展中占有重要地位，农业对外合作水平在一定程度上标志着全省的对外开放水平。河南省农业对外经济合作中心成立于1982年，作为农业“引进来”与“走出去”的先遣队和生力军，以服务“三农”为宗旨，恪守“求真务实、开拓创新、团结协作、忠诚守信”的工作理念，充分发挥自身专业技术、人力资源、项目管理和信息咨询等方面的优势，在农业对外合作与交流工作中发挥着重要而独特的作用，是推动农业对外开放的中坚力量。

河南省农业对外经济合作中心成立40年来，卓有成效地组织实施了一批国际金融组织贷款和无偿援助项目，先后从世界银行、亚洲开发银行、联合国粮农组织和世界粮食计划署等国际组织、外国政府及民间组织引进各类农业外资项目70多个，金额2亿多美元。大量外资项目和国际先进农业技术及管理理念的引进与利用，在弥补农业投入不足，改善农业基础条件的同时，对于促进河南农业科技进步、人才培养，提高农业和粮食生产水平起到了积极作用。

河南省农业对外经济合作中心在迎来40年华诞之际，以编辑出版《臻于出彩的事业——河南省农业对外经济合作中心成立40年回顾与展望》的方式，总结回顾农业对外经济合作40年不凡历程，郑重地记述“其时、其事、其人”，系统梳理40年农业对外合作，特别是农业外资项目引进利用和实施开展工作，既是农业对外合作事业承前启后、继往开来的需要，也是主动作为、迎接挑战、再创佳绩的一次动员和鼓劲。

在本书即将付梓出版之时，全省正掀起学习贯彻党的十九届六中全会和省十一次党代会精神的热潮，河南省农业对外经济合作中心将以习近平总书记重要讲话精神及新时代“三农”思想为引领，认真落实国家“一带一路”建设和全省农业对外合作工作部署要求，充分认识做好农业对外合作对服务全省发展大局和全面推进乡村振兴的重要意义，立足新阶段新理念新格局，提升政治站位，强化政治担当，聚焦农业走出去主业，务实搭建平台、抓手和载体，以良好精神状态，投身乡村振兴新征程，为实施乡村振兴战略、服务“三农”发展大局，走好农业对外合作第一方阵。

本书在编写过程中，得到了河南省农业农村厅领导和厅外经处以及中心同志们的关注、支持和帮助，在此，谨表衷心的感谢！由于本书涉及内容广，时间跨度大，史料搜集难，加之编写水平有限，错误与不当之处在所难免，恳请读者批评指正。

编写组

2021年12月

目录

第一章
绪 论 篇

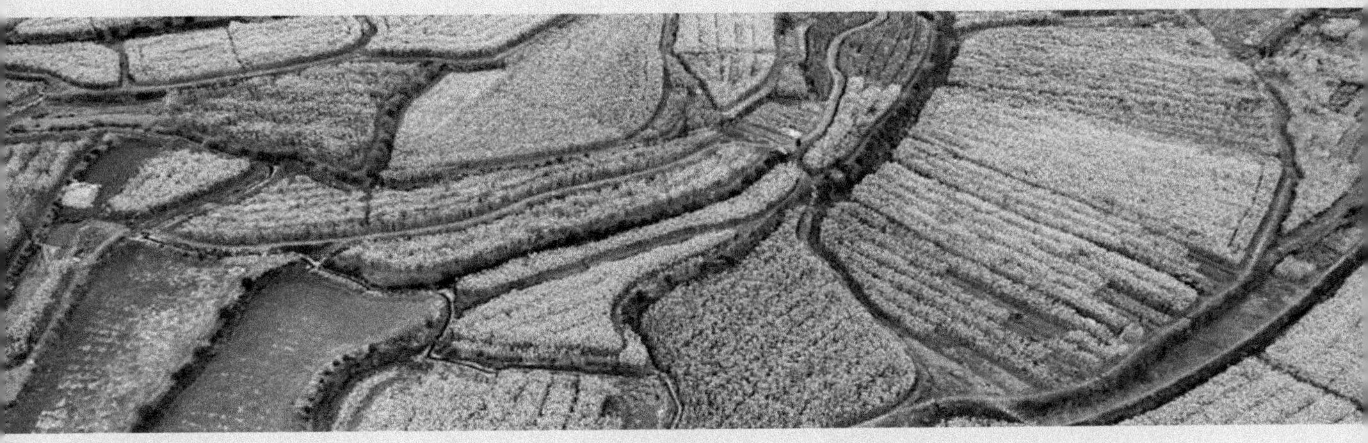

第一节
中国农业对外合作发展历程及形势任务

一、农业对外合作为服务国家战略和农业农村发展做出了重要贡献

农业对外合作是我国农业农村经济工作的重要组成部分，对国内“三农”发展发挥着越来越重要的作用，对国际粮农治理的影响越来越深远。回顾农业对外合作的发展历程，在各个历史阶段，对服务国家重大战略和“三农”全局都发挥了重要的、难以替代的作用。

● 从新中国成立到改革开放前(1949～1978 年)，农产品出口是社会主义建设的重要支撑。新中国成立后，苏联、东欧及亚洲社会主义国家最早承认中国合法地位并建交，农业对外合作随即展开。这一时期中国农业对外合作以接受援助、学习、交流为主。为了迅速改变贫穷落后的经济面貌，中国效仿苏联确立了优先发展工业的战略，并确立了统一管理、统一经营、高度集中的对外贸易体制，实行指令性计划和国家统负盈亏。为保证工业发展所需资金，农业贸易成为出口创汇的重要来源。尽管这个时期国内农产品总量供给短缺，但以农产品及其加工品主导的出口贸易比重一度高达 80%，直至改革开放前的 1978 年仍然达到 62.6%，总额在 60 亿美元左右。除粮食、油料等物资特殊规定限量出口外，其他产品如水果、茶叶、土特产等都实行压缩国内销售、优先确保出口的方针。正是这个时期的农产品出口，有力支撑了新中国成立初期的大规模工业建设。

●从改革开放到加入世界贸易组织前(1979~2001年),农业引资引技引智和贸易合作交流加速发展,为国内农业发展聚集积极要素。党的十一届三中全会后,我国的经济体制开始深层次调整,确立了对外开放的基本国策。在这一历史背景下,大批农业管理和科技人员到发达国家考察学习,解放思想,开阔眼界,转变观念。与此同时,通过各种方式积极引进资金、技术、人才和管理经验。农业"引进来"逐渐成为对外合作的主流。以1994年8月启动的引进国际先进农业科学技术计划(948计划)为例,先后从40多个国家和地区,引进先进农业技术1500多项、种质资源8万多份和仪器设备1300余套,为国内相关产业发展提供了技术支撑。这一时期,中国将高度集中的外贸管理体制进行调整,在农业贸易领域率先放开"两水"(水果、水产品),进出口定价机制逐渐市场化;下放对外贸易管理权,不少企业走上了农工贸相结合的对外贸易发展道路;削减关税和非关税壁垒,农产品关税由1992年的51%下调至2001年的21%,并逐步取消非关税壁垒,建立涉外动植物检验检疫制度;进一步深化外汇管理体制改革,放宽外贸经营主体权限。同时,随着国家相关法律政策的不断完善,远洋渔业等开始"走出去"并取得积极成效。这一阶段中国总体对外贸易快速发展,而农业所占比重明显下降。1979年中国农业贸易总额突破100亿美元,2001年达到279亿美元,农业贸易整体增长,继续呈现顺差态势,占对外贸易总额的比重下降至5%左右,彻底改变了以农副产品出口为主的贸易格局。

●加入世界贸易组织的第一个十年(2001~2011年),中国农业开始全方位参与国际竞争,农产品贸易突飞猛进,农业"走出去"初具规模。2001年12月11日,中国正式加入世界贸易组织,成为第142个成员。农业在加入世界贸易组织中做出了巨大贡献,大幅削减关税,实行关税配额管理制度,规范国内支持措施,取消出口补贴,如期开放了农业领域外资准入。2001~2011年,中国农产品贸易总额由279亿美元增长到1556亿美元,年均增长18.7%。其中,进口额由119亿美元增长到949亿美元,出口额由161亿美元增长到608亿美元。2004年首次出现逆差47亿美元,至2011年逆差已扩大至341亿美元,粮棉油糖以及肉类和乳制品等所有大宗农产品全部净进口。2006年,商务部、农业部和财政部等对加快农业"走出去"提出了指导性意见,开始了我国农业"走出去"战略的实施。农业"走出去"初具规模,2011年农林牧渔对外投资存量34.2亿美元,有760家企业在境外开展涉农投资,一部分有实力的企业,包括一些民营企业开始主动参与全球农业资源配置。

●党的十八大以来(2012年至今),农业进入全方位对外开放新阶段,服务国家政治外交大局和"三农"工作全局,不断取得新成效。农业贸易和投资合作迈出新步伐，深度融入全球农业资源配置，积极参与全球粮农治理，农业日益成为政治外交的优质资源。

• **一是机制平台有新提升。**2014 年底，经国务院批准，成立了由农业部门牵头的农业对外合作部际联席会议制度。2016 年出台《国务院办公厅关于促进农业对外合作的若干意见》，首次在国家层面对农业对外合作进行了系统部署。与 140 多个国家开展农业合作，与 80 多个“一带一路”国家签署协议，主办二十国集团、金砖国家、上合组织、中拉和中非农业部长会议等重要活动，农业越发成为外交重要议题和优势资源。

• **二是经贸合作有新成效。**农产品贸易额由 2012 年的 1758 亿美元增至 2020 年的 2468 亿美元，目前已稳居全球第二大农产品贸易国、第一大进口国、第五大出口国，成为大豆、油菜籽、棉花、猪肉等大宗农产品的全球最大买家。2019 年农业对外投资 79.36 亿美元，比 2015 年增长 117%，投资存量已达 348 亿美元，覆盖 106 个国家。

• **三是农业援外有新进展。**向 9 个国家派出 23 个农业援外组、225 人次农业专家，举办 433 期农业援外培训，培训外国农业人员上万人。向联合国粮农组织南南合作信托基金先后进行两期捐款，推动农业技术转移 428 项，使发展中国家上百万小农受益，我国成为全球农业多边合作的引领者。

• **四是农业外交官队伍初具规模。**对外派驻农业外交官队伍不断壮大，农业大国基本全覆盖，在推动与驻在国以及国际组织农业合作、及时获取全球农情信息方面发挥了重要作用。

二、当前农业对外合作面临的形势

当前和今后一个时期，我国发展仍然处于重要的战略机遇期，经济基本面长期向好的发展趋势没有改变，强大的国内市场为扩大对外开放提供了空间，为农业对外合作提供了机遇。同时，世界正经历百年未有之大变局，国际政治、经济、贸易格局正发生深刻变化，新冠肺炎疫情影响广泛深远，经济全球化遭遇回头浪，不稳定不确定因素明显增加，农业国际合作面临的风险挑战将更加严峻。

• **一是进口依存度不断提高，稳定进口供应链面临较大压力。**近年来，我国大豆、棉花、食糖、畜产品等对外依存度不断提高，国际市场对国内产业的影响越来越大。疫情后，国际农产品市场波动震荡，粮食供求趋紧，贸易政策多变，全球农业生产出现阶段性阻滞和局部减产的风险上升，全球范围内海运缺箱、爆仓、运费大幅上涨的问题持续恶化。在这种形势下，保障进口供应的稳定性和可靠性，防范市场风险，将是一项长期任务。

• **二是优势农产品出口竞争力不高，农业贸易大而不强问题突出。**农业国际化的全球经验表明，“大进大出”是成为世界农业强国和贸易大国的必经之路。我国是农业贸易大国，但农产品贸易的国际竞争力仍待加强，突出问题是“进多出少、进快出慢”，“十三五”期间农产品出口年均增幅3%左右,2019年、2020年出口额两连降。其中,水产品、蔬菜等传统优势产品出口下滑,水果由传统顺差产品转变为逆差。大量的农产品出口中小企业在质量、标准、加工、物流、品牌、营销等方面,需要全面提档升级,从而在激烈的国际竞争中站稳脚跟。

• **三是经贸等领域摩擦加剧,增加了农业对外合作的不确定性。**近年来,全球范围内的贸易保护主义、单边主义抬头。美西方在经贸、投资、科技、产业等领域对我国进行全方位打压。同时,疫情发生后,一些国家"自顾"倾向明显上升,对保粮食安全和市场供给的重视程度前所未有,不仅要强化国内生产供应,还要压制我国对外合作空间。在这种政治环境下,农业对外合作面临的不确定性增加,统筹做好服务国家外交大局与发展农业多双边关系的任务更重。

• **四是新冠肺炎疫情仍然持续,推进农业对外合作面临挑战。**国际疫情仍然复杂严峻,农业对外合作遭遇了前所未有的困难。国际展会和线下交流活动无法正常开展,人流物流严重受阻,境外项目大都面临国内人员出不去、国外人员回不来的问题,农资和部分产品进出口也受到口岸关闭、检疫要求升级、运输工具不足的影响,很多境外项目无法正常动工。同时,国际市场风险加剧,农产品价格波动、境外合作企业违约、部分国家汇率大幅震荡等风险都在增加。

三、"十四五"及今后一个时期农业对外合作重点任务

今后一个时期,农业对外合作将以习近平新时代中国特色社会主义思想为指导,贯彻落实新发展理念,紧紧围绕服务国家外交、外经、外贸的大局,以助力形成农业双循环新发展格局为重要任务,以助推乡村振兴和农业农村现代化为重要目标,以共赢、共担、共治为重要原则,创新农业交往交流、贸易投资、科技合作、对外援助和参与全球粮农治理方式,实现更大范围、更宽领域、更深层次的农业对外开放。

(一)系统谋划、互利共赢,加快构建新型农业对外伙伴关系

按照"取"和"予"更加平衡的总体思路,大力推进农业对外合作,扩大同各国的利益交汇点,实现互利共赢发展。深化新型大国农业关系。求同存异,妥善处理分歧,巩固与大国的农业合作,积极拓展合作空间,加强在应对气候变化、粮食安全、数字农业、土壤保护等领域合作,更好实现互利共赢。拓展与发展中国家农业关系。积极开展多种形式的农业南南合作,优化大宗农产品进口来源多元化布局,扩大从"一带一路"、新兴市场和发展中国家进口农产品,扩大对发展中国家的农业投资。用好多边和区域合作平台。积极参与全球粮农治理和区域次区域合作,发挥好我国在二十国集团(G20)、金砖国家、上合组织和面向东盟、中东欧国家的平台中的作用,维护多边主义,支持多边贸易体制改革,推动全球粮农治理体系改革发展。

（二）优进优出、重点促出，推动农业贸易高质量发展

着力优化进口市场结构和布局，重点提升农产品出口质量和效益，助力国内农业供给侧结构性改革、产业提质增效和农民就业增收。加快构建稳定的重要农产品进口供应渠道。围绕保障国内重要农产品安全稳定供给，拓展多元化进口渠道，合理有序调整进口来源布局，适时适度调控进口，增强供应链韧性，加强监测预警和风险防范。加快培育农产品出口国际竞争新优势。聚焦优势区域、重点产业和关键环节，培育一批农业国际贸易高质量发展平台载体，打造线上线下融合的国际知名农业展会，推进农产品出口跨境电商、海外仓等新业态新模式发展。加快推进农业服务贸易发展。把农业服务贸易作为推动优势产能走出去的重要抓手，发挥我国在农技、农机、农资等领域优势，在全球范围内塑造农业服务贸易的模式、规则、标准等话语体系，带动我国农业对外投资和贸易全面发展。

（三）优化布局、强化支撑，推动农业走出去行稳致远

统筹谋划产业方向，科学选择投资区域，围绕重点企业精准施策，以加工、仓储、物流为关键环节，推动实现我国农业产业链供应链价值链在全球的合理延伸布局。设计和落实一批具有一定影响力、带动作用明显、可持续发展能力强的合作项目，全面建立起与农业跨国经营相配套的财政、融资、税费、援外、贸易、外交政策支撑体系，以及完备的农业对外合作法律、信息、信用、保险、人才、商协会服务保障体系。

（四）引推并重、培优补短，促进国际农业科技合作互惠共享

优化全球农业科技合作战略布局，聚焦基础性、战略性、前瞻性的农业科学领域和全球共性挑战，发挥农业科技国际合作平台作用，推动优势科技资源双向流动，以开放合作推动自主创新。加强与农业科技强国的联合攻关，围绕基因挖掘等基础研究、人工智能等前沿交叉学科在农业中的应用，以及畜禽核心种质育种等技术，加快补齐短板，突破瓶颈。推动农业科技走出去，加强与“一带一路”国家在良种培育、高产栽培技术、动植物疫病防控、设施农业、农机装备、旱地农业等领域合作。

（五）创新方式、注重实效，促进农业对外援助取得新成效

坚持授人以渔、量力而行、讲求实效，推动农业援助向上下游延伸，与农业对外经贸投资协同发展。确定重点国别、分类施策，帮助受援国编制农业发展规划或开展规划咨询，加强援外项目与受援国农业发展重点任务相衔接。健全国内农业援外工作协调机制，推动设立单独的农业援外资金，整合农业技术示范中心等现有资源，鼓励地方、科研单位、企业参与农业援外，推动形成农业援外一盘棋。创新援外模式，调动各方资源，拓展与国际组织、发达国家、私营部门、金融机构等的合作伙伴关系。加强管理服务，推动提升农业援外人员待遇，增加其工作积极性和获得感。

第二节
河南农业对外合作 40 年工作回顾及展望

党的十八大以来,在习近平新时代中国特色社会主义思想,特别是习近平外交思想和关于“三农”工作重要论述的指引下,河南农业对外开放不断迈上新台阶、取得新突破。在建党百年之际,系统梳理总结河南农业对外合作的历程和经验,立足新发展阶段,完整、准确、全面贯彻新发展理念,围绕构建新发展格局,以更高水平农业对外合作助力乡村振兴和农业农村现代化,具有重要的历史意义和现实价值。

一、取得的主要成就

1982 年,世界银行贷款华北平原农业项目的引进,正式拉开了河南农业利用外资工作的帷幕。河南农业利用外资主要经历了 5 个重要阶段:1982~1987 年为启动摸索阶段,1988~1990 年为调整完善阶段,1991~1996 年为扩大提高阶段,1997~2003 年为稳步发展阶段,2005~2015 年及以后为高质量发展阶段。在实施农业利用外资过程中实现了四个具有重大意义的转变:一是实现了由被动接受项目到主动出击积极争取的转变;二是实现了由争取国际无偿援助为主向无偿、有偿并举和外商直接投资转变;三是实现了由单一引进外资向经贸和科技合作与交流转变;四是实现了由注重外资规模向突出质量和优化结构转变。

40 年来,随着我国农业对外开放不断深化,河南农业对外合作逐步形成了全方位、多层次、宽领域的农业对外合作新格局,农产品贸易稳定增长,农业对外合作项目效益稳步提升,农业对外合作交流不断扩大,人才队伍建设扎实推进,有效服务了全省农业农村经济发展。

(一)引进外资外援,增强了农业综合生产能力

20世纪80年代,由于农业生产处于恢复性发展阶段,农业国际经济技术合作发展缓慢,这一时期的重点是农业引进外资项目。1990年以后,河南省加强了对农业外资外援引进工作的领导与宏观管理,加大了农业经济技术国际合作与交流的步伐,引进项目逐渐增多,引进规模迅速扩大,引进效益不断提高,在弥补了河南省农业建设资金的不足的同时,加速了对传统农业的改造,改善了农业生产条件,提高了农业综合生产能力。据不完全统计,自改革开放以来,省外经中心先后从国际农业组织、国际金融组织和双边政府组织以及民间组织,组织参与引进实施各类农业外资项目70多个,金额达2亿多美元,其中实施国际发展援助项目世界粮食计划署(WFP)无偿援助的引黄灌淤改造中低产田项目、信阳大别山区4县低产田综合开发项目和沿黄低洼碱荒地综合养鱼项目、英国政府贷款支持潢川和淮滨两县年产200万只樱桃谷鸭项目等17个;实施世行贷款华北平原农业项目、亚行贷款旱作可持续农业项目、亚行贷款河南省畜牧养殖及产品安全示范项目等对外贷款项目30多个。1994年国家开始实施引进"国际先进农业科学技术计划"(简称"948"计划),为了进一步提升河南省农业科技水平,提高农产品国际竞争力,先后组织引进农产品种质资源、农作物栽培技术、畜禽养殖技术30多项,如地膜覆盖栽培、测土配方施肥、水稻旱育稀植、油料作物品种"好好芭"、法国葡萄新品种及栽培技术、荷兰奶牛饲养技术等,这些先进技术的引进、消化吸收和创新,扭转了河南省农业技术相对落后和储备不足的局面,加快了优势产业和优势产品的开发,增强了农业国际竞争力,有力推进了河南省农业现代化水平,为推动产业升级奠定了基础。如引进的美国高产优质大豆,增产幅度为38.2%。引进日本水稻旱育稀植技术,改变河南省农民几千年来传统的水稻种植观念,不仅减少了气候对育秧的影响,增加了产量,而且大大减轻了农民的劳动强度,特别是地膜覆盖栽培技术的引进,在90年代更给河南省的种植业带来一场革命,同时,还推动了塑料大棚、设施园艺等引进技术的发展。引进肉牛冷配技术,培育杂交牛,使每头牛增加纯收入500元左右。从荷兰引进仔猪疾病防治技术,提高了仔猪成活率。

(二)农产品出口持续增长,推动了农业结构调整和农民增收

河南是农业大省、畜牧大省和食品加工大省,促进河南农产品出口,对于河南农村发展、产业结构优化、农业增效和农民增收具有重要意义。20世纪80年代,由于河南省广大农村刚刚开始实行家庭联产承包责任制,农业生产尚处于恢复性阶段,农产品依然供不应求,商品率低,出口的品种和数量都较少。进入20世纪90年代,河南省粮食等主要农

产品供求由长期短缺转变为“总量基本平衡、丰年有余”的基本格局，农产品供应丰富为农产品出口打下了良好的基础，主要特点表现为：一是农产品出口结构不断改善，农产品出口的产品结构不断优化，初级农产品比重降低，加工农产品比重上升，干香菇、熟肉制品、调味食品、包馅食品等一大批高附加值、高效益农产品纷纷打入国际市场；二是全省出口的农产品品种不断增多，不仅有传统的生猪、大蒜、苹果及苹果汁、鲜香菇、蜂产品等，又新增了面筋及面制品、饲料添加剂等品种，一些品种，如干香菇、面筋及面制品、饲料添加剂等出口势头迅猛。1996~2000 年，根据国际市场需求，结合农业生产条件和资源优势，因地制宜，培育和发展了一批产品档次高、质量效益好、国际竞争力强的农产品出口基地和出口农业龙头企业，全面提升了农产品的国际竞争力。如从日本引进果梅、盘瓜、雪白菜、阳荷、紫苏等蔬菜新品种，建立了 3 万亩出口蔬菜生产基地，生产蔬菜向日本、韩国等每年出口 3 万多吨，出口额 1330 万美元。潢川县华英集团公司利用英国政府的低息贷款和捐赠，引进当时世界最先进的肉鸭品种樱桃谷鸭，年出口额 1500 万美元，出口率达 80%以上。截至 2000 年，河南省农产品出口额达到 1.69 亿美元，全省培育发展粮食、棉花、油料、水果、瓜菜、花卉、食用菌、中药材、畜牧、水产及其他 11 大类农产品出口基地近 200 个，其中年出口额在 100 万美元以上的基地 80 多个。随着“一带一路”倡议、河南“粮食生产核心区、中原经济区和郑州航空港经济综合实验区”三大国家战略的加快实施，以及郑欧班列、跨境电子商务等新业态的蓬勃发展，河南农产品出口已具备了广阔发展空间和良好发展前景。2018~2019 年全省农产品贸易总额常年居全国第 13 位，2019 年上升到第 12 位。2020 年，全省农产品贸易总额 29.5 亿美元，农产品出口已经成为全省出口支柱产品和对外贸易的重要组成部分，向亚洲、非洲、欧洲、南美洲、大洋洲、北美洲出口农产品出口额都有大幅度增长，为更好地利用国内外资源和市场找到了突破口。

（三）坚持内外融合，促进了农业国际交流合作

2003 年以来，根据农业农村部安排，积极发挥河南农业资源禀赋和厚植优势、成熟的农业生产技术和农业人才优势，农业援外合作项目焕发出蓬勃活力。河南省共选派农业专家和技术员 197 人次，分赴尼日利亚、马拉维、埃塞俄比亚、马里、布隆迪、南非、贝宁、莫桑比克、津巴布韦、博茨瓦纳、埃及等十多个国家和地区开展农业援外项目，帮助当地培养了一大批农业技术人员，为发展中国家提高农业生产水平做出积极贡献，得到有关国家的高度肯定和赞赏。

随着中国与“一带一路”沿线国家在推进农业科技交流、优化贸易与投资、加强能力建设等方面不断加强合作，河南省不断扩大开放，加强农业对外合作，积极营造良好发展环境，给河南农业“走出去”提供了更为广阔的舞台和施展空间，一大批国际知名企业如嘉吉、益海嘉里等落户河南，省内企业积极开拓国际市场，双汇集团收购美国猪肉生产商史密斯菲尔德，成为全球最大的猪肉生产商和供应商，思念速冻食品进入沃尔玛全球采购

系统，大用、永达生产的鸡肉已成为麦当劳、肯德基等餐饮企业的主要供应商。商丘贵友集团在吉尔吉斯斯坦投资建设了"亚洲之星"农业产业化综合园区；周口银星牧业设备公司在尼日利亚、赞比亚、加纳等5个国家成立了国际营销中心。截至2019年底，河南以"一带一路"沿线为重点，在境外从事农业种植、养殖及深加工的企业72家，投资分布于世界42个国家和地区。河南省企业农业对外投资总额为16444.41万美元，其中亚洲区域投资额为13596.82万美元，占82.68%。来自泰国、德国、美国、澳大利亚、日本等11个国家20多家境外企业在河南省投资农牧产业，建成农牧企业35家，总投资额达73.4亿元。2019年以来，组织100多家企业分别参加中国国际农产品交易会、东盟博览会、国际食品与配料博览会、国际薯业博览会等国际展会，开拓了农产品国际市场，扩大了河南农业品牌对外知名度。

二、面临的形势与挑战

（一）形势与机遇

一是国际经济崭新态势开辟了农业对外合作新空间。世界经济一体化、贸易全球化加快推进，一些国家农业政策更多转向开放，为农业在更广阔的空间配置资源要素提供了有利的外部环境。我国以国内大循环为主体、国内国际双循环相互促进的新发展格局和乡村振兴战略的加速实施，为河南省农业更好地加强国内、国际农业交流和技术对接，推进产业境内外"双轮"驱动寄予了更多期盼，提供了更加多元的渠道和美好的前景。

二是我国对外开放不断扩大，形成了农业对外合作大气候，加强创新能力开放合作，培育国际合作和竞争新优势，已成为国家、地区间促进经济复苏、共享发展机遇的广泛共识。河南省多年厚植积累的农业资源禀赋和技术优势，特别是与中亚、东南亚、非洲等地区的合作基础，为河南省农业深度参与国际合作交流提供了广阔空间。大力推进"中国（河南）自由贸易试验区"建设，搭建豫京、豫泸农业合作、河南（郑州）国际现代农业博览会等对外合作交流平台，鼓励企业走出去和资本、技术、人才引进来，为深化农业对外合作创造了有利条件。

三是黄河流域生态保护和高质量发展要求，对现代农业和农业供给侧结构性改革赋予了更多发展机遇。河南在现代农业建设中，建立了较为完整的产业体系、技术体系和加工流通体系，形成了一批农业优势产业、龙头企业以及开放型农业载体，农业经营主体开放意识强，具有扩大对外合作的强烈愿望，未来精准高效利用国际先进技术促进农业转型升级将成为重要选项。尤其是对推进农产品贸易物流体系建设、加工贸易发展及农业对外投资等，能提供源源不断的发展动力。

（二）现实与挑战

• 国际新格局下，世界经济持续低迷。中美贸易争端复杂多变，国际单边主义和贸易保护主义抬头，为世界经济复苏和国际贸易发展带来诸多不确定因素，国际交流活动严重收缩，对河南农业企业“走出去”进一步开拓国际市场影响较大。

• 河南农业竞争优势依然薄弱。农业用地、用工等生产要素成本逐步提高，小规模分散经营主体占主导地位，小农户与大市场尤其是国际市场对接困难。

• 对外投资方面，对外投资能力不强。河南省在承接外资和国际技术转移过程中溢出效应不明显；出口农产品方面“贴牌”或“无牌”现象较为普遍，外向型农业发展面临新挑战。

• 由于受各国疫情管控措施影响，河南省农业对外合作境外重点项目建设大多面临资金和物资相对短缺、人员和物流进出受限、项目进程滞缓等问题，相比往年出现大幅下降。

三、今后重点工作与任务

农业对外合作是整个经济领域对外开放的重要组成部分，是我国充分利用两个市场、两种资源的重大举措，新发展阶段需要农业继续扩大对外合作。当前，“一带一路”建设倡议进程加快，对促进农业对外合作提出了新要求；国际贸易摩擦加剧，新冠肺炎疫情全球蔓延，对统筹做好国际国内市场提出了新要求；实施乡村振兴战略进入新阶段，对提升农产品贸易行动提出了新要求。适应新发展阶段的新要求，农业对外合作工作要立足河南实际，按照“有所为、有所不为”的原则，以保障粮食安全与主要农产品有效供给、增加农民收入为目标，以资源高效利用和优化配置为手段，以新型主体培育和重点领域拓展为途径，进一步加大投资力度，突出资源优势，创新经营方式，提升发展水平，推动形成农业全面对外合作新格局。

（一）深化农业国际交流合作

在国家整体外交战略下，积极开拓农业合作新领域，深化拓展合作内容。借助双边、多边关系渠道，积极开展与国际组织、外国驻华使馆、各国农业部门和外商等的联络沟通。加强与联合国粮农组织的合作，强化河南省全球重要农业文化遗产保护管理，大力弘扬河南传统优秀农耕文化。发挥友好协会、贸促机构、商协会和侨商会等民间团体的桥梁纽带作用，在组织好国内中国国际薯业博览会、中国国际食品配料博览会和中国—东盟博览会等国际展会的同时，积极组织开展河南农业境外经贸推介交流活动。

(二)拓展优势农产品海外市场

坚持走多元化的农产品出口发展路子,深入研究国际贸易新模式,积极开展海外市场研究、营销策划、产品推介、市场促销活动,探索出口新渠道,推动优势农产品出口。加强农产品贸易营销促销,全面深化豫京、豫沪合作,并充分利用国际性农业(食品)展会、加强农产品产销对接,提升河南省优势农产品国际知名度。优化外贸产品结构,推动精深加工农产品出口。进一步创新农产品营销方式,构建农产品海外营销网络,支持有条件的企业建立海外农产品展示展销窗口。稳步推进农产品跨境电子商务,发展市场采购贸易,拓宽市场空间。

(三)扩大农业对外投资合作

鼓励企业"走出去",开展种植、养殖,建立原材料生产基地,进一步拓展投资领域,引导企业赴境外建立农副产品、农机装备、农兽药、饲料添加剂等生产加工企业,兴办农产品收购、仓储等物流业和农业文化创意、休闲旅游等服务业,推动农业产能合作。特别是发挥河南省农业种植、畜禽养殖等品种、技术优势,鼓励企业到资源丰富、市场潜力大的国家开展投资合作,从事专业化生产和服务。发挥大型民营企业带动作用,鼓励中小企业开展协作。借助国家境外农业合作平台,鼓励河南省企业投资入驻,参与建设管理和营运。完善农业对外投资机制,支持企业以合资、参股、租赁、并购等方式与国外公司开展农业合作,建立战略合作关系。

(四)提高农业外资利用水平

进一步扩大招商引资途径,建立农业利用外资项目库,定期对外推介重点招商项目,扩大农业利用外资规模。创新资本合作利用方式,鼓励企业通过项目融资、BOT、经营权转让、收购兼并等与外商合作经营,支持外商以其专有技术、高新技术成果入股河南省农业企业。优化农业利用外资结构,引导外商投资方向,重点发展高技术含量、高附加值的种养业及农业废弃物综合利用、生物质能开发、现代农机装备开发制造、农产品精深加工和农业服务业。

(五)大力推进农业科技合作

加强与国外农业科研机构合作,支持建立联合农业科技研发中心和联合实验室,或通过实施重大科技研发联合项目,推动技术、品种、装备、标准等研究推广,开展农业风险管理、水土保持、生态环境建设和农产品精深加工、农业可持续发展等合作研究。加强与农业现代化发达国家的农业科技合作对接,结合河南省现代农业建设实际,有针对性地引进示范推广一批优质品种、先进技术标准、新型农机装备等。做好政府间农业科技交流团组的互派工作，强化团组访问成果的推广应用。坚持引进技术与引进智力相结合，加强人才交流，加大海外高层次农业人才引进力度，推动产学研对接。

（六）加强出口农产品生产基地建设

以国际农产品市场需求为导向，立足省内优势农产品资源，在特色优势农产品生产基地建设基础上，持续推进出口农产品生产基地建设，提高出口农产品国际竞争力。推动出口农产品基地建设与国际标准接轨，推行GAP、HACCP等国际标准认证，开展质量管理体系、良好农业操作规范、良好生产规范、危害分析与关键控制点等标准的认定评价，提升农产品标准化生产水平。加强出口农产品生产示范基地监管，全面推行标准化生产，严格投入品使用，加强农产品品牌创建，推进先进适用技术模式运用，组织开展先进生产技术或进口国食品（农产品）安全法律法规、标准的培训交流，提高生产经营水平和应对国外技术性贸易壁垒能力。

（七）完善农业对外合作工作政策措施

全面贯彻国家有关鼓励支持农业对外合作的政策措施，将农业外向型经济发展作为助推乡村振兴、发展现代农业、促进农业增效农民增收的重要途径，纳入重要议事日程。

- 完善农业对外合作顶层设计，统筹形成工作合力，进一步完善健全农业对外交流工作有关制度，及时总结新经验新做法新模式，营造推动农业对外合作的良好氛围；
- 加强农业外向型经济发展，重点培育外向型农业经营主体，支持农产品境外展示展销，以及出口农产品生产示范基地、农业对外合作示范区（基地）和农业对外合作项目等建设；
- 加强农业对外合作公共服务体系建设，大力构建新产业、新业态，加快产业平台、贸易平台、服务平台建设，推进农业全产业链发展，为农业投资合作培育增长点；
- 加强农业基础设施建设，提升农业技术装备支撑能力，改善农业生态环境和生产条件，强化要素保障，为农业吸引外资创造条件。

第二章
机构变迁篇

第一节 机构职能设置与沿革

河南省农业对外经济合作中心成立于1982年,前身为华北平原农业项目河南省项目办公室,亦称河南省农牧厅外资项目办公室,是河南省农业农村厅直属具有独立法人资格的公益一类事业单位,机构规格相当于正处级。

1983年8月 《河南省编制委员会关于省农牧厅企事业机构设置及人员编制的批复》(豫编〔1983〕164号)文件确定华北平原农业项目河南省项目办公室编制15名,人员、工作经费从项目费中开支,主要任务是承担华北平原农业项目建设。

1984年1月 《河南省编制委员会关于华北平原农业项目河南省项目办公室编制等问题的批复》(豫编〔1984〕23号)同意华北平原农业项目河南省项目办公室15名编制改为事业编制,由农业事业费开支。

1995年12月 《河南省机构编制委员会关于河南省农业厅直属事业单位机构编制方案的通知》(豫编〔1995〕44号)同意华北平原农业项目河南省项目办公室更名为河南省农业对外经济合作服务中心,规格相当于处级,事业编制缩减为12名,其中领导职数2名,经费实行全额预算管理,主要任务是:承担国际金融组织、粮援机构、政府之间以及民间社团农业合作项目的归口申报;承担农业外资项目的技术经济评估、项目监测评价、后评价等技术管理;承担农业外资项目的物资、工程、资金管理;负责全省民间农业外援合作项目的实施与管理;组织外援、外资项目实施后的评价、审计、总结工作。

2001年2月 《河南省机构编制委员会办公室关于河南省农业对外经济合作服务中心更名为河南省农业对外经济合作中心的批复》(豫编办〔2001〕12号)同意将河南省农业对外经济合作服务中心更名为河南省农业对外经济合作中心。其主要任务、机构规格、人员编制、领导职数和经费管理形式不变。

2002年1月 《河南省机构编制委员会办公室关于给河南省农业对外经济合作中心增加领导职数的批复》(豫编办〔2002〕7号)同意给河南省农业对外经济合作中心增加副处级领导职数1名。2005年、2007年、2009年各接收军转干部1名,共增加编制3名,单位编制增加到16名。

2003年1月 根据工作需要,省农业厅党组决定省农业对外经济合作中心、厅农业外经外事处两个单位实行合署办公。2006年,省农业对外经济合作中心、厅农业外经外事处分开。

2012年7月 《河南省机构编制委员会办公室关于河南省农业厅所属事业单位清理规范意见的通知》(豫编办〔2012〕308号)将河南省农业对外经济合作中心职能调整为:承担国际金融组织、粮援机构、政府之间农业合作项目的归口申报;负责全省农业外资项目的实施与管理;承担农业外资项目的技术经济评估、项目监测评价、后评价等技术管理;承担农业外资项目的物资、工程、资金管理;负责农业对外经济合作与交流工作。机构规格相当于正处级;事业编制16名,其中处级领导职数3名;经费实行财政全额拨款。2014年、2015年各接收1名军转干部,增加编制2名,单位编制增加到18名。

2016年8月 《河南省农业厅关于省农业对外经济合作中心内设机构调整的批复》(豫农人事〔2016〕151号)同意河南省农业对外经济合作中心设6个内设机构,分别为办公室、项目管理科、财务科、对外合作科、项目监测科、信息科。正科级领导职数6名。

2017年6月 《河南省机构编制委员会办公室关于省农业对外经济合作中心和省农村能源环境保护总站增加领导职数的通知》(豫编办〔2017〕173号)同意河南省农业对外经济合作中心增加副处级领导职数1名,用于安置接收的正团职转业干部。

2019年4月 《中共河南省委机构编制委员会办公室关于省农业农村厅所属部分事业单位机构编制事项调整的通知》(豫编办〔2019〕119号)对河南省农业对外经济合作中心承担的行政职能进行调整,河南省农业对外经济合作中心主要任务调整为:承担涉农国际组织、国际金融组织和政府之间农业合作项目的归口申报;负责全省农业外资项目的实施;承担农业外资项目的技术经济评估、项目监测评价、后评价等技术性工作;组织参加有关农业国际展览与交易等活动。

第二节
科室主要职能

经河南省农业农村厅人事处批复，根据农业对外合作新形势新任务工作需要，河南省农业对外经济合作中心2016年重新调整内设机构，2020年将科（室）职能进行了充实修订。中心现下设共6个科（室）：办公室、项目管理科、财务科、对外合作科、项目监测科、信息科。

办公室：

负责中心的综合管理和协调工作；负责党支部的日常工作；承担中心工作报告、工作总结、专项性文字材料等组织起草工作；负责会议、培训的筹办和组织工作；负责人事、劳资、档案、印章、公文运行、后勤服务和离退休干部工作；协调群团组织开展工作；负责领导安排事项的催办和落实。

项目管理科：

研究提出农业对外合作重点项目概念建议；承担涉农国际组织、国际金融组织和政府之间农业合作项目的前期准备，开展可行性研究论证，提出项目实施方案，完成项目合作协议签署；承担农业对外合作项目推进任务。

财务科：

负责中心预算编制、执行及支付系统、统发工资业务的审核和财务核算；承担中心资产、政府采购的财务核算；制定完善单位内部财务控制制度并执行；配合做好审计检查工作。财务审核岗位职责：预算、资金计划、账务核算业务的审核。会计核算岗位职责：预算编制、资金计划申请、账务核算，资产信息系统、地方债务系统、政府采购等业务的经办，支付系统、统发工资业务的审核，提出中心内部财务控制制度制定完善意见，配合各级审计部门做好审计工作。

对外合作科：

组织参加国际农业经济、技术和农产品贸易合作与推广；承担组织国际农产品贸易洽谈会、展览会和博览会，组织企业境外参展观展；负责农业对外合作贸易联系和信息收集。

信息科：

搭建研究平台，开展农业对外合作的基础研究；收集分析农业对外经贸动态，编印信息简报；开展农业对外合作专题调研，提出政策建议；组织开展农业对外政策宣传；研究国际农业对外合作发展趋势及其经验教训，提供借鉴。

项目监测科：

研究制定农业外资项目评价体系和监测方法；调查、分析与项目评价有关的社会、经济、生态等基础信息；组织农业外资项目执行过程中的监测、评价，以及执行后的后评价工作。

第三节
历届领导班子更迭

1983 年 9 月至 1992 年 5 月　主　任:肖兴贵
副主任:赵寿松(主持工作)、刘雪兰

1992 年 5 月至 1998 年 8 月　主　任:刘雪兰
副主任:薛跃、胡伯继

1998 年 8 月至 2000 年 3 月　主　任:胡伯继
副主任:王培忠

2000 年 3 月至 2003 年 9 月　主　任:倪慎军
副主任:王培忠

2003 年 9 月至 2006 年 12 月　主　任:凌中南　书　记:崔亚民
副主任:王培忠

2006 年 12 月至 2009 年 12 月　主　任:王培忠　书　记:王明瑞
副主任:陶宜旭

2009年12月至2016年6月　主　任:王明瑞
副主任:孙继红、曹卫东

2016年6月至2021年2月　主　任:王金中　书　记:谢天丁
副主任:孙继红、曹卫东、曾显奇

2021年2月　主　任:曹卫东
副主任:李小云

第三章

农业对外国际合作与交流篇

第一节
利用外资和技术引进

20 世纪 80 年代,由于我国农业生产处于恢复性发展阶段,农业国际经济技术合作发展缓慢,这一时期的重点是农业引进外资项目。1990 年以后,河南省加大了农业经济技术国际合作与交流的步伐。1994 年,为贯彻中共河南省委、河南省人民政府提出的“开放带动”战略,《河南省鼓励外商投资条例》对从事农业、林业、牧业的外商投资企业实行一系列优惠政策,河南省农业厅成立了“农业厅对外开放工作领导小组”和“农业厅对外开放工作咨询委员会”,并召开了农业对外开放工作会议。1995 年,河南省农业厅又制定了《河南省农业利用外资“九五”计划及 2010 年远景目标规划》。从 1996 年开始,河南省农业经济技术国际合作与交流呈现出良好的发展态势。进入 21 世纪农业发展新阶段,河南省农业对外开放步伐明显加快,伴随着农业利用外资规模的不断扩大,质量也逐步提高,结构日趋优化。与此同时,农业的国际竞争力进一步增强,农产品出口创汇能力不断提升;农业对外经济技术合作与交流的渠道日益增多,领域不断拓展;农业对外交往日趋频繁,成效也更加突出,并形成了全方位、宽领域、多层次的农业对外开放的新格局。

一、河南省农业引进利用外资历程

河南是一个农业大省,农业在整个经济中占有重要地位,但由于河南省农业的基础薄弱,农田水利设施建设与现代农业发展所需的资金投入还不能得到有效满足,因此在改革开放初期，加快农业利用外资就成为推动现代农业发展的有效途径。河南省农业利用外资的方式主要有三种：一是国际金融组织及双边政府组织提供的对外借款项目；二是国际农业组织、双边政府组织及民间组织提供的国际发展援助项目；三是外商直接投资。主要经历了5个重要阶段：

（1）1982~1987年为启动摸索阶段。这一时期农业利用外资工作机构刚刚成立，队伍刚刚组建，对国际投资的大环境及其趋势把握不够，对利用外资的程序还不十分清晰，管理缺乏经验。

（2）1988~1990年为调整完善阶段。在总结前5年农业利用外资工作经验教训的基础上，提出了“调整、完善、充实、优化”的工作方针，即调整工作部署，突出工作重点；完善各项制度，规范项目管理；充实外资队伍，提高人员素质；优化投资环境，开创工作局面。

（3）1991~1995年为扩大提高阶段。这一时期，紧紧抓住领导高度重视、投资环境改善、上下渠道畅通、各方关系协调的大好时机，全力推进，扩大规模，取得了良好成效。

（4）1997~2003年为稳步发展阶段。这一时期，由于中国综合国力的提高，国际援助政策及中国农业投资政策的调整，争取国际援助的难度越来越大，争取国际贷款的困难也日趋增多。

（5）2005年及以后为高质量发展阶段。这一时期河南省农业利用外资工作的重点，开始由国际援助和贷款转向外商直接投资，由单一引进外资到资金、技术、人才、信息和管理经验同步，由注重外资规模到突出质量和优化结构。

二、农业利用外资工作重要作用

第一，弥补了河南省农业投入资金的不足，改善了农业生产条件。由于80年代改革开放初期，河南省百业待兴，各行各业的建设资金都十分紧张，特别是河南省农业生产处于恢复性发展阶段，这一时期积极引进利用外资，弥补农业重点建没资金不足显得尤为重要。40多年来，河南省农业通过多种渠道引进外资7.4亿美元，解决了河南省农业重点建设领域的资金短缺问题，改良了土壤结构，改善了基础设施，更新了生产设备，使河南省农业建设资金不足问题在一定程度上得到了缓解。

第二，引进了优良品种和先进农业技术，促进了河南省农业科技进步。一是引进了粮、棉、油、蔬菜、水果等优良种子和苗木、牲畜、家禽、鱼类等优良品种以及先进的种子加工技术；二是引进了地膜覆盖栽培技术、水稻旱育稀植栽培技术、温室种植技术、无土栽培技术等先进的种植技术；三是引进了机械化饲养家禽技术、全价饲料配方技术；四是引进了农副产品深加工技术、畜产品屠宰加工技术、蔬菜水果速冻保鲜技术等。这些先进农业技术的引进，为河南省农业生产注入了新的活力，快速提高了河南省农业的科技水平，缩短了河南省农业生产技术与国外发达国家农业生产技术的差距，促进了河南省农业科技水平的整体提高。

第三，培养了大批现代农业技术人才。河南省引进的农业外资项目具有一个显著的共同特点，就是普遍重视对人员的培训。项目设计中，培训资金在项目投资中的比重基本都在10%以上。项目实施中，严格落实培训内容。项目培训基本做到了五点：一是管理培训与技术培训相结合；二是管理人员培训、技术人员培训与农民（工人）培训相结合；三是生产环节的技术培训与农产品市场销售环节的经营培训相结合；四是普遍培训与重点培训相结合；五是重视对妇女培训，注意提高妇女的能力，发挥妇女在农业生产、改变农村面貌中的作用；六是理论培训与实践培训相结合。通过培训，全面提高了河南省农业外资项目参与者从事农业生产的技术能力和管理水平，以及适应市场的能力。

第四，推动了农业生产经营的转变和产业化的发展。长期以来，河南省农业生产基本处于一家一户的小规模生产状态，产业化水平低，难以适应市场经济发展的需要。近年来，河南省通过外资引进扶持了一批农产品生产加工企业，如华英集团、湖滨果汁等。这些企业通过采用"公司+农户+基地"等组织模式，把分散的农户整合成一个整体，形成产业化经营，解决了农户小规模生产与大规模经营的难题，构建起了农户与市场的桥梁，实现了分散的农民和小规模的农业生产活动与国内外市场的对接，使企业的农产品加工技术优势、信息渠道优势、销售市场优势和农户的精耕细作优势同时得到发挥，实现了优势互补，同时，克服了农业生产中存在的产、供、销相互脱节的问题，加强了农业生产、加工、流通等环节内在的有机联系，延伸了产业链条，提高了农产品的附加价值，提升了农业的市场化社会化和集约化水平。

三、农业利用外资工作的主要特点

• 渠道较多

河南省农业利用外资渠道既有国际农业组织和国际金融组织，如联合国世界粮食计划署、联合国粮农组织、世界银行、亚洲开发银行等；也有双边政府，如日本、德国、法国、荷兰、英国等；还有国际民间组织和国外企业。在这些渠道中，国际农业组织和国际金融组织是主体，占据着主导地位。河南省通过国际农业组织和国际金融组织引进的农业外资占河南省农业引进外资总额的67%。

• 方式灵活

主要表现在三个方面：一是无偿与有偿相结合，无偿资金主要来自于联合国粮农组织、联合国世界粮食计划署和双边政府的国际发展援助资金，有偿资金主要来自于世界银行、亚洲开发行及双边政府的贷款和国外的直接投资；二是引进国外资金与外商直接投资相结合；三是引进国外官方资金与引进民间资金相结合。

• 覆盖面广

一是从分布范围上讲，河南省农业利用外资分布于种植业、养殖业、林业、水产业、农产品加工业等农业所有的产业；二是从资金投向上讲，河南省农业利用外资的投向既包括低产田改造，林地、鱼塘修建，作物林木种植，畜禽、鱼类养殖，动植物病虫害防治，农畜产品加工等，也包括对农民的技术培训，乡村道路修建、环境卫生改善等其他与农民生活农业生产息息相关的事项。

• 综合性强

河南省在农业利用外资上，充分考虑研究项目体系的完整性、项目措施之间的配套性，追求实现项目整体效益最大化。一是要求外资项目实行连片开发，多项措施并举，保证开发一片成一片；二是倡导项目设计实施过程中产供销通盘考虑，以销定产，不单打一个环节，保证项目物流通畅；三是资金、技术和管理一起上，保证项目建得成、转得动、管得好；四是项目基本建设与人员培训二者兼重，保证项目硬件和软件都处在一个高水平。

四、农业利用外资工作主要做法

• 加强领导，优化投资环境

一是省政府成立了河南省对外开放工作领导小组，建立了联席会议协调机制，加强了农业利用外资工作的组织协调和指导，切实加强对组织的领导，特别是2003年，厅党组将厅外经处与厅外经中心合署办公，充分整合人力资源，发挥行政、事业职能，形成工作合力；二是省委、省政府先后下发了《关于加快发展开放型经济的若干意见》（豫发〔2003〕18号）和《河南省人民政府关于进一步扩大农业对外开放的意见》（豫政办〔2002〕91号），2012年河南省人民政府印发了《河南省对外开放和大招商工作专项方案的通知》，出台了《河南省人民政府办公厅关于促进农业对外合作的实施意见》等一系列鼓励农业利用外资的优惠政策；三是加大了对农村经济环境的综合整治，保护投资者的合法权益，营造了良好的市场环境、法制环境和社会环境。

• 准确把握形势，及时调整工作思路

20世纪80年代末，为了积极适应对外开放的新形势，改变河南省农业利用外资低迷的状况，我们提出了“调整、完善、充实、优化”的工作方针，即调整工作部署，突出工作重点；完善各项制度，规范项目管理；充实外资队伍，提高人员素质，优化投资环境，开创工作局面，从而为扩大和利用外资奠定了基础。20世纪90年代中期，随着我国综合国力的提高，国际援助政策和我国农业投资政策的调整，我们及时将农业利用外资工作的重点转向外商直接投资。加入世界贸易组织后，我们根据国际国内经济形势及环境的变化，及时调整工作重点，坚持做到以调整农业结构推动农业利用外资，以优化发展环境和政策鼓励扶持吸引外商投资，收到了积极的效果。

• 转变政府职能，强化服务意识

农业利用外资工作初期，由于思想认识还不能完全适应市场经济的发展，把农业利用外资全部当作政府的具体工作,通过行政行为付诸实施,使企业的主体地位没有得到充分体现。经过认真调整,农业利用外资工作的重点放在了切实转变政府职能,深化行政审批制度改革,建立行为规范、运转协调、公正透明、廉洁高效的行政管理体制上;放在了抓好政策研究、计划与规划的制订、外资产业投向引导上;放在了切实加强市场体系、信息服务体系等农业服务体系建设,不断拓宽服务领域,努力提高服务质量上。

• 注重调查研究,科学制定规划

为加强河南省农业利用外资工作有统一的、长远的、科学的规划,得到工作有效指导,从 2002 年开始,在全省范围内组织开展了农业利用外资情况调查研究工作。在此基础上,编制出《2004—2010 年河南省农业利用外资规划》。2004 年 7 月,这部规划由省政府正式转发各地及省有关部门贯彻执行。这部规划认真分析了经济全球化步伐日益加快和我国加入世界贸易组织的新形势,立足于河南省农业利用外资的现实基础,同时考虑到河南省农业和农村经济未来的发展,具有很强的统筹性、指导性、前瞻性和可操作性,是新中国成立以来河南省编制的第一个省级农业利用外资的中长期行业规划,对于河南省农业利用外资工作必将起到重要的推动作用。2013 年,河南省出台《对外投资合作专项资金管理办法实施细则》。2018 年,为了抓住机遇、应对挑战,充分利用国内外两种资源、两个市场,实施"引进来"与"走出去"的发展战略,河南省人民政府印发了《关于积极有效利用外资推动经济高质量发展的通知》。

五、农业利用外资工作的现状与措施

国际金融组织的引进和使用,对推动河南粮食大省现代农业和外向型农业的发展发挥了重要作用。2020 年 4 月,世界银行又提供 3 亿美元长期优惠贷款,支持河南高质量绿色农业发展。据统计,2017 年以来,河南省共争取世界银行和国际金融组织贷款 13 亿美元(折合人民币 91 亿元),为河南农业高质量发展注入了新动能。目前河南农业利用世界银行贷款虽然取得了明显成效和进展,但由于受到农业自身特征、农业引资经验及相关管理政策等方面的限制,与先进省份相比还有很大差距。面对新的形势和存在的问题,要提高农业利用外资水平,需要着重抓好以下工作:

一是要充分认识当前进一步做好利用外资工作的重要意义,坚持合理有效地利用外资的方针,加大在农业基础设施建设、生态环境保护、绿色农业发展等关键领域利用外资的力度,积极拓宽农业利用外资的渠道和方式,着力改善投资环境,努力把农业利用外资工作提高到一个新的水平。

二是要坚持农业利用外资的投向与农业发展方向一致,与国内投资相配合,重点围绕推进农业供给侧结构性改革,以"四优四化"为重点,强化产业导向,积极引进国外优良品种、生物工程技术、先进栽培技术和农产品深加工技术等高科技成果,不断促进农业产业结构的发展完善，加快现代高效农业发展。

三是要加强外资项目的监督管理，建立和完善外资利用项目的管理办法和制度，切实在“指导、管理、协调、服务”四个方面做好农业利用外资工作，积极克服“重引进、轻管理”的现象，在做好利用外资政策调研投资规划的同时，切实抓好项目的后期运营工作和高素质的专业人才培养。

〖链接阅读〗

【农业对外合作】 遵循中华人民共和国的法律、法规和政策，参照国际惯例，积极促进河南省农业与世界各国、各地区之间的经贸、投资和技术交流与合作。

【世行贷款项目】 世界银行贷款项目，专指用世界银行所提供的贷款安排的各类项目的总称。

【亚行贷款项目】 亚洲开发银行贷款项目，专指用亚洲开发银行所提供的贷数安排的各类项目的总称。

【国际金融组织贷款项目】 财政部经国务院批准代表国家向世界银行、亚洲开发银行、国际农业发展基金、欧洲投资银行等国际金融组织统一筹借并形成政府外债的贷款项目，以及与上述贷款搭配使用的联合融资项目。

【国际金融组织】 由一些国家(地区)的政府共同投资组建并共同管理的金融性机构，旨在帮助成员国(体)开发资源、发展经济和平衡国际收支。目前，国际金融组织主要包括世界银行、亚洲开发银行、国际农业发展基金、欧洲投资银行、亚洲基础设施投资银行等。

【国际金融组织贷款】 国际金融组织开展的业务很多，既对成员国(体)政府提供贷款，也直接向经营主体(私营部门)提供贷款。除非特殊注明，通常提到的国际金融组织贷款是指财政部经国务院批准代表国家统一向国际金融组织筹借并形成政府外债的贷款，以及与上述贷款搭配使用的联合融资，即通常所说的主权外债贷款，不包括国际金融组织直接向企业(私营部门)等组织提供的贷款。

【农业利用国际金融组织贷款项目】 利用财政部代表国家统一向国际金融组织筹借的政府外债贷款及其联合融资，为实现我国农业领域里特定目标，在特定约束条件下(主要是限定资源、限定时间、限定质量)而开展的一次独特的、复杂的、相互关联的系列活动。

【世界粮食计划署】 英文简称WFP，由联合国和联合国粮农组织合办，是联合国内负责多边粮食援助的机构。

【联合国粮食及农业组织】 英文简称 FAO，又称“粮农组织”，于 1945 年 10 月 16 日正式成立，是联合国系统内最早的常设专门机构，是各成员国间讨论粮食和农业问题的国际组织。

六、1982 年以来利用外资贷款项目主要成果

世行贷款华北平原农业项目（1982~1987 年）

世行贷款华北平原农业项目是世界银行国际开发协会资助中国农业部门，在华北平原地区综合治理旱、涝、碱、薄的第一个大型农业外资项目。项目前期准备工作始于 1980 年。在农业部的组织下，经国内评估，将项目区定为山东三县、安徽三县和河南省商丘地区的商丘、民权、宁陵三县。1980 年 5 月、6 月和 10 月，世行派团分别对项目进行了预评估和正式评估，11 月又派出准备团到项目区进行实地考察，1982 年 4 月完成谈判，同年 6 月 15 日被世行董事会批准，23 日签订了信贷协议，协议于 10 月 1 日正式生效。该项目世行贷款额度为 1350 万个特别提款权（约合 1500 万美元），实际提回特别提款权 1350 万个，折合 1471.54 万美元，即人民币 4599.51 万元，贷款期限 50 年（宽限期 10 年）。按财政部规定，还贷期限为 35 年（包括宽限期 10 年），从 1992 年 10 月 1 日开始偿还本金，每年手续费加本金共 490 万元，到 2017 年 4 月 1 日前全部还清。河南省项目涉及商丘地区三县 16 个乡镇共 41 万人口，工程内容包括农业、水利、林业、农机、农电和科研培训等。项目于 1982 年实施，1987 年结束。经过 5 年综合治理，增加灌溉面积 2.08 万 hm^2，比项目实施前增长 123%，减少盐碱地面积 9230 hm^2、荒地 5180 hm^2，分别比项目实施前减少 57%和 87%。增加林地面积 2950 hm^2，增长 160%，林木覆盖率达 15.5%，比项目实施前增加 6.8%。通电自然村由项目实施前的 440 个增加到 1123 个。1987 年项目区粮食总产量达 17.22 万 t，比 1982 年增长 48.7%，每公顷单产达 2780 kg，比 1982 年增长 46.3%，分别比非项目区同期增长速度高 13.5%和 18.7%；项目实施前农民人均纯收入为 97 元，项目实施后达到 250.5 元，增长 1.6 倍。1995 年项目区粮食总产量达 21.76 万 t，农民人均纯收入 1148 元，比 1987 年分别增长 26%和 3.6 倍。

世行贷款沿黄农业发展项目（1988~1997 年）

世行贷款沿黄农业发展项目属“河南省世界银行贷款农业综合开发项目”农业子项目。1988 年经国家计委批准，1991 年正式实施，项目共投资 1200 万美元，执行期限 6 年。项目区主要包括济源市，焦作市的孟州市、温县和武陟县，新乡市的原阳县、延津县、封丘县、长垣县和卫辉市，濮阳市的濮阳县、濮阳市区和清丰县，开封市的开封县、尉氏县、通许县、杞县和兰考县，商丘地区的虞城县、夏邑县和永城县，共 6 个市地 19 个县（市）。项目

内容包括县级种子中心和县、乡两级农业技术推广体系建设、病虫害综合防治、农业技术培训、蔬菜塑料大棚建设等。1995年底，项目建设全部完工，共建立中心供种站19个，充实完善项目区县级农业技术推广中心20个，配套乡级农技站80个，建蔬菜塑料大棚11250个，接受农业新技术培训人数达13万人。

世行贷款河南省种子加工项目(1985~1995年)

世行贷款河南省种子加工项目是中国世行贷款种子项目的一部分。1985年5月经河南省人民政府同意申报，经国家农业部考察、核定，国家批准后，签订种子项目信贷协议，于同年10月31日正式生效。项目贷款总额312.8万个特别提款权(SDR)，折合300万美元。其中商丘地区(含商丘县、民权县、宁陵县)贷款156.38万个SDR，折合150万美元；淮阳县原种场贷款156.38万个SDR，折合150万美元。项目内容为引进种子生产、加工、检验、储运等物资设备，建立了淮阳良种繁育中心和商丘地区及商丘县、民权县、宁陵县5条种子加工线。1995年底项目建成后，扩建和改建了一大批种子基础设施，提高了机械化水平，加快了种子生产、加工、检验现代化进程。5条215 t/h种子加工线年加工种子8950 t。其中，小麦种子6442.6 t，玉米种子2500 t，蔬菜种子7.4 t。分别可播种小麦面积5.696万hm^2，每公顷可增产675 kg；可播种玉米面积8.333万hm^2，每公顷可增产450 kg。

英国政府贷款信阳地区潢川、淮滨两县年产200万只樱桃谷鸭项目(1991~1993年)

信阳地区潢川、淮滨两县年产200万只樱桃谷鸭项目属英国政府贷款项目，金额为700万美元(其中低息贷款65%，政府赠款35%)，引进英国樱桃谷鸭品种及其加工设备，然后从孵化、饲养、屠宰、加工到羽绒制品采取系列化生产，年产200万只樱桃谷鸭及其附属品。1991年成立河南华英农业发展股份有限公司，1993年2月安装调试正式投产。1996年公司取得自营进出口权，年加工肉鸭能力已达2600万只以上，鸡600万只，饲料20万t，羽绒3000 t，大输液3000万瓶，其产品除满足国内庞大的市场需求外，还远销韩国、日本、东南亚、中东、朝鲜等20多个国家和地区。“华英”集团已经成为河南省和国家农业产业化经营的重点龙头企业，下辖各类生产厂家24个，其中合资企业4个，拥有河南省高新农业技术试验示范园区1个，总资产5.02亿元，员工4000余人。

世行河南省农业开发项目农业子项目(1990~1998年)

农业开发子项目是世行河南省农业开发项目的重要组成部分，涉及河南省焦作、新乡、濮阳、开封和商丘5市20个县。其目的是帮助政府加速农业发展，使农业生产多元化，减轻贫困，增加农业收入，提高农村就业率。该子项目1989年5月立项，1990年10~11月评估，1991年开始实施，1994年7月，经世行检查团同意，进行了中期调整，1998年

12 月底完工。该子项目计划总投资 1292.22 万美元,实际完成投资 1087.766 万美元,其中 IDA 信贷 772.3489 万美元,国内配奎 315.417 万美元(省级配套 100.9381 万美元,市县配套 126.7017 万美元,企业及终端用户自筹 8.77727 万美元)。农业子项目的内容主要包括种子加工、化肥和农药、蔬菜塑料大棚、农技推广、病虫害综合防治、农业科研和农业科学技术培训等几个方面。

亚行贷款豫西农业综合开发农业子项目(2001~2004 年)

河南省利用亚行贷款豫西农业综合开发项目的第一目标为经济发展,第二目标为减轻贫困。2001 年 4 月 10 日正式签订项目协议,并于 2001 年 7 月 13 日正式生效。2003 年 10 月对项目进行了中期调整,于 2004 年 9 月 13 日得到亚行批复。农业子项目总投资为 22254.4 万元,其中:外资折合人民币 9565.01 万元,国内配套 12689.3 万(配套包括省、市、县、农户劳务)。亚行豫西农业综合开发项目农业子项目涉及河南省 5 个市 7 个县(区),建设 5000 座蔬菜大棚(标准蔬菜大棚 2500 座、简易蔬菜大棚 2500 座),大田蔬菜 2800 hm^2。2004 年 9 月 13 日,亚行批准项目中调方案,取消了登封市农业子项目计划,偃师市农业项目削减 650 座大棚。增加新安县金土地农业科技示范花木种植项目。新安县项目总投资 771 万元,其中利用亚行贷款 206 万元,企业自筹 565 万元,建设连栋温棚 1 座,用于花卉育苗,带动农户发展。增加三门峡市果品冷储项目,总投资 875 万元,其中利用亚行贷款 269 万元,企业自筹 606 万元。建设 400 t 冷库 2 座,解决当地果品冷储能力不足,实现果品反季节销售。(荥阳市提出将未实施的部分项目调整为公司+农户实施方式,由河南省绿色中原现代化农业有限公司执行该项目。2004 年 11 月 29 日亚行检查团同意此方案。)

主要建设分布:济源市蔬菜大棚 300 座、大田蔬菜 930 hm^2,孟州市蔬菜大棚 1350 座、大田蔬菜 470 hm^2,洛阳市郊区蔬菜大棚 550 座、偃师市 700 座,登封市蔬菜大棚 700 座,荥阳市蔬菜大棚 700 座、大田蔬菜 930 hm^2,许昌市魏都区蔬菜大棚 700 座、禹州市大田蔬菜 470 hm^2。

联合国粮农组织电视粮食集资黄泛区农场中学菜园项目(2004~2005 年)

本项目从 2004 年 8 月开始实施,至 2005 年 6 月结束。项目所需投资 12330 美元,拟申请联合国粮农组织电视粮食集资扶持资金 10000 美元,黄泛区农场自筹 2330 美元。项目实施地点安排在学校西侧 200m,计划用地 10 亩,建设 12 m×50 m 的塑料大棚 8 个(每个 0.9 亩),并配备灌溉等辅助设施。

国际农发基金组织贷款农业产业化开发建设项目(2004~2005 年)

2004 年 12 月 16 日,由省发改委和省农业厅主持的农发基金项目准备工作会议在信阳市召开，参加会议的有信阳市和南阳市建设项目区的农业部门和南阳市、信阳市发改部门。河南省申报农发基金项目贷款金额为3000万美元，项目区初步定为南阳市的桐柏县，信阳市的9个县（区），即信阳市狮河区、南湾管理区、平桥区、罗山县、光山县、新县、商城县、固始县、潢川县，共10个县（区）。2005年1月15日，完成《关于河南省大别山区利用国际农发基金组织贷款进行农业产业化开发建设项目的情况汇报》，并上报国家发改委。

亚洲开发银行贷款旱作可持续农业项目（2009~2020年）

2009年2月3日签署贷款协定和项目协定，2009年6月项目开始实施，2016年6月30日结束，贷款账户于2016年12月31日关闭。2018年5月，经亚行验收，评定为“成功”；2020年财政部绩效评价，评定为“非常成功”。项目由农业部牵头组织，河南、山东、甘肃三省共同实施（贷款号2474-PRC，项目号38301），河南项目作为一个子项目，项目区主要包括郑州市惠济区、洛阳市洛龙区和汝阳县、平顶山市汝州市、安阳市安阳县、焦作市、许昌市许昌县和长葛市、漯河市临颍县、三门峡市陕州区、商丘市柘城县、周口市郸城县和鹿邑县10市的12个县（市、区）。项目原可研报告批复总投资61818.7万元，其中利用亚行贷款3600万美元（折合人民币27864.00万元），国内配套33954.70万元。2014年项目调整后，总投资更改为68880.24万元，其中利用亚行贷款3600万美元（折合人民币25052.77万元），国内配套资金43827.47万元。项目共建设完成小麦、玉米、蔬菜、红薯、中药材、有机原材料等农产品生产基地46.6681万亩；建成鹿邑县中药材加工生产线、郸城县红薯加工生产线、洛阳市高档珍稀食用菌产业化生产线、陕州区饲料生产线、柘城县挂面生产线（2条）、汝州市专用面粉生产线、安阳县甜玉米芦笋生产线、长葛市蔬菜加工生产线（2条）、临颍县小麦加工生产线等农产品加工生产线11条；完成许昌县保护性农机具生产研发推广中心、郑州市农产品检测中心、郑州市技术培训中心、安阳县农民专业合作社、柘城县技术培训推广站、农机服务站（30个）等农业配套服务体系建设38项；组织培训考察26476人次，其中，培训农民21288人次。

亚行贷款河南省畜牧养殖及产品安全示范项目（2011~2021年）

2011年10月申报，2012年2月列入我国利用亚行贷款2012~2014年备选项目规划。2015年7月7日，项目的资金申请报告获国家发展和改革委员会（发改外资〔2015〕1567号）批复。2015年7月30~31日，亚行、财政部、省项目办在北京进行项目谈判，草签了项目法律文件。2016年1月29日签订正式法律文件《贷款协定》（贷款号：3296-PRC）和《项目协定》，2016年7月7日项目正式生效。项目实施期限5年，关账日期为2021年9月30日（由于受洪涝和疫情影响，经亚行批准，项目延期到2022年8月关账）。项目原批复总投资为9.1亿元，其中利用亚行贷款6900万美元，国内配套资金4.86亿元。

项目由10个子项目组成，主要建设内容包括畜产品质量安全体系建设、畜禽养殖基地建设、畜产品加工、饲料加工、粪污处理等五个方面。2020年9月22日，国家发展和改革委员会以发改外资号〔2020〕1458号文件批复了亚行贷款河南省畜牧养殖及产品安全示范项目资金申请报告中期调整方案。调整后项目利用亚行贷款总额度保持不变，为6900万美元，约合人民币4.77亿元。项目调整后有牧原食品股份有限公司生猪养殖及粪污处理项目、河南三高农牧股份有限公司种鸡养殖和粪污处理及饲料加工项目、河南枫华种业股份有限公司生猪屠宰项目、河南恒天然农牧业股份有限公司肉牛养殖及粪污处理项目、河南大地牧业有限公司生猪养殖及粪污处理项目、河南牧原肉食品有限公司年屠宰200万头生猪项目部分工程、社旗牧原农牧有限公司生猪养殖及粪污处理项目、周口永欣生态循环产业园养殖项目、河南省畜产品质量安全体系建设项目等9个子项目承担实施建设。截至2021年11月，项目完成投资4.23亿元，省财政厅累计向亚行提款4387万美元，占贷款金额的63.58%。项目开展畜产品质量安全检测监管技术、实验室管理等培训考察19次，累计培训1486人次，其中国内培训17次，培训1466人次，国外考察培训2次；开展项目综合管理、工程管理、采购和合同管理、财务管理、提款报账、绩效评价、环境管理、社会和移民安保等培训考察38次，累计培训1300人次。

七、1982年以来利用国际发展援助项目成果

世界粮食计划署无偿援助河南引黄灌淤改造中低产田项目（1982~1987年）

世界粮食计划署无偿援助河南引黄灌淤改造中低产田项目于1982年3月向农业部申报，1983年3月被联合国世界粮食计划署批准立项，项目编号WFP-2673。同年，该署又派出专家对项目进行了评估，1984年3月在北京签署了项目实施计划，4月1日正式开工，执行期3年。项目主要内容是引黄灌淤改造中低产田。项目区包括开封市的开封县、兰考县和杞县的33个乡镇，涉及53.4万人口。项目建设期间，世界粮食计划署无偿援助小麦6.33万t，食用油105.4万t，折1447万美元。1987年3月项目竣工，同年8月中旬通过该署驻华代表处组织的检查验收。经过3年综合治理，引黄河水灌淤沙碱荒地1.267万hm^2，扩大井灌面积17.50万hm^2，改善除涝面积1.453万hm^2。同时，提高了土壤肥力，改善了土壤的理化性状。林木覆盖率项目完成前为10%，项目竣工期已达15%。1987年项目区粮食作物播种面积达9.169万hm^2，总产量达23.33万t，分别比基期增加14.8%和46.4%，人均占有粮食达405 kg，农民人均纯收入325元，分别比基期增长36%和3.2倍。

世界粮食计划署无偿援助河南利用沿黄低洼盐碱荒地发展综合养鱼项目（1987~1990年）

河南利用沿黄低洼盐碱荒地发展综合养鱼项目由世界粮食计划署（WFP）无偿提供

援粮3.34万t，国内配套资金998.07万元，由省、市、县三级财政按分摊比例筹措解决，其中省、市财政各300万元，县级解决398.07万元。项目工程内容为利用沿黄低洼盐碱荒地发展综合养鱼，在4县3区16个乡开挖精养鱼池1000 hm^2，其中成鱼池800 hm^2，种鱼池2000 hm^2，并建设配套设施。1987年4月1日项目开工，1990年3月工程竣工，共新建精养鱼池1020 hm^2，水、电、路配套，全面投入运行。1990年生产总值达1364.35万元，净利润250.72万元。同年10月15~22日，项目顺利通过世界粮食计划署组织的终期监测评价和验收。

世界粮食计划署无偿援助河南信阳大别山区四县低产田综合开发项目(1986~2001年)

河南信阳大别山区四县低产田综合开发项目是由联合国世界粮食计划署(WFP)无偿提供小麦，中国政府匹配一定数量资金，对河南省信阳市所辖的光山、新县、商城、固始四县实施低产田综合开发。该项目1986年6月由河南省人民政府正式向国家农业部提出项目申请，1990年5月，WFP罗马总部将该项目列为备选项目，编号为"WFP-中国4355"，1993年4月和11月，分别通过WFP组织的预评估和评估，1994年5月被WFP执行局正式批准，1994年10月，中国政府与WFP签署项目实施计划，1995年1月项目正式开工，共7年执行期。项目区覆盖河南省信阳市的光山、商城、新县、固始四县的22个乡镇，344个行政村，11.5万农户，57.5万人口。项目内容包括水利工程、农田开发、植树造林、卫生饮水及改厕、道路建设和技术培训共6大项29个子项。项目实际执行情况是：截至项目执行期满，4355项目共接收WFP援粮9.32万t，折合1543.78万美元，中国政府配套资金8591.51万元人民币，折合987.53万美元。共完成工日2863.16万个，其中，水利工程新增和改善灌溉面积1.706万hm^2，完成工日746.16万个；农田开发1.136万hm^2，完成工日1105.9万个；植树造林0.839万hm^2，完成工日528.68万个；卫生饮水及改厕工程10376处(眼)，完成工日81.43万个；修筑道路261.58 km，完成工日221.04万个；开展技术培训26835人次，完成工日179.95万个(其中妇女创收培训74542人次，完成工日50万个)。整个项目按照第二次调整后的计划要求，已全部完成所有建设内容和目标任务。项目建成后，项目区粮食总产量由项目前的12.08万t。增加到22.54万t，增长86.6%；人均生产粮食由项目前210 kg增加到363 kg，增长72.9%；农民人均纯收入由165元增加到1212元，增长6.3倍。森林覆盖率达到25%，比项目前提高了4个百分点；土壤年侵蚀模数由项目前的4500~7500 t/km^2，已下降至2000 t/km^2以下。解决了118个行政村21万人的交通问题和3.16万农民卫生饮水问题，以及9875户群众家庭卫生改厕问题。

联合国粮农组织无偿援助中华猕猴桃贮藏保鲜示范项目(1990~1996年)

中华猕猴桃贮藏保鲜示范项目于1990年通过国家农业部向联合国粮农组织(FAO)

申报,1993 年 11 月获得批准并签字生效。项目属技术合作性质,编号 FAO/TCP/CPR/2359,执行期限 1994~1996 年。截至 1995 年底,联合国粮农组织无偿提供 23.5 万美元,在郑州建立中国第一座猕猴桃低乙烯气调库。经过两年努力,气调库建成,并完成安装调试投入运行。经实验,猕猴桃贮藏期长达 5 个月,货架期 20 天,好果率达 98.2%,气调贮藏各项指标达到国际先进水平。为提高项目水准,完善配套,粮农组织又于 1996 年 2 月正式批准了二期项目,追加援助金额 13.5 万美元。二期项目于 1997 年结束。

联合国粮农组织无偿援助新县板栗病虫害综合防治与贮藏保鲜项目(1998~2002 年)

新县板栗病虫害综合防治与贮藏保鲜项目属中国政府与联合国粮农组织(FAO)技术合作项目,于 1998 年 3 月通过国家农业部向联合国粮农组织正式申报,2000 年 1 月项目得到批准,编号为 FAO/TCP/CPR/8925,并由国家农业部与粮农组织正式签订了《实施协议》。项目总投资 500 万元人民币,其中粮农组织无偿提供资金 30.1 万美元,折合人民币 248 万元;中国政府配套 252 万元,其中,省级政府配套 126 万元,县级政府配套 126 万元,执行期为 1 年半。项目主要内容是:建设一座 300 t 板栗贮藏保鲜库,3 个 33.3 hm^2 的板栗病虫害防治示范园区和 1 个 6.7 hm^2 的良种繁育圃,并开展板栗病虫害防治技术、品种改良技术和栽培技术培训。项目执行期间,粮农组织多次派遣国际国内专家到项目区开展工作。

日本政府援助新乡粮食增产项目(1991~1992 年)

新乡粮食增产项目是利用日本政府 2 亿日元无偿援助(约 144 万美元),对新乡市所辖原阳、封丘、新乡三县的沙薄地、背河洼地进行系列化综合治理。1991 年 7 月中日双方在北京签署换文,同年底开始实施,1992 年完成了日援农药、农业机械、车辆等物资的接运,1994 年竣工。通过 3 年实施,项目区累计增产粮食 28.75 万 t,人均增产粮食 457.8 kg,向国家提供商品粮人均 153.2 kg。1994 年粮食总产量达到 35.99 万 t,比实施前的 1990 年增长 57.2%,年均增长 19.1%,每公顷单产 4846.6 kg,比项目实施前的 1990 年增产 49.4%,年均增长 16.5%,人均占有粮食 573.2 kg,农民人均纯收入达 638 元,分别比项目实施前的 1990 年增长 57.2%和 75%。

中德政府合作人畜饮水综合扶贫项目(1990~2004 年)

中德政府合作人畜饮水综合扶贫项目是由中德两国政府共同出资、技术合作,以解决豫西山区人畜饮水困难为主的综合性扶贫示范项目,项目区包括伊川、嵩县、内乡、淅川四个山区县的 9 个区域。1990 年 1 月通过国家外经贸部、农业部向德国政府提出申请,1994 年 5 月获得批准,1998 年 1 月项目开始实施,时间 5 年半。该项目总投资 1245.79 万元,其中德方援助 130 万马克,折合人民币 585 万元,中方现金配套 451.6 万元,劳务投入折款 209.19 万元。饮水工程措施共建成人畜饮水工程 9 处,打深井 5 眼,开挖大口井 4

眼，建水池 19 座，彻底解决了项目区 62 个自然村、2665 户、9667 人、2297 头大牲畜、6667 头小牲畜的饮水困难问题。灌溉工程措施在 19 个自然村修建了 76 个灌溉闸阀房，配置了 2340 m 移动喷灌管道，新增灌溉、点播面积 58.7 hm^2。水保工程共完成坡改梯 263 hm^2，修建道路 5000 m，谷坊 46 座，水塘 2 座，发展经济林 184.5 hm^2，水保林 218 hm^2，林粮间作 144.2 hm^2。技术培训措施共举办各类培训 53 期，培训人员 13842 人，其中妇女 5471 人，占全部培训人员的 39.13%。技术示范推广措施共建设脱毒红薯示范基地 36.2 hm^2，提供种兔、种蝎 630 余只，起到了明显的示范带动作用。

中国香港民间援助淅川、内乡饮水项目(1995~1996 年)

香港民间援助淅川、内乡饮水项目主要由香港民爱这一德国驻中国香港民间宗教组织无偿提供 12.3 万美元，帮助淅川县黄庄乡苏庄村和内乡县柞蚰乡王井村建设人畜饮水工程。该项目于 1995 年 10 月批准实施，1996 年 11 月竣工，并投入使用，共解决两村 563 户、2488 人、2387 头大小牲畜的饮水困难。

中荷河南奶业培训示范中心项目(1999~2000 年)

该项目属荷兰王国和中国两国政府间友好合作项目，旨在引进展示荷兰先进的奶牛饲养技术和管理经验，推动河南及周边省份奶业发展，进而促进双边贸易。项目总投资 3200 万元人民币，其中荷兰政府投资 1600 万元，主要用于购买妊娠母牛、牛场设备、办公设备、交通工具、管理信息系统、牧草种子、兽药及精液，荷方专家的管理和培训费等；河南省投资 1600 万元，主要用于牛场及附属设施、办公区及基础设施建设，购置土地、国内设备、灌溉系统、生产资料和饲草种植等。1999 年 4 月 16 日，项目在位于郑州市东北部 21 km 处的金水区花园口乡八堡村黄河岸区开工建设，2000 年 6 月正式竣工，荷兰农业、自然管理和渔业部大臣布林克霍斯特，河南省时任省长李克强出席了开业典礼并为其剪彩。项目共建成 20 头规模产奶牛场、90 头成母牛和 72 头后备牛场三个不同规模、不同饲养模式的牛场，饲养模式全部采用荷兰先进的奶牛饲养技术和科学的管理方法，各项生产指标均达到国内领先水平，各项鲜奶指标也基本达到欧洲标准。荷兰政府先后派出 1 名长期专家、46 批次 70 多名短期专家到项目区帮助工作，举办了 17 期奶业新技术培训班，培训学员 856 人。2004 年 3 月 24 日，项目举行了移交仪式，荷兰农业、自然及食品质量部副大臣卡尔丹先生出席。至此，由中荷两国政府共同投资兴建的中荷河南奶业培训示范中心项目，全部移交给中方统一管理。截至移交时，项目共接待来自河南省及全国 26 个省市参观考察团 210 个，12 个国家的参观考察团 53 个，国内外大小参观团体达到 843 批次，人员达到 15370 人。

农业部援粮发展基金固始白鹅选育开发利用项目(2003~2004 年)

固始白鹅选育及开发利用项目是经国家农业部、省农业厅批准实施的河南省利用农业部援粮发展基金组织项目。项目总投资 240 万元，自 2003 年 9 月至 2004 年 2 月，历时 5 个月顺利竣工，新建成的种鹅场拥有二栋标准化双列式种鹅舍，建筑面积 2112 m^2，办公及生活附属房 8 间 215.6 m^2，并配套有 30 kVA 专用变压器、容积 30 m^3 沼气池、2 t/h 饲料加工机组 1 套、每批育雏 2000 只种鹅苗笼具 1 套，可供固始鹅原种场、四川鹅原种场"两个鹅场"同时使用。父母代场址选定在固始往流镇司楼村，占地面积 28 亩，于 2004 年 10 月底建成投入使用，共建成标准化鹅舍 750 m^2，育雏室 120 m^2，办公及生活附属房 80 m^2，可饲养父母代种鹅 2000 只。

澳大利亚大使基金台前县夹河乡张书安村人畜引水项目（2003~2004 年）

利用澳大利亚大使基金实施的台前县夹河乡张书安村人畜引水项目，2003 年 5 月澳大利亚政府无偿援助 28.34 万元人民币，地方配套 64.84 万元，总投资 93.18 万元，2003 年 7 月 3 日开工，2004 年 5 月 16 日全部完工。项目区位于县东部，紧临黄河大堤，地势低洼、易涝，属苦水区，引水条件极差。由于村民长期饮用每升水含氯量达到 1.5 mg 以上的水，使村民多发各种疾病。如黄牙根病占总人口的 95%，脊柱弯曲病人数占总人口的 20%，严重危及人民生命。为了彻底改变项目区人畜饮水的状况，申请了澳大利亚大使基金项目，在项目区打一口深井。2003 年 5 月，商贸厅、农业厅、台前县农业局在郑州进行了项目签字仪式，同意接受澳大利亚政府提出的受援条件，河南省商贸厅建立"夹河乡人畜卫生饮水"、SAS 合作项目领导办公室，负责对商贸部、澳大利亚使馆联系，进行项目规划以及对项目实施进行管理和协调。河南省农业对外经济合作中心进行具体实施管理，台前县人民政府成立由台前县农业局、夹河乡人民政府、县扶贫办、县水利局、县卫生局等有关部门组成的项目协调领导小组，由县农业局负责项目的具体实施。2003 年 8 月 10 日，480 m 的深井完工，经过洗井后，测得静水位为 25 m，动水位为 65 m，水量（Q）50 m^3/h，水质经检验符合饮用标准，口感很好。2004 年 5 月 16 日管道全部铺设完工，并经过专家验收达到设计标准，2004 年 9 月 20 日项目工程完成交接。项目的建成彻底解决了张书安村 6112 人、近 2000 头牲畜长期饮用"水质差、水垢重、入口苦"水的局面，由于饮用水的解决，改善了居民的生产、生活条件，身体健康得到了保证，杜绝了疾病的流行发生。

世界粮农组织（FAO）商城灾区无偿援助项目（2004~2005 年）

2004 年 8 月中旬，受"云娜"台风影响，河南省信阳地区遭受了百年不遇的特大洪涝灾害，其中信阳市的商城县灾情最严重。灾情发生后，河南省积极将灾情上报农业部，经农业部国际合作司获取了联合国世界粮农组织（FAO）对灾区的无偿援助项目。援助项目编号为 TCP/RAS/3012-CPR，援助金额为 3 万美元，用于购买救灾化肥尿素，支援灾区重建。由于援助资金有限，项目区在商城县选择了受灾最严重的 2 个乡的 5 个行政村，即商城县李集乡的杨村、李集村和新庄村，河风桥乡的赵棚村、栏杆村，总受益农户 2800 户，小麦播种面积868 hm^2。

八、1982年以来引进与利用国际技术项目主要成果

党的十一届三中全会后，中共中央确定了对外开放、对内搞活的方针，农业技术引进从此进入了一个较快的历史发展时期。自20世纪80年代初开始，国家在开辟经济特区和开放沿海城市的同时，陆续制定和推行了一系列鼓励引进技术的政策，制定了在“六五”后三年引进3000项先进技术的规划，还向省市下放了技术引进的审批权，增设了对外经济技术贸易窗口。河南省加强了对技术引进工作的领导与宏观管理，使农业技术引进取得长足进展，引进项目逐渐增多，引进规模迅速扩大，引进效益不断提高，提升了河南农业的技术含量，加快了对传统农业的改造，促进了河南农业的快速发展。1994年从国家“九五”计划开始实施“948”项目引进国际先进农业科学技术计划"(简称"948"计划)后，为了进一步提升农业科技水平，提高农产品国际竞争力，河南加速了农业技术引进力度，明确了农业技术引进的重点：农产品种质资源、农作物栽培技术、畜禽养殖技术。这些国际先进农业技术和品种主要包括粮食作物(小麦、水稻、玉米、大豆和高粱)、棉花、油料作物(芝麻、花生、油菜籽、好好芭)、蔬菜、水果(苹果、葡萄、梨)、干果(开心果、大杏仁、核桃)、花卉、食用菌等。引进的国家主要是美国、加拿大、英国、法国、意大利、比利时、澳大利亚、日本、以色列、印度、泰国。

(一)种植业技术引进

在种植业方面，河南省先后引进的国际先进农业技术主要有：美国抗病优质高产大豆品种和棉花高产栽培技术；英国小麦优质高产快速育种技术和名优蔬菜温室栽培技术；法国优质小麦新品种引进与选育技术，SP1、SP3两个高粱杂交亲本材料引进；日本水稻旱育稀植与抛秧技术和茄子嫁接技术；以色列旱地新型油料作物品种“好好芭”引进及蔬菜育种制种技术；加拿大棉花病虫害防治技术；澳大利亚花生抗旱种质引进；比利时欧洲“双零”油菜新品种资源引进、“水贡”蔬菜新品种的引进及栽培技术；意大利棉花抗病、抗虫及抗逆基因工程育种技术；印度棉花杂交种和高配合力种质资源引进；泰国有限生长型及半闭蒴型芝麻品种的引进。

日本水稻旱育稀植技术引进　水稻旱育稀植技术从日本引进，是一种省水、省肥、省种、省工、高产新型的水稻育秧技术。1994年3月，日本官畸大学教授续荣治先生应邀来河南讲授此项技术，直接培训100余人。其后全省共培训技术人员达万余人次，并在重点地区进行示范推广，到1999年，全省推广水稻旱育稀植技术面积已达36万 hm^2，平均比常规育秧增产15%以上。

美国抗病优质高产大豆品种技术引进　1995年，河南开封农林科研所引进美国大豆

系列材料，进行改良研究，辐照处理后进行了适应性试验，筛选出单产超出当地品种10%以上优良品种进行利用，经隔离检疫和试验，选育出开豆二号、开豆三号、开豆四号、开豆五号4个适宜河南省乃至黄淮豆区种植的高产大豆品种，平均示范增产在11%~38.9%。

泰国有限生长型及半闭蒴型芝麻品种的引进 1997~1999年，河南省农业厅与河南省农科院棉花油料作物研究所先后从泰国引进19份有限生长型芝麻习性材料及闭蒴、半闭蒴型材料，与当地优良品种做亲本杂交改良，从中选育出适宜中国生态环境条件、具有广阔推广前景的芝麻新品系1个，配制优良组合60余个，丰富了中国品种资源。2000年在河南省芝麻生产区建立示范田进行扩繁试种，逐步开展配套栽培技术研究。

以色列旱地新型油料作物品种"好好芭"及蔬菜育种制种技术引进 "好好芭"是新兴多年生特除油料，适于多种旱地、贫瘠和盐碱化土质种植。1999年引进"好好芭"15个优良品种和5个五性系优选克隆，繁殖遗传性能稳定的试管苗以供试验种植。2000年在南阳新野和郑州进行小面积试验种植驯化，跟踪研究其生长规律，积累栽培管理经验。2001年在豫西南部半干旱丘陵地进行推广示范种植。

（二）园艺技术引进

在园艺技术引进方面主要有：荷兰无病毒果树苗木引进与推广；美国开心果、大杏仁、黑核桃等优良品种及栽培技术引进；法国葡萄新品种及栽培技术引进，优良花卉品种及温室栽培技术引进；新西兰苹果贮藏技术引进；日本优质梨扩繁技术、晚熟苹果新品种与栽培技术、果树丰产管理技术引进；澳大利亚苹果高产抗病新品种及栽培技术，香菇栽培技术引进。

荷兰无病毒果树苗木引进与推广 1993年，河南省农业厅从荷兰国家果树花卉研究所引进苹果无病毒砧木和接穗，在陕县原种场建立了全省第一个果树无病毒苗木基地。此后3年，共繁育苹果无病毒苗木120万株，销售值达到600万元，这批苗木大部分用于豫西苹果基地，不仅揭开了全省果树无公害生产的序幕，而且形成了中国较早的无病毒苹果树生产基地。

美国黑核桃良种及栽培技术引进 1997年以后，河南省引进美国东部黑核桃良种36个无性系，120个优良家系，并建成了国内最大的黑核桃良种基因库、较大规模的采穗圃和种子园，繁育出圃良种嫁接苗和少量实生苗5万余株。1999年10月，邀请美国农林部林务局黑核桃良种选育及组培快繁研究中心主任吉瑞教授，在郑州举办了"美国东部黑核桃栽培技术培训班"，并在全国范围内开展了推广工作。

香菇高产优质技术引进 此项技术在引进过程中，聘请台湾地区香菇专家张过枝为技术顾问。主要内容包括：引进香菇菌种，推广高产栽培技术，传授烘烤加工方法，提供生产信息，进行产前、产中、产后服务。应用新菌种、新技术后，香菇产量每架可达15 kg，产量提高3倍左右，经过烘烤加工的香菇，每千克产值平均达60元左右，提高3倍。此项新技术仅在洛阳市山区就推广达20万架，社会效益2亿元。

〖链接阅读〗

“948”项目是1994年8月经国务院批准，由农业部、国家林业局、水利部和财政部共同组织实施的“引进国际先进农业科学技术计划”。1994年8月，为尽快缩小我国农业科技与世界先进水平的差距，经时任国务委员、国家科委主任宋健同志提议，国务院批准，从“九五”计划开始实施“948项目引进国际先进农业科学技术计划”（简称“948”计划）。该计划由农业部、水利部、国家林业局、财政部共同组织实施。该项目的实施，有力促进了我国农业科技水平的提升，对推动农业结构调整，保障农产品有效供给，促进粮食增产、农民增收和农业增效发挥了重要的作用。

第二节
农业外事活动

一、农业外事活动概况

20世纪70年代末,河南省农业对外交往的范围不再局限于传统的发展中国家。20世纪80年代以后,随着国家对外关系的发展,河南省农业对外开放的步伐进一步加快,对外交往日趋频繁,农业外事活动日益增多,并先后派出大批人员出国考察访问、洽谈项目、研修或培训、出席国际会议、执行合作项目、开展国际农业技术交流。同时,接待了多批外国政府农业访问团和企业考察团以及专家学者来河南省进行工作访问,开展经贸洽谈、项目合作、技术及学术交流等活动。到2000年,河南省不仅与亚洲、非洲、拉丁美洲等发展中国家及东欧各国,在传统友谊的基础上,开展了互助互利的合作与交往,而且与美国、英国、法国、德国、日本、意大利、加拿大、澳大利亚等西方发达国家,以及国际农业组织、国际金融组织等许多机构,在农业领域加强了密切联系,开展了广泛交往,建立了合作关系。据不完全统计,1981~2000年,河南省农业系统共派遣出国人员539人次。其中,1983~1995年,由河南省农业厅直接组团,或随国家农业部等有关部委和省有关部门组团,向美国、日本、澳大利亚、加拿大、荷兰、韩国、以色列等国家派员出访221人次,执行出国任务的内容涉及种植业、养殖业、农产品加工、农业综合开发、水土保持、节水灌溉等领域。特别是1981~1995年,河南省农业厅向多个国家派出了145名研修生,其中日本123人,美国18人，以色列3人，埃及1人；1997~2000年，河南省农业部门共派遣出国团组91批次318人次，涉及美国、加拿大、英国、法国、德国、荷兰、意大利、比利时、瑞士、罗马尼亚、斯洛伐克、澳大利亚、以色列、日本、泰国、新加坡、马来西亚、文莱、几内亚等国家和地区。执行出国任务的内容包括出席国际会议、参加国际农业博览会、考察洽谈农业项目、执行合作项目、进行国际农业技术交流与培训，以及出国研修等方面。在接待国外来访方面，1983~2000年，河南省先后接待国外团组311批913人。其中，1983~1995年，河南省先后接待美国、日本、英国、法国、澳大利亚、韩国、泰国等40多个国家或国际组织的农业访问团和考察团255批716人次；1997~2000年，全省农业共接待国外来访团组56批次197人，涉及美国、加拿大、法国、德国、荷兰、日本、韩国、泰国、马来西亚等国，以及欧盟、联合国粮农组织、国际玉米小麦中心、亚洲开发银行等国际组织。来访的主要任务是进行农业考察、洽谈农业合作项目、签订农业合作协议、检查合作项目执行情况、开展农业技术及学术交流等。2016年以来，共组织农业访问团组67批287人次，接待国外来访和境外农业学员培训11批244人次，有力地促进了农业交流和互补借鉴，有效扩大了河南"三农"工作对外宣传力度。

二、农业外事活动大事记（依据1993年以来可查史料统计）

世界粮食计划署评估团访问河南　1993年4月和11月，世界粮食计划署分别派出由农经专家茂克克为团长的7人预评估团，以及该署驻马来西亚代表处主任康威为团长的5人评估团，对河南省申请的信阳大别山区四县低产田综合开发项目进行预评估和正式评估。其间，河南省专家与世界粮食计划署的专家一对一的陪同、交流、考察、评估，结果预评估顺利通过，正式评估更加圆满，项目援助规模比预评估还有所扩大。

德国农业合作所考察团访问河南　1993年6月，以德国农林食品部国际司鲁道夫·伊林博士为团长的德国农业合作所考察团一行7人访问河南，并对河南省农村合作经济组织的形式、规模、经营状况、资金来源、政府所起的作用及管理办法等进行了全面认真的考察。

日本农业代表团访问河南　1995年5月，日本农林水产省事务次官率4人代表团访问河南，考察河南农业现状，并就进一步扩大中日农业合作与交流进行了友好磋商。

世界粮食计划署总干事访问河南　1995年8月，世界粮食计划署总干事贝尔蒂尼女士一行6人访问河南，对该署援助的河南信阳大别山区四县低产田综合开发项目进行了实地考察，并在随后于北京召开的第四届世界妇女大会上，肯定和介绍了河南项目区妇女参与项目的成功经验。

河南省农业代表团赴荷兰和比利时访问　1999年8月23日至9月8日，应荷兰农业、自然管理和渔业部，以及比利时东费兰德斯省省长赫德威格·德波尔的邀请，以河南省副省长王明义为团长，河南省农业厅厅长杨金亮和有关市政府农业副市长为成员的河南省人民政府农业代表团，分别对荷兰和比利时进行工作访问。

河南省农业考察团赴法国考察　2000年10月，由河南省农业厅副厅长杜冠章为团长的河南省农业考察团赴法国索恩·鲁瓦尔省，就合作建设河南省肉类质量检测中心项目、选送青年农技人员赴法国研修等进行考察洽谈。

以色列本古里大学生物技术应用研究所 Aliza Benzioni、David Mills 教授来河南跟踪指导　2000年以3月，色列本古里大学生物技术应用研究所 Aliza Benzioni、David Mills 教授来河南指导“好好芭”种植工作。在河南新野、唐河、信阳和郑州等种植试验点进行了土墙、气候、排水等方面的考察，并对试验大棚、温室建设进行指导。同时，在郑州举办两场“好好芭”种植培训班，7个种植试验点的科技人员参加学习和培训。

加拿大前任驻华大使、加中贸易理事会总裁、贝祥投资集团总裁访问河南　2004年2月10~11日，加拿大前任驻华大使、加中贸易理事会总裁、贝祥投资集团总裁贝祥先生一行4人访问河南，河南省委书记、省人大常委会主任李克强在郑州会见贝祥先生一行，省农业厅厅长张广智参与会见。签署了引进奶牛合同一份，合同规定，自2004年至2008年，河南省将分批从国外引进10万头优质奶牛。

荷兰农业、自然和食品质量部副大臣卡尔丹先生访问河南　2004年3月24日，荷兰农业、自然和食品质量部副大臣卡尔丹先生率领的荷兰农业代表团一行8人访问河南，此次来访为参加中荷河南奶业培训示范中心移交仪式，移交仪式由河南省人民政府副秘书长张同立主持，河南省农业厅副厅长雒魁虎、荷兰驻华使馆农业参赞贺仁代表双方政府在项目移交文本上签字。

巴西马托格罗索州政府暨经贸代表团访问河南　2004年6月，巴西马托格罗索州政府暨经贸代表团一行31人访问河南，河南省省长李成玉和省人大副主任、省贸促会会长张以祥分别会见，河南省农业厅原副厅长雒魁虎参加会见。

马来西亚吉兰丹州政府经贸考察团访问河南　2004年11月24日，马来西亚吉兰丹州政府经贸考察团一行18人访问河南，河南省副省长史际春接见，省农业厅厅长张广智与代表团签订了友好合作协议书。

伊朗农业灌溉代表团访问河南 2004年1月28日，伊朗农业灌溉代表团来豫考察，来访主要考察河南省水资源利用和农田灌溉管理等情况。

亚行项目经理考察河南旱作项目 2007年5月25日，亚行项目经理Raymond Renfro到河南对亚行贷款旱作可持续农业项目进行调研。

亚行项目经理专程参加河南旱作项目启动仪式 2009年2月26日，河南省利用亚行贷款旱作可持续农业项目启动会在郑州市举行，河南省人民政府省长助理何东成、亚行项目经理瑞蒙德·任福络(Raymond Renfro)、农业部对外经济合作中心副主任周启疆、河南省农业厅副厅长薛豫宛等出席会议。

亚行东亚局及亚行驻中国代表处高级项目官员来河南进行项目前期考察 2012年11月27，亚行东亚局环境、自然资源和农业项目经理上田刚及亚行驻中国代表处高级项目官员沈欣女士对河南省申报"利用亚行贷款畜牧养殖业及产品安全示范项目"进行前期考察，由省亚行项目办派人迎送、并陪同考察。主要任务：(一)与省直有关单位讨论河南省项目的总体规划及项目建设内容设计；(二)项目融资计划和执行安排；(三)准备项目技术援助，制定执行时间表；(四)实地考察项目执行单位的现状。

亚行贷款畜牧养殖业及产品安全示范项目技援团项目 2013年9月2日至9日，亚行贷款畜牧养殖业及产品安全示范项目技援团项目经理上田刚先生一行6人来豫实地考察，亚行东亚局环境、自然资源和农业处处长冯友兰，河南省农业对外经济合作中心原主任王培忠等陪同。主要目的是：(一)与项目执行机构、实施机构及咨询方建立良好的工作关系；(二)讨论本技术援助项目的总体进展方向；(三)审阅目前的活动进展和咨询方准备的启动报告方案；(四)实地考察项目企业；(五)讨论本次检查团关注的其他相关问题，以确保项目的顺利实施。实地考察了河南尚正食品有限公司、河南大地牧业有限公司。

亚行贷款畜牧养殖业及产品安全示范项目技援团项目经理来豫参加项目启动仪式 2016年10月9~15日，亚行贷款畜牧养殖业及产品安全示范项目技援团项目经理上田刚先生一行6人来豫参加项目启动仪式。河南省农业厅副厅长陈金剑到会致辞。河南省农业对外经济合作中心主任王金中、副主任曹卫东、项目科长李小云陪同考察。实地考察河南恒天然农牧业股份有限公司、河南省牛牛牧业有限公司项目执行情况，了解项目进展情况、存在问题和下一步打算；与当地政府相关部门和受益群众座谈。

亚行派遣检查团检查河南省亚行贷款旱作项目 2016 年 10 月 17~19 日，亚行派遣检查团对河南省亚行贷款旱作可持续农业项目竣工准备情况进行检查。河南省农业对外经济合作中心曹卫东、沈云亭在北京就河南省亚行贷款旱作可持续农业项目竣工准备情况进行汇报。亚行自然资源经济学家 Jan Hinrichs、农业部外经中心副处长王庚等与河南省代表进行座谈。

亚行北京代表处高级项目官员来豫考察 2019 年 6 月 24 日，亚行北京代表处高级项目官员卢兰兰一行 4 人来豫考察，河南省农业对外经济合作中心主任王金中、项目科长李小云陪同考察，考察期间，主要了解河南省利用亚行贷款畜牧养殖及产品安全示范项目进展情况，研究解决项目建设中存在的问题，推进项目顺利实施，考察路程途经漯河市、周口市、平顶山市、南阳市。

先正达中国区总裁顾思睿访问河南 2017 年 12 月，全球领先的农业科技企业先正达大中国区总裁顾思锐（Andrew Guthrie）一行访问河南，访问期间，拜会了省政府领导，实地考察了省农业厅土壤标本室，与农业厅领导及相关处站负责人进行了座谈交流；同时，还赴省农科院与专家座谈，参观了农科院院史馆、油料实验室等。顾思睿希望先正达加深与河南合作，在推进农业现代化进程中互利共赢。双方还就互相关心关注的问题进行了深入探讨，并就意向签订双方务实合作备忘录等事项进行了沟通交流，达成了共识。2018 年 7 月，正式签订了合作备忘录。

美国大豆出口协会大中华区首席代表张晓平访问河南 2021 年 10 月 14 日，副省长武国定在郑州会见张晓平一行。张晓平表示，美国大豆出口协会高度重视与河南的合作，希望与河南在畜牧、饲料、水产行业等领域开展深入交流，在推进农业可持续发展、绿色价值链建设等方面建立互利共赢的关系，让河南农业在中美农业贸易中获得收益。

第三节
援外技术合作暨南南合作

一、援外技术合作暨南南合作概况

2003年以来，根据农业农村部安排，河南省共选派农业专家和技术员197人次，分赴尼日利亚、马拉维、埃塞俄比亚、马里、布隆迪、南非、贝宁、莫桑比克、津巴布韦、博茨瓦纳、埃及等十多个国家和地区开展农业援外项目，主要领域涉及农田水利、粮食种植、水稻灌溉、旱作物示范、农村能源、蔬菜种植、畜牧兽医、水产养殖、农产品加工及储藏等。在促进非洲国家当地农业和农村经济发展的同时，也为河南省培养了一批具有国际视野、专业技能、语言知识的农业专家和技术人员，为河南省农业对外开放打下了良好的基础。

二、2003年以来援外技术合作暨南南合作项目主要成果

中国-尼日利亚“南南合作”项目 2003年3月，中国政府、尼日利亚政府和世界粮农组织(FAO)三方共同在罗马签署“三方协议”，标志着中尼“南南合作”一期项目的正式启动。2003年4月，农业部《关于进一步做好中尼(尼日利亚)南南合作有关工作的通知》下发后，河南省农业厅积极做好相关准备工作，并在全省范围内开展了赴尼人员的组织选派工作。经过组织和宣传发动，在较短时间内，共有农业、畜牧、水利、水产等专业570多

人自愿报名,经过严格的审查和英语考试,最后挑出48名优秀技术人员,先后派往尼日利亚执行技术援助任务。涉及主要领域包括农田水利、水土保持、植物保护、畜牧兽医等。在农业部外经中心及我国驻尼使馆的指导下,赴尼工作的专家和技术人员不负祖国重托,经受困难考验,以全力以赴的敬业精神和扎实过硬的专业技术能力,出色地完成了项目任务,受到了当地政府的高度评价和充分肯定,也受到农民的热诚欢迎,为国家争得了荣誉。他们不仅推广了先进的种植养殖模式,解决了农业生产中突出的技术问题,而且不断拓宽合作领域,增进了中尼双边的相互了解和友谊。

2007年,中尼"南南合作"一期项目外派技术人员陆续回国。应尼日利亚政府的要求,2007年7月,由联合国粮农组合牵头,我国政府派员赴尼联合开展中国-尼日利亚"南南合作"二期项目的考察和规划。2009年2月,中尼"南南合作"二期项目正式启动实施,较一期项目相比,二期项目的技术援助领域范围有所扩大,但农技人员数量有所减少,同时对农技人员的能力和外语水平要求更高。按照农业部外经中心的要求,河南省农业厅在全省范围内重点组织新增领域方面专业技术人员积极报名,并组织精挑细选的13名备选人员参加农业部在武汉举行的英语强化培训班。在二期项目全国七省共选派的32名专家和技术员中,河南省虞城县的刘运民同志作为省水稻生产专家、援外总部专家组副组长、尼日利亚西北片区片长赴尼日利亚西北片区示范中心开展二期工作。该同志工作中除对片区7个州的中方技术员进行技术指导和管理外,还承担了尼全国水稻生产的技术指导、生产示范、技术培训等工作,并对尼日利亚各州水稻生产提供技术支持和技术服务。自2009年2月至2014年1月,该同志5年来共实施了"尼日利亚国家水稻高产栽培示范项目""Katisna州Sabuwa地方政府农业示范园建设和养蜂示范中心项目""Kaduna州水稻生产高效示范园项目""Kebbi州农学院Zuru地方政府养蜂示范中心建设项目""Adamawa州尼国家执政党主席农场水稻周年生产示范项目"等各类农业高产示范项目12个,示范面积60 hm^2,推广面积380 hm^2,示范、推广了水稻、玉米、蔬菜、养蜂、果树等专业技术30多项,示范区水稻的平均产量由当地的3.8 t/hm^2 提高到5.8 t/hm^2,增产2 t/hm^2,总增产水稻120 t。制作农业生产工具6类50件,免费赠送给当地农民推广试用。引进、示范、推广蔬菜、水稻、玉米、高粱、谷子等农作物品种8项22个品种,技术示范面积8 hm^2,推广面积45 hm^2,产生经济效益2000多万奈拉。举办不同类型培训班12项135次,培训人员32000多人次,示范带动5万多人,发放技术资料6万多份。自2013年调入专家组总部工作以来,编写、翻译工作简报30多期,为农业部外经中心编写了《在尼日利亚建设杂交水稻育种研发中心项目建议书》《中国与尼日利亚双边合作重点项目建议书》,为Kduna州Tahir农场、Kano州Garko农场、Nassarawa州尼驻中国大使馆副大使农场、Osun州尼农业部前常务秘书E99农场、Kano州现任参议员农场等撰写农场考察报告和发展建议。另外,还协助专家组组长圆满完成了"尼日利亚国际南南合作高层论坛会议"的筹备与召开、技术员津贴发放和人员管理,以及专家组与各方之间的组织协调、上通下达等工作。该同志圆满完成了各项工作,达到了预定的目标,受到各方好评。

中埃农业职业技术教育项目 2002年4月,河南省省长李成玉赴埃塞俄比亚访问期间,与埃塞俄比亚奥罗莫州签订了关于向奥罗莫州派遣农业专家的谅解备忘录。2002年11月,奥罗莫州农村和农业发展最高办公室主任穆汗默德·哈森博士率团访问河南,与河南省政府签订了中国河南省和埃塞俄比亚奥罗莫州关于向奥罗莫州派遣农业专家的协议。同年12月,河南省7名农业专家赴奥罗莫州进行了为期一年的援助工作。这7名专家在国外期间,以其高超的专业技术、良好的敬业精神得到了埃塞政府的高度评价,河南省与奥罗莫州的访问取得了成功。

2003年,河南省根据农业部安排,开始执行由中埃两国农业部合作共同开展的埃塞农业职业教育项目,截至2013年,河南省连续9年共派出25名教师,分8批到埃塞农业职业技术学院培训当地的教师、学生和农业技术推广人员,对埃塞农业发展和农业技术的进步做出了突出贡献。他们在埃塞俄比亚编写了大量英文讲义和实习手册,为埃塞俄比亚农业院校的学生释疑解惑,在搞好常规教学的同时,他们还做了大量的实用技术示范和推广工作,他们根据当地实际情况,围绕作物高产、节水农业、家禽孵化等埃塞俄比亚农业面临的突出问题,制订了一批实用技术示范方案。此外,他们还深入农民培训中心、畜医诊所、农业合作社了解毕业学生的工作情况,加强教学反馈,更加贴近实际、贴近学生,改进教学。他们专业技术能力强,工作态度认真,为埃塞俄比亚的农业职业教育发展做出了贡献,受到了埃塞俄比亚政府和农业部的一致好评。

中国援南非、布隆迪项目 2009年温家宝总理在中非合作论坛第四届部长会议上宣布援非新举措,向非洲国家派遣50个农业技术组,进行农业技术援助。2009年3月,我国政府与FAO签署了《中华人民共和国与联合国粮食及农业组织关于信托基金的总协定》,南非、布隆迪为第三批中国-FAO信托基金开展“南南合作”的国家。根据《中华人民共和国政府、南非、布隆迪共和国政府与联合国粮农组织为支持布隆迪国家安全计划而实施“南南合作”项目的三方协议书》,我国政府将向南非、布隆迪派出多名农业专家、工程师和技术员,在作物生产、动物健康、水产养殖等专业领域为其提供技术支持。经过对各报名人员专业、外语和沟通协调能力的层层筛选,洛阳市水产技术推广总站高级工程师郭严军同志于2012年9月15日至2013年9月14日赴南非开展援外工作;周口市动物卫生监督所高级畜牧师欧广志同志作为农业生产专家于2012年4月20日至2013年4月19日赴布隆迪开展工作。圆满完成任务后,两位专家均安全回国。

中国-马拉维“南南合作”项目 中国-马拉维“南南合作”项目于2010年7月正式签署中国政府、联合国粮农组织及马拉维政府的三方协议,于2011年3月正式启动,来自全国10个省(自治区)共计34名外派农业专家和技术员已于2011年3月25日赴马拉维开展工作。河南省中国-马拉维"南南合作"项目中外派人员共有专家1位、技术员6位,主要涉及领域包括农业、渔业、牧业等基础产业,同时正积极参与人工鱼苗繁殖和轮式播种机等试验示范项目。河南省农业专家与技术员在当地有效开展了一批先进农业实用科学技术的示范、推广和培训工作,特别是在农业种植、农产品加工、农业新技术运用、新品种栽培等领域成果显著。其中,河南省徐建本同志从众多援非申报者中脱颖而出,自2011年3月参与该项目后,他的工作事迹登上了马拉维国家报纸2012年9月22日的WEEKEND NATION的青春与自由(YOUNG & FREE)版。一时间,他成了当地的名人,路人不时停下来问:嗨,你就是那个上了我们国家报纸的中国人吧。该报报道了我国"南南合作"队员在马拉维开展的家庭菜园种植情况,文章以作物科学为题,就如何将书本知识实际运用到农业种植方面以及向马方农技人员传授技术等方面做了大篇幅介绍,该同志以精湛的农业技术、严谨的工作纪律和高度的责任感为河南省农业专家和技术员做出了表率,不仅赢得了当地政府和人民的欣赏与尊重,也为河南省农业"走出去"增添了绚丽的一笔。

中国-马里"南南合作"项目 中国-马里"南南合作"项目于2010年7月正式签署三方协议。2011年3月,经联合国粮农组织、中国政府及马里政府确认,全国6省共17位专家和技术员赴马里执行"南南合作"援外任务。截至2012年4月,专家组在外工作的一年时间内,完成对当地农、牧、渔业基础情况的调查工作,玉米、谷子、蔬菜种植试验示范和水稻种植技术指导工作都取得了积极的成效。洛阳市农业技术推广站的周应军和睢县农业局的闫建伟分别作为农业专家和技术员派往马里执行此次"南南合作"项目,在马里期间主要负责"中国-马里玉米品种比较试验""中国杂交玉米在马里高产栽培示范""中-马玉米杂交种的选育"等试验研究。初到马里,由于种种客观原因,项目遇到了诸多困难,但外派人员不等不靠,积极创造条件,将项目向前推进。2011年8月1日,"中国-马里玉米品种比较试验""中国杂交玉米在马里高产栽培示范""中-马玉米杂交种的选育"三项目在马里索吐巴IER成功播种,这标志着中国-马里SSC项目玉米品种改良拉开了序幕,为马里玉米品种的改良和高产打下了坚实的基础。同时,在马里试验地选育、授粉接种的周应军和闫建伟也收获了"玉米专家"的美誉,为河南省争得了荣誉。

第四节
农产品出口

一、农产品出口概况

改革开放以后，河南省认真贯彻落实党中央、国务院关于对外开放的一系列方针政策，全面实施“开放带动”战略，把农产品出口作为农业增效、农民增收和农村经济发展的重要战略措施来抓。但整个20世纪80年代，由于河南省广大农村刚刚开始实行家庭联产承包责任制，农业生产尚处于恢复性阶段，农产品依然供不应求，商品率低，出口的品种和数量都较少。进入20世纪90年代以后，河南省粮食等主要农产品供求由长期短缺转变为“总量基本平衡、丰年有余”的基本格局，农产品供应丰富为农产品出口打下了良好的基础。特别是“九五”以后，河南省农业部门根据国际市场需求，结合农业生产条件和资源优势，因地制宜，培育和发展了一批产品档次高、质量效益好、国际竞争力强的农产品出口基地和创汇农业龙头企业，全面提升了农产品的国际竞争力。与“八五”相比，“九五”期间，河南省初级农产品出口额由占出口农产品总额的67.3%下降到63.7%；加工农产品比重由32.7%上升到36.3%。2014年河南省制定出台了《河南省人民政府关于促进食品农产品出口跨越式发展的意见》，建立了河南省促进食品农产品出口联席会议制度，2016年出台《河南省促进食品农产品出口行动计划》，大力支持促进食品农产品出口。随着“一带一路”倡议、河南“粮食生产核心区、中原经济区和郑州航空港经济综合实验区”

三大国家战略的加快实施,以及郑欧班列、跨境电子商务等新业态的蓬勃发展,河南食品农产品出口具备广阔的发展空间和良好的发展前景,迎来了新一轮黄金发展期。2018~2019 年,河南省农产品对外贸易稳步发展,呈现不断增长趋势,平均每年增长率在两位数以上,全省农产品贸易总额常年位居全国第 13 位,2019 年上升到第 12 位。2020 年,全省农产品贸易总额 29.5 亿美元,同比下降 22.5%,其中出口额 17.3 亿美元,同比下降34.5%,进口额 12.2 亿美元,同比增长 4.8%。贸易顺差 5.1 亿美元,同比收窄 65.3%。2021 年上半年,全省农产品贸易总额为 16.1 亿美元,同比下降 3.1%,其中出口额 8.7 亿美元,同比下降 21.7%,进口额 7.4 亿美元,同比增长 34.4%。贸易顺差 1.3 亿美元,同比收窄76.8%。目前,河南省发挥得天独厚的资源优势和条件优势,推动出口产品多样化和出口市场多元化,农产品出口已经成为全省出口支柱产品和对外贸易的重要组成部分,向亚洲、非洲、欧洲、南美洲、大洋洲、北美洲出口农产品创汇金额都有大幅度增长,为更好地利用国内外资源和市场找到了突破口。

二、主要农产品出口品种

河南省现有农产品出口共计 24 大类 182 种,主要包括粮食类、蔬菜类、水果类、油籽及其制品类、活畜禽类等。出口规模较大的品种是冻猪肉、生猪、苹果汁、大蒜、花生、芝麻、蔬菜、茶叶、中药材、手编工艺、食用菌、麻类、花卉、山野菜等。主要表现出以下特点:一是农产品出口结构不断优化,初级农产品比重降低,加工农产品比重上升,干香菇、熟肉制品、调味食品、包馅食品等一大批高附加值、高效益农产品纷纷打入国际市场。二是出口的农产品品种不断增多,不仅有传统的生猪、大蒜、苹果及苹果汁、鲜香菇、蜂产品等,又新增了面筋及面制品、饲料添加剂等品种。三是形成了一批特色名牌产品,产品竞争力增强。

三、主要农产品出口额

近 10 年河南省农产品出口持续稳定增长,年均出口额 16.9 亿美元,年均增长率 16.3%。2010~2014 年全省农产品出口额由全国第 14 位上升到第 11 位,2015 年上升到第 8 位,并保持到 2019 年。近年来,世界农产品贸易环境发生了急剧变化,面临全球贸易争端和经济滞涨的不利因素,河南省各农产品出口基地及企业努力克服贸易摩擦和市场需求萎缩带来的严重影响,积极开拓,有效应对,呈现了逆势飘红。2021 年,全省前五大主要出口农产品是食用菌、大蒜、鸡肉、苹果和蜂产品,合计占全省农产品出口总额的 52.3%。与 2020 年相比,食用菌、大蒜和鸡肉同比增加 16.2%、22.1%和 35.5%,为全省农产品出口止跌回稳做出了贡献。

四、主要进口农产品

河南省的主要进口农产品为大豆、棉花、生皮、牛肉、鸡肉、猪肉、奶粉等，占所有进口农产品的76.3%，其中棉花和奶粉保持稳定增长。近10年河南省农产品进口也呈现不断增长势头，2010~2018年进口额年均15.9亿美元，年均增长10%，位居全国第12位，由于受贸易摩擦影响，2019年进口下滑，2021年恢复增长。2020年，全省前五大进口农产品是大豆、牛肉、猪肉、生羊皮和大米，合计占全省农产品进口总额的54.1%。与2019年相比，大豆进口保持了相对稳定，牛肉、猪肉和大米分别增长36.5%、1.2倍和1.0倍。

五、主要农产品进口来源地

据2020年海关统计，全省前五大进口来源地分别是巴西、美国、澳大利亚、越南和阿根廷，合计占全省农产品进口总额的62.3%。自美国和越南进口额增长72.6%和102.5%。中美贸易争端以来，2019年巴西取代美国成为河南省农产品进口最大来源地，到了2020年，自巴西进口停止了增长，疫情以及物流不畅是最主要的原因，而自美国进口增长了72.6%，这反映了中美贸易争端的复杂性，一方面中美贸易互补性很强，双方不易简单脱钩，另一方面中美第一阶段贸易协定的落实也在持续推进中，这些因素都增强了中美贸易的韧性和持续性。

六、主要出口农产品

河南省主要出口农产品包括食用菌、大蒜、蔬菜、禽肉、苹果及苹果汁、绿茶等。在所有出口农产品中，食用菌是全省农产品出口保持连年增长的功勋产品，已经发展成为河南省第一大出口品种，2019年食用菌出口额14.9亿美元，占所有农产品出口额的51.0%。2020年，全省前五大出口农产品是食用菌、大蒜、苹果、鸡肉和绿茶，合计占全省农产品出口总额的57.3%，与2019年相比，除大蒜出口保持较大增幅外，食用菌、鸡肉和绿茶都出现了下降。2020年，全省前五大出口市场是中国香港、马来西亚、越南、美国和韩国，合计占全省农产品出口总额的63.1%。对美国出口额增长3.3%，对中国香港、马来西亚、越南和韩国分别下降53.6%、36%、52.5%和38.7%。

七、农产品出口基地

全省培育和发展了一批农产品出口基地，逐步形成了以南阳、三门峡为中心的食用菌出口基地，以郑州、开封为中心的大蒜出口基地，以鹤壁、信阳为中心的禽肉出口基地，以三门峡为中心的苹果及苹果汁出口基地,以信阳为中心的茶叶等一批特色鲜明的农产品出口基地。这些农产品出口基地逐步向区域化、规模化、标准化发展,为全省重点农产品出口提供了坚实的支撑。2014 年资料显示,全省共建成省级示范区 71 家,国家级示范区 17 家,国家级示范区数量位居全国第 2。全省国家级示范区分布于南阳、三门峡、信阳、安阳、商丘、洛阳、焦作、郑州等 8 个地市的 15 个县(区),出口产品涵盖猪肉、牛肉、鸭肉、鸡肉、花生、食用菌、果汁、四大怀药、猕猴桃、蔬菜、柳编、花卉种苗等河南省多种优势食品农产品。2021 年,河南华英农业发展股份有限公司、西峡县(食用菌)出口企业联合体、郑州思念食品有限公司、河南三利食品有限公司、三门峡市(果品)出口企业联合体等 5 个产业集聚度高、生产标准高、出口附加值高、品牌认可度高、综合服务水平高的农业国际贸易高质量发展基地获得了国家首批认定。西峡香菇、杞县大蒜、信阳华英鸭、思念水饺、三门峡苹果及果汁已成为全省农产品出口的名牌产品。

八、形势分析及后期展望

2018 年底,中美贸易摩擦突发,至 2019 年底,由于进出口贸易合同前置签署的原因,河南省农产品总贸易额保持稳定,2019 年与 2018 年农产品贸易额皆保持在 40 亿美元左右。2020 年以来,由于新冠疫情爆发,河南省农产品贸易受到较大影响,农产品贸易额下降幅度较大,2020 年农产品贸易额同比下降 1/4,2021 年上半年小幅下降 3.1%。其中,2020 年出口大幅下滑,同比下降 34.5%,2021 年上半年同比继续下降 21.7%;2020 年进口同比小幅增长,2021 年上半年大幅增长 34.4%。贸易顺差急剧收窄,由 2019 年创纪录的顺差额 14.8 亿美元,到 2020 年顺差下降为 5.1 亿美元,同比收窄 65.3%,2021 年上半年顺差进一步下降为 1.3 亿美元,同比收窄 76.8%,均创历史记录。

全省农产品出口特点:一是农产品出口额逆势增长,全省农产品出口持续增长。二是农产品出口结构不断优化,出口初级农产品比重降低,加工农产品比重上升。三是出口农产品质量不断提高,国际竞争力不断增强。当前,河南省农产品贸易遭遇新冠肺炎疫情严峻挑战,由于境外疫情反复,出口受到严重影响,下降幅度较大;而国内应对疫情科学有序,复工复产进度加快,拉动了农产品进口增长。随着境外疫情逐步趋稳,全球经济逐步恢复,市场需求转暖,预计农产品出口将迎来恢复性增长,农产品贸易将保持持续增长。

第五节
农业对外投资

积极响应国家“一带一路”倡议，紧紧围绕河南省委、省政府打造内陆开放高地、推进农业转型升级和乡村振兴战略部署，自觉提升工作站位，突显河南特色优势，强化服务保障能力，全省农业对外开放合作工作呈现稳健有序发展态势。截至 2019 年底，河南省农业对外投资的企业为 19 家，在境外设立 22 家企业。其中，河南省黄泛区实业集团在塔吉克斯坦和乌克兰均有投资，河南九福来农业科技有限公司在尼日利亚和来埔寨均有投资，郑州利维机械设备有限公司在乌兹别克斯坦和南非均有投资。走出企业分布在郑州、开封、洛阳、新乡、濮阳、许昌、商丘、南阳、周口、信阳、驻马店 11 个省辖市。

一、对外投资企业类型

河南对外投资企业类型以民营企业为主，19 家企业中，有 2 家为国有企业（河南省黄泛区实业集团有限公司、河南天冠企业集团有限公司），其他均为民营企业。19 家企业中，有 11 家为龙头企业，其中 2 家国家级龙头企业，6 家省级龙头企业，3 家地市级龙头企业。总体来说，民营企业对外投资的兴趣仍然比较强烈。

二、境外农业企业经营类型

河南省境外农业企业经营业务主要分为三大类：一类是玉米、小麦、棉花等粮食作物和经济作物种植，如：河南省黄泛区实业集团有限公司在塔吉克的作物种植；一类是牲畜养殖及肉类加工，如河南贵友实业集团有限公司在吉尔吉斯斯坦的种鸡养殖及肉类屠宰；一类是食用菌、调味品等农副食品加工，如河南世纪香食用菌开发有限公司、河南金丹乳酸科技股份有限公司等均以在外设立分支机构的形式开展农副食品加工交易。部分企业在外已有较为成熟的仓储物流等配套设置，在外投资产业链日趋完善。

河南农业境外投资企业概况见表1。

表1　河南农业境外投资企业概况

序号	企业（境内外）名称	企业注册地	注册资本（万元）	是否龙头企业	产业类别	投资区域
1	河南省昌久农业技术有限公司、河南省昌久农业技术有限公司	郑州市	5000	否	经济作物、其他	老挝甘蒙
2	郑州利维机械设备有限公司、利维机械国际	郑州市	2000	否	农业机械	乌兹别克斯坦塔什干
3	郑州利维机械设备有限公司、LINLOOCC	郑州市	2000	否	农业机械	南非
4	河南航空港国际花卉产业有限公司、瓜达尔绿色生态科技有限公司	郑州市	30000	否	经济作物、林业	巴基斯坦俾路支省瓜达尔市
5	河南九福来农业科技有限公司、九福来（尼日利亚）国际农业集团有限公司	郑州市	1000	否	粮食作物、经济作物	尼日利亚阿比亚洲
6	河南九福来农业科技有限公司、亚太九福来农业科技有限公司	郑州市	1000	否	粮食作物、经济作物、林业	柬埔寨桔井省
7	河南千里机械有限公司、C.I.车辆有限公司	开封市	9000	否	农业机械	科特迪瓦阿比让
8	洛阳万邦优选供应链管理有限公司、厚彊国际农业发展有限责任公司	洛阳市	5000	否	粮食作物、经济作物、其他	乌兹别克斯坦布哈拉州
9	河南九圣禾新科种业有限公司、中哈种业科技示范园	新乡市	3000	市级	农业科技研发	哈萨克斯坦阿拉木图

续表 1

序号	企业(境内外)名称	企业注册地	注册资本(万元)	是否龙头企业	产业类别	投资区域
10	濮阳田利干果有限公司、TNC 鹿特丹分公司	濮阳市	1065	市级	干果贸易	荷兰鹿特丹
11	河南世纪香食用菌开发有限公司、俄罗斯绿色庄园	许昌市	1298	省级	经济作物	俄罗斯列宁格勒
12	南阳木兰花家纺股份有限公司、乌华南阳红棉天使纺织有限公司	南阳市	8260	否	经济作物、棉纱	乌兹别克斯坦安集延
13	南阳木兰花实业有限公司、巴布尔木兰花有限责任公司	南阳市	5000	否	经济作物、棉纱	乌兹别克斯坦安集延
14	河南天冠企业集团有限公司、河南天冠国际视野有限公司	南阳市	43560	省级	经济作物	老挝
15	河南贵友实业集团有限公司、亚州之星股份有限公司	商丘市	8880	省级	畜牧业	吉尔吉斯斯坦楚河州
16	信阳福康羽毛有限公司、印第安纳福康羽毛公司	信阳市	8900	省级	羽毛加工贸易	美国印第安纳州
17	河南省黄泛区实业集团有限公司、中乌泛达农业有限公司	周口市	350000	国家级	粮食、畜牧、农资	乌克兰切尔尼科夫州
18	河南省黄泛区实业集团有限公司、塔中农业开发有限公司	周口市	350000	国家级	粮食、畜牧、农资	塔吉克斯坦哈特隆州
19	河南三利食品有限公司、三利大蒜及调味品有限公司	周口市	10100	省级	调味品	美国印第安纳州
20	河南金丹乳酸科技股份有限公司、金丹欧洲有限公司	周口市	8460.91	国家级	农产品加工	荷兰阿姆斯特丹
21	河南天豫薯业股份有限公司、天浩株式会社	周口市	10778.66	省级	粮食作物	韩国
22	泌阳县大地菌业有限公司、多成农业公司	驻马店市	2000	市级	经济作物	韩国京畿道

三、农业对外投资流量区域分布

截至 2019 年,河南省企业农业对外新增投资额为 1774.51 万美元,其中亚洲区域投资新增流量为 1594.51 万美元,占 89.86%。河南省企业农业对外投资总额为 16444.41 万美元,其中亚洲区域投资额为 13596.82 万美元,占 82.68%(见表 2)。由于地缘政治优势的偏好、农业生产方式相近性、文化习惯差异化小等因素，河南省农业对外投资主要集中在亚洲区域的塔吉克斯坦、吉尔吉斯斯坦、乌兹别克斯坦、柬埔寨、韩国等地，这些国家土地资源开发空间大，农业市场前景广阔，投资经营环境相对宽松，风险防控能力持续提升。

表 2　河南省农业对外投资流量区域分布

投资区域	新增投资流量		年底累计投资流量		企业数量	
	金额(万美元)	占比(%)	金额(万美元)	占比(%)	数量(个)	占比(%)
亚洲	1594.51	89.86	13596.82	82.68	13	59.09
非洲	20	1.13	101	0.61	3	13.64
欧洲	160	9.02	1396.59	8.49	4	18.18
美洲	0	0	1350	8.21	2	9.09
大洋洲	0	0	0	0	0	0
合计	1774.51	100	16444.41	100	22	100

四、企业境外投资农资使用情况

2019 年河南省农业对外投资的过程中，所需的种子、农药、化肥、农机等农资累计金额为 1129.81 万美元，其中，在当地购买金额为 463.52 万美元，从国内其他省(区、市)购买金额为 666.29 万美元，没有从第三国进口农资及原料的情况(见表 3)。

表 3　河南省农业对外投资农资及原料类别、支出及来源

农资及原料类别	农资投入金额		当地购买金额		其他省(区、市)购买金额		其他国家进口金额	
	金额(万美元)	占比(%)	金额(万美元)	占比(%)	金额(万美元)	占比(%)	金额(万美元)	占比(%)
种子	118.71	10.51	28.71	6.19	90	13.51	0	0
农药	30.70	2.72	15.67	3.38	15.03	2.26	0	0
化肥	97.36	8.62	53.10	11.46	44.26	6.64	0	0
农机	517.78	45.83	0.78	0.17	517	77.59	0	0
种畜禽	123	10.89	123	26.54	0	0	0	0
种苗	0.06	0.0.1	0.06	0.01	0	0	0	0
饲(草)料	150	13.28	150	32.36	0	0	0	0
其他	92.20	8.16	92.20	19.89	0	0	0	0
合计	1129.81	100	463.52	100	666.29	100	0	0

五、企业境外投资产出情况

河南省企业农业对外投资产出分为粮食作物、经济作物、畜产品三大类,水产品、林木产品领域尚未涉及。2019年,产品以小麦、玉米、棉花、禽肉、乳制品为主,企业总产量为66132.77 t,当地收购量为14018.92 t(见表4)。

表4 河南省农业对外投资产品类别

类别	产出项目	产量或捕捞量		东道国收购量	
		量(t)	占比(%)	量(t)	占比(%)
粮食作物	小麦	1614.12	2.44	0	0
	水稻	0	0	0	0
	玉米	569.30	0.86	0.67	0
	大豆	0	0	0	0
	油棕	0	0	0	0
	天然橡胶	0	0	0	0
	棉花	2984.28	4.51	1448.25	10.33
经济作物	薯类	5000	7.56	0	0
	食糖	0	0	0	0
	甘蔗	0	0	0	0
	甜菜	0	0	0	0
	其他油料	0	0	0	0
畜产品	牛(牛肉)	0	0	0	0
	羊(羊肉)	0	0	0	0
	猪(猪肉)	0	0	0	0
	禽(禽肉)	3577	5.41	3550	25.32
	乳及乳制品	3011	4.55	0	0
其他	其他	49377.07	74.66	9020	64.34
	合计	66132.77	100	14018.92	100

六、河南省对外农业产出、加工情况

企业在外投资生产的农产品分为直接销售的初级农产品和用于加工的农产品两大部分,共计76756.25 t,其中用于直接销售的69626.91 t,用于加工的7129.34 t(见表5)。目前河南在外企业产业链大部分仍然处于初级生产销售，尚未上升到更高层次的加工销售。

表 5　河南省对外农业产出、加工统计

类别	产出项目	直接销售的初级产品		用于加工的初级产品		直接销售的初级产品金额		用于加工的初级产品金额	
		量（t）	占比（%）	量（t）	占比（%）	额度（万美元）	占比（%）	额度（万美元）	占比（%）
粮食作物	小麦	1972.12	2.83	0	0	37.33	0.24	0	0
	水稻	0	0	0	0	0	0	0	0
	玉米	547.79	0.79	0	0	8.07	0.05	0	0
经济作物	大豆	0	0	0	0	0	0	0	0
	油棕	0	0	0	0	0	0	0	0
	天然橡胶	0	0	0	0	0	0	0	0
	棉花	0	0	3564.67	50	0	0	236.94	50
	薯类	5000	7.18	0	0	70	0.44	0	0
	食糖	0	0	0	0	0	0	0	0
	甘蔗	0	0	0	0	0	0	0	0
	甜菜	0	0	0	0	0	0	0	0
	其他油料	0	0	0	0	0	0	0	0
畜产品	牛（牛肉）	0	0	0	0	0	0	0	0
	羊（羊肉）	0	0	0	0	0	0	0	0
	猪（猪肉）	0	0	0	0	0	0	0	0
	禽（禽肉）	7127	10.24	0	0	786	4.95	0	0
	乳及乳制品	3011	4.32	0	0	114.06	0.72	0.0	
其他	其他	51969	74.64	3564.67	50	14853.78	93.60	236.94	50
	合计	69626.91	100	7129.34	100	15869.24	100	473.88	100

七、面临的问题及工作措施

2019 年以来，河南农业对外投资合作总体上保持了平稳态势。但在世界经济增长乏力、国际贸易摩擦加剧、中国经济增速放缓、供给侧结构性改革等大环境下，河南农业对外投资工作在规划、资金、政策、人才和服务等工作方面，需要得到根本加强和完善。具体工作措施如下：

一是完善政策保障体系。当前国际形势复杂多变，经济增长动力不足，国际贸易摩擦面临众多不确定性因素，加上贸易保护主义抬头，关税大棒、技术壁垒使用频度加剧，农产品国际贸易和农业对外投资受到了比较直接的冲击。要积极有效应对世界经济百年未有之大变局和国际贸易治理体系、治理规则再调整再平衡，就必须树立国际视野和战略眼光，着力构建符合国际贸易规则、符合经济发展要求、符合企业现实需求的政策体系，从合作规划、思路对策、保障措施、组织领导上做到灵活高效、管用对路。

二是整合现有资金(基金)渠道。由于受地方财政专项资金管理办法所限，现行的资金支持手段，比如境外农业园区的奖补资金(专项资金和大额度奖励大多来自商务部门)，地方农业部门很难就同一事由再次设立专项资金(基金)。此外，由于银信担保等行业制度和利益诉求，现行的政策性优惠贷款更多倾向于国有企业，民营、中小型企业对外投资和贸易出口很难从操作层面获得切实可行的补贴支持，造成了企业资金相对短缺、境外经营困难、产业融合度不高、出口贸易困难。因此，需要从顶层进行统一考虑，争取必要的政策资金支持，比如设立服务中小企业"走出去"专项资金等。

三是加大对"两区"的支持力度。"两区"建设是农业对外合作的重要切入点和支撑点，也是扩大农业对外投资、提升国际贸易水平的重要平台。因此，在政策引导、信息服务、人才培育、产业融合、平台构建上加大力度，在国家间检验检疫监管互认、进出口配额、投资国签证管理、农机购置境外延伸补贴上加强政府间的协调，为企业运营提供切实可行的支持保障，有效激发"两区"实施主体的积极性、创造力，助推"两区"发挥高地引领、产业带动、孵化整合功能，推动产能输出、技术引进和产业结构升级。

四是强化信息服务功效。充分发挥信息服务决策功能，发掘信息资源价值，拓宽信息收集渠道，构建服务河南农业"走出去"的专门平台，通过完备及时的境外国家政治外交、政策税收、法律体系、农业状况、社会治理、出入境管理、投资及社会风险提示等多元化信息，为有意向"走出去"企业或者境外项目实施企业提供及时到位的信息支撑。

五是打造专业过硬队伍。农业对外合作涉及国际政治、国家治理、贸易规则及属地管理，需统筹国际国内两个市场、两种资源和两类规则，要适应国际竞争规则，有效应对国际贸易争端，必须有一支懂业务、懂管理、懂技术、懂外语的专业团队，从政策创设、规划引领、协调指导和工作落实上给予支持配合。因此，在对外合作人才方面要出台指导意见，完善业务培训体系，要健全政策支持和组织保障制度，理顺对外合作机构关系，激发专题工作活力。

〖链接阅读〗

• 河南农业基本情况

河南是我国重要的农业大省，粮食产量占全国的1/10，小麦产量占全国的

1/4 强;河南也是我国重要的畜牧大省,猪、牛、羊、禽的饲养量均位于全国前列,是全国第一生猪存栏和调出大省;河南还是我国重要的农产品加工大省,生产了全国 1/2 的火腿肠、1/3 的方便面、1/4 的馒头、3/5 的汤圆、7/10 的水饺;同时,河南还是农产品品牌大省,汇聚了双汇、牧原、三全、思念、好想你等一批农业品牌的顶级名片和金字招牌。当前,河南正按照习近平总书记视察河南时的重要指示,加速推进现代农业高质量发展和乡村振兴战略,这些农业特点和产业优势,都为河南省农业国际贸易发展提供了重要资源和有力支撑。

《河南农业农村发展报告(2021)》报告认为,2020 年,全省农业农村发展克服新冠肺炎疫情等不利影响,整体呈现以保促稳、稳中求进、进中蓄势的态势,主要农产品产量稳定增长,农业结构优化升级加快,农民收入持续增长,农村改革全面深化,脱贫攻坚和全面建成小康社会将实现决胜收官,农业农村高质量发展的支撑因素不断增强。特别是粮食产量再创新高,达到 1365.16 亿斤 68258 亿 kg,实现连续四年稳定在 1300 亿斤(650 亿 kg)以上,增量占全国的 23.1%,为实现“六稳六保”、保障国家粮食安全奠定了坚实基础。但同时,也面临着农民持续稳定增收难度加大等突出问题。2021 年,尽管面临更趋复杂严峻的形势,但有利条件和发展优势也在逐步累积,全省农业农村发展总体将稳中有进、提质升级,在主要农产品生产稳定供给、全面脱贫与乡村振兴有效衔接、农业结构不断优化、农民收入持续增长、城乡发展深度融合等方面蓄积高质量发展新动能新优势,为“十四五”发展开好局、起好步奠定基础。

• 河南农业国际贸易主要情况

河南的农产品国际贸易额连续多年位于全国中部省份前列,出口额排在全国第 8 位,进口额排在全国第 15 位。近年来,河南省通过狠抓农产品出口基地建设,扶持农产品出口企业发展,组织农产品出口企业开展市场营销和企业经理人专项培训等,有效地促进了全省农产品出口。2017~2019 年全省农产品年均出口额 26.4 亿美元,年均增长率12.2%,呈现良好的增长势头。出口农产品品类主要是蔬菜(包括食用菌、大蒜和脱水蔬菜等)、畜产品(禽肉、活猪)、水果、饮品和粮食制品,分别约占 67.6%、14.4%、2.83%、2.4%和 1%,出口品类和产业集中度较高。

第六节 农业国际展会

2019年河南省编委按照事业单位改革要求，对河南省农业对外经济合作中心职能进行了调整，其中组织参加有关农业国际展览与交易为主要任务之一。面对新业务、新形势，边干边学，主动迎接新挑战。一方面，积极开展会展业务专业知识学习，了解掌握会展规律、中外农业会展业的现状与发展前景，为做好会展工作打好基础；另一方面，主动与厅外经处、厅信息处、省商务厅、省贸促会等相关单位联系，争取工作支持，学习办展经验。3年来，先后组织企业参加中国国际薯业博览会、中国-东盟博览会农业国际合作展、中国国际调味品博览会，国际茶日等国际展会，河南参展农产品得到关注和好评，受到全国贸促中心、全国对外合作中心的表扬，连续被评为"优秀组织奖"。随着河南农业对外开放程度不断提升，农业国际会展将迎来更多的机遇。下一步，借助河南省丰富的农业资源和产业优势，积极探索"会展+"的资源开发模式，不断提高办展能力水平，推动农业会展在促进农业贸易与合作方面发挥特定重要作用。

一、河南农业会展现状

农业会展是会展业的重要组成部分，主要是指以农业信息交流、农业技术演示、农产品展销为主要内容的展览、会议及其相关活动。随着农业和会展业的发展与繁荣，农业会展逐步成为两者交流融合的一个特殊载体。农业会展经济是会展经济和农业农村发展到一定时期的必然产物。目前，河南省会展经济总量在GDP中所占份额不大，农业会展经济与农业农村经济相比，所占份额更是小之又小，但会展经济作为高效、环保、高收益率的经济形式，决定了它有着巨大的经济衍生效应和经济连带效益。

从20世纪90年代初农业国际会展开始起步发展，经济规模逐步扩大，作为一个新崛起的服务业态，其内容已经涉及农产品、农产品加工、花卉园艺、农业高新技术以及农业经济等多个方面。河南农业国际会展经过改革开放以来的产业化培育阶段和快速发展阶段，现在农业会展开始进入规范化发展阶段。

国际农业会展主要有三种形态：一是以农产品和农业生产资料贸易为主的各类展览、展销、交易会；二是以农业科技交流为主的专业性、学术性会议；三是以展示农业文明并与观光休闲融为一体的各类节庆活动。目前，全省农业类展览会占整个展览会的8%左右，而且呈现上升势头，其大型展会以政府主导型的各种博览会、交易会为主。

国际农业会展的地位和作用：一是展示和宣传农业成果的窗口；二是促进农业产品（包括生产资料）流通的重要手段；三是推动贸易、拉动内需的重要杠杆；四是扩大交流与合作。

随着农业和农村经济的高速发展，河南省农业会展业以每年10%的速度增长。据统计，河南省每年举办展览面积在5000 m^2 以上的农业展览会达100多场，总面积144万 m^2，可供展览的面积约100万 m^2。近年来，河南省农业会展发展呈良好态势，河南省农业会展时间相对集中，不仅是宣传服务“三农”的平台，还是农业产业发展的风向标。如首届郑州农博会自2018年10月举办起始，目前已成功举办三届。据统计，每年展出面积约27000 m^2，累积参展单位2150家，涵盖涉农的高新技术、种子、植保、肥料、农机、农产品加工、特色种植养殖、特色农产品、畜牧、果蔬、中药材等十几个分支。进场观众282300人次、专业采购商56000名，覆盖山西、山东、陕西、安徽、河北、新疆等地区；累计现场成交额4.6亿元，意向采购额16亿元。2020年郑州农博会模式再突破，在国内率先开展“官渡地展+郑州室内展”的先河，在中牟县官渡镇孙庄村乡谣农场和郑州国际会展中心连续举办，将乡村振兴与全面脱贫、现代农业、市场化运营深度衔接，农业合作社、家庭农场、种植大户纷纷到现场学习、交流、采购，2020郑州农博会的创新，得到了平顶山市农业局、三门峡市农业局、焦作市农业局等100多个专业采购商单位的高度评价和支持。

二、参与组织的农业国际展会概况

（一）中国国际食品配料博览会

中国国际食品配料博览会自2016年首次举办以来，逐步发展为国内食品配料行业有重要影响力的专业展会，对外影响力逐年提升，是推动社会经济发展，保障外贸产业链、供应链运转顺畅,稳定国产食品国际市场份额,经济内外双循环相互促进的重要抓手。该博览会深度整合展会平台资源,顺应食品配料产业创新模式及消费趋势,迎难而上,着力打通原料、食材、调味品、加工食品、餐饮企业及销售渠道等产业链上下游环节,推动食品配料产业化及创新化发展。以"心无限 · 食无界"为主题,集中展示国际、国内食品配料产业的新技术、新产品、新品牌、新成果,提升中国食品配料产业的品牌竞争力和国际影响力,为产业搭建信息、技术及贸易合作的国际性平台,充分展示出全国乃至世界食品配料的风采。

(二)中国国际薯业博览会

中国国际薯业博览会创办于2010年,是在中国境内每年都举办的唯一的国际性薯业展览会。展会以起点高、专业性强、产业链完整和参与广泛的突出特点赢得了业界的广泛关注和高度评价。除展览展示外,展会期间还将举办产业热点领域论坛和专题研讨,以促进产业和市场整合,加强中外薯业国际交流,推动产业健康和可持续发展。

(三)中国-东盟农业国际博览会

中国-东盟农业国际博览会是由中国商务部和东盟10国经贸主管部门、东盟秘书处共同主办,由广西壮族自治区人民政府承办的国家级、国际性、综合性博览会,是唯一以中国-东盟自由贸易区为主题,以促进国家互利合作和共同发展为宗旨的国际经贸盛会,每年定期在广西南宁市举办。2004年以来,博览会已成功举办18届,持续保持高规格、大规模、高水平,成果斐然。2010年1月1日,中国-东盟自由贸易区如期建成,是一个拥有19亿人口、6万亿GDP总量、4.5万亿美元贸易总额的自由贸易区,是发展中国家组成的最大的自由贸易区。

(四)中国国际渔业博览会

中国国际渔业博览会是中国国际贸易促进委员会农业行业分会主办的水产贸易展览会。展会自1996年起,先后在青岛、北京、大连、上海等城市成功地举办了多届,共有来自澳大利亚、法国、墨西哥、意大利、中国、日本、德国、瑞士、加拿大、阿联酋、新西兰、爱沙尼亚、肯尼亚、坦桑尼亚、乌拉圭、荷兰、丹麦、法罗群岛(丹)、阿根廷、俄罗斯、英国、智利、印度、比利时、美国、马来西亚、印度尼西亚、厄瓜多尔、尼日利亚、挪威、西班牙、秘鲁、韩国、爱尔兰、越南、新加坡、菲律宾、冰岛、巴基斯坦、阿曼、南非、肯尼亚、泰国的累计3895家展商参加了展会,展出净面积累计41567 m^2,累计专业和贸易观众17万人。展览会汇集了世界上主要渔业国家的水产品养殖企业、水产品加工商、机械制造商、贸易商,与渔业相关的组织机构、贸易组织、专业媒体和政府部门的参与,展出内容涉及海(淡)水养殖技术、品种和设备(施)、水产饲料、疫病防治、水质处理和监控、渔船、通信、海洋捕捞、绳索网具,水产品冷冻、储运、加工、保鲜技术与设备等方面。

(五)国际茶日

“国际茶日”由联合国大会2019年第74届会议正式设立,是我国首次成功推动设立的农业领域国际性节日,充分彰显了世界各国对中国茶文化的关注和认可。2020年5月21日,由农业农村部和联合国粮农组织等联合首次举办。开展“国际茶日”活动,既有效提升了我国的外交软实力,又有力促进了全球茶届联合和茶产业发展,对于我国推进乡村振兴战略实施和产业扶贫具有重要意义。

三、参与组织的农业国际展会大事记

(一)2019中国国际食品配料博览会

2019中国国际食品配料博览会于11月22~24日在南京国际博览中心成功举办。中国国际食品配料博览会是经农业农村部批准,由农业农村部农业贸易促进中心在中国举办的唯一国际性食品及原料配料行业展会。旨在进一步推进农业供给侧结构性改革,推动农业农村一、二、三产业融合,同时深度整合展会资源,为企业搭建信息、技术及贸易与合作的国际性平台。本届博览会展出面积3万余 m^2,参展企业近500家,其中境内企业来自27个省(市、区),境外企业66家,来自22个国家和地区;来自9个国家级重点扶贫县,近100家企业在展会精彩亮相,展出了当地特色、优质农产品。同期活动18场次,并定向邀约大量采购商。此次博览会内容丰富、形式多样,展出内容涵盖调味品、食材、天然农产品、食品添加剂及服务贸易等几大板块。本届展会成果丰硕,乌兹别克斯坦展团仅蜂蜜产品成交额就达到200 t,还有来自河北、宁夏和马来西亚等国内外企业签署多项合作意向书。

农业农村部农业贸易促进中心张陆彪主任出席2019中国调料行业大会开幕式并做主旨报告,强调农业农村部高度重视食品配料产业的发展,对博览会也给予高度支持和期望,相信未来该产业将会越做越大。“一带一路”沿线国家和地区食品及食品配料领域具有巨大的消费和投资空间,仅亚洲农业食品领域投资机会就将高达8000亿美元。当前中国食品消费正处于转型期,也是相关国内外企业的机遇期,中国食品配料市场开放合作的大门只会越开越大,中国调味品行业市场很大、有巨大潜力。

为推动我省食品配料企业创新发展,提升品牌知名度和影响力,我省高度重视,精心组织,积极与省内市县农业局和企业对接联系,共组织45家企业80类展品参展,达成多个合作意向。河南多家企业在展会中通过宣传品牌、创新理念、结交朋友,收获颇丰。开展期间,农业农村部贸促中心张陆彪主任、国际胡椒共同体主席 Hoang Thi Lien 女士、欧洲调味品协会主席 Simon Cripps 先生和美国调味品协会主席 Laura Shumow 女士先后来河南省展台巡展。

(二)2019 年第十六届中国-东盟博览会

2019 年 9 月 21~24 日,第十六届中国-东盟博览会在广西南宁成功举办。为有效推进河南省农业对外开放“两区”建设,进一步拓展河南省与东盟国家之间的农产品国际贸易和农业投资合作,根据农业农村部工作安排,河南省重点推介了河南省黄泛区农场(省黄泛区实业集团)、中国(驻马店)国际农产品加工产业园两个省级“农业对外开放合作试验区”参加了本次博览会。

河南省黄泛区农场(省黄泛区实业集团)和中国(驻马店)国际农产品加工产业园,按照省农业农村厅整体部署,组建专门参展团队,科学设定参展方案,加强日常沟通协调,提前进行现场演练,确保了展位布局合理、展品丰富新鲜、推介热情到位。展会期间,河南展区以“大粮仓、大厨房、大餐桌、大市场”为主题,突出“老家河南,豫农名品”地域特色,展品按照“一带一路、东盟合作、名优产品、绿色农业”四个板块进行分类,有重点地展示了河南与乌克兰、塔吉克斯坦等丝绸之路经济带沿线国家,以及老挝等东盟国家合作生产的葵花油、蜂蜜、香米等优质农产品,同时,征集了好想你大枣、邦杰牛肉等河南名优产品,推选了黄金梨、苹果、龙薯等绿色无公害产品,各类展品共计 80 余种,充分展现了河南省坚持绿色发展理念、扩大农业对外开放、深度参与“一带一路”建设所取得的重要成果。

(三)2020 年第五届中国国际食品配料博览会

2020 年 10 月 15~20 日,由农业农村部农业贸易促进中心主办的 2020 中国国际食品配料博览会(简称食博会)在广东省东莞市成功举办。为推动我省食品配料企业高质量发展,扩大企业间国际间交流合作,进一步提升我省食品配料品牌知名度和影响力,我省积极组织农业企业参加展会,为促进疫情之下的全省农产品出口工作做出了积极贡献。一是提前准备,征集甄选企业参展。本届食博会是在疫情防控常态下进行的,时间紧,任务重、标准高、要求多。省农业农村厅统筹谋划,及早运作,提前印发工作通知,明确工作进度和重点事项,建立微信专项工作群,动态掌握反馈信息,最终选择三门峡市和驻马店市等重点农产品出口省辖市的 23 家重点企业,赴东莞参加线下展览及现场直播活动,参展产品涵盖粮、面、油、糖、水果、坚果等共计 100 余类产品。二是注重协调,确保展览效果最优。展会前期,与组委会就展位面积、展位装修、灯箱设计、展品运输、宣传资料印刷等方面进行了多次沟通,工作人员提前两天前往东莞,现场指导企业布展,提出改进工作意见,确保了展览现场布局规范有序,形式创意新颖。三是主动参与,积极推介豫农优品。紧紧抓住食博会线下展专业采购商直接洽谈交易,直接连线香港、日本分会场,头部网红直播带货,线上线下同步宣传推广的突出优势,精选河南省优质展品进行了线上直播,直播间受众达 14 万余人次,取得了显著的宣传效果。精选苹果、猕猴桃以及花椒参加了展会“美食比武”,三门峡优质苹果在“瓜果大比武”中获得了金奖,赢得了与会领导与嘉宾的高度肯定。四是精准对接，引导企业参加线上活动。组织引导全省60多家未能参加现场展示的企业入驻多个平台，与饿了么、拼多多、一亩田等线上平台进行精准对接，立体展现河南省农产品企业形象。同时，特设食博会河南品牌专区，通过美食生活节等活动集中宣传引流，对河南产品进行推销展示，帮助企业开展线上线下同步售卖，为促进河南农产品对外贸易发展提供了有力支持。

本届食博会是在新冠疫情全球蔓延的背景下举办的，组委会创新展会理念，采取线上线下结合方式，通过“直播+云展会+微综艺”新模式打造传播矩阵，运用图文、短视频和直播等融媒形式，数字化呈现展会内容，让大众全方位体验食博会，有效打破了时间和空间限制，取得超乎预期的成效。河南省参展企业站位高、热情足、选品优，全面展现了全省食品配料企业形象，提升了河南省食品配料行业的品牌知名度和影响力，达到了很好的参展效果。

（四）2020年“国际茶日”活动

2020年5月21日，由农业农村部和联合国粮农组织等联合举办的首个“国际茶日”专题活动在全国隆重开启。我省按照活动工作要求，积极主动作为，周密组织协调，充分利用云科技、云平台等现代网络、直播技术，广泛开展线上线下专题活动，为推动茶叶产业对接销售、助力贫困地区茶农茶企脱贫创收做出了积极贡献。

一是主动宣传，营造浓厚活动氛围。充分利用农业农村部在官网专门设置的首个“国际茶日”专题频道，积极提供信息资讯，制作专题宣传视频，提高网上关注热度。及时进行对接沟通，下发专门活动通知，提出推进意见措施，与入选贫困地区优质茶叶县长直播带货的固始县进行了多次对接，收集整理相关素材，配合专栏宣传活动，共发布河南省“国际茶日”活动精彩图文及短视频11篇，全方位宣传推介了河南省的茶文化、茶产业及以茶扶贫工作经验。二是精心组织，开展网上直播带货。根据农业农村部“云上茶日”活动安排，与农业农村部国际司及阿里巴巴进行了多次沟通，确保优秀茶产品能够进入直播间；组织多家茶企业参加阿里巴巴线上培训，助力贫困地区茶叶经营商户学习应用线上运营流程；积极参与头部主播导流活动，安排协调茶企业报名、盘点货品及签订产品质量承诺书，共有三项产品入选淘宝头部主播直播名单。活动期间，安排固始县人大副主任竹学军在直播间进行了茶产品展示，通过直播间引流、连麦等活动，为固始县茶叶代言，与企业一起“云上直播”，宣传了固始绿茶，讲述了信阳毛尖历史，科普了信阳毛尖知识。直播活动期间，受众达30多万人次，截至5月21日晚10点，网络成交量3000余单，交易额33万元。三是积极引导，丰富专题活动内容。通过全方位对接沟通，组织全省各地分别在线上、线下举办了内容丰富、形式多样的“5·21国际茶日豫世共品”系列活动。该活动由河南省茶文化研究会和河南省茶叶商会倡议主办，在国香茶城设立主会场，农业农村厅有关负责人员及河南茶界商会负责人出席了开幕式。活动特别邀请中国搜索、大河报、卓和传媒等新闻媒体，以及中原各地市的茶人茶商参与本次云上联动活动，近百家茶企茶人同时钉钉在线、“云上”联动，分别与来自全省各地的茶人进行连线互动，直播各自店面的免费奉茶、茶会、茶体验等系列活动，共同参与“国际茶日”宣传活动，社会反映强烈，活动成效显著。

（五）2020年第18届中国-东盟博览会

2020年11月27~30日，由中国商务部和东盟10国政府经贸主管部门及东盟秘书处共同主办的十七届中国-东盟博览会在广西南宁成功举办。除了来自中国和东盟10个国家的参展商外，日本、法国、意大利、俄罗斯、澳大利亚等22个国家也派出企业参展，线下展位达5400多个。

习近平总书记在开幕式发表视频致辞，描绘了在新形势下深化中国-东盟合作的路线图，希望本届东盟会以“共建‘一带一路’，共兴数字经济”为主题，进一步深化中国-东盟数字经济合作，推动共建“一带一路”高质量发展，为双方经济社会发展注入新活力。

为提高河南省特色农产品知名度，加大特色农产品宣传力度，促进农产品销售，助推特优农产品进驻广西和东盟市场，按照国家农业农村部要求，河南省积极组织农业企业参加东博会。本届博览会由于准备充分、措施得力，产品展销取得了不错的成绩，为促进疫情下全省农产品出口工作做出了积极贡献。展会期间，20余家商超前来沟通洽谈，并与其中的十多家达成了合作意向。孟加拉国、马来西亚等外国客商也对来自中原的优质特色农产品表现出浓厚的兴趣，品尝后赞不绝口。据统计，博览会期间的线下和线上销售额均远远超过预期，线上直播带货方式更是获得《河南日报》等重点媒体的广泛关注。

（六）2021年第六届中国国际食品及配料博览会

2021年第六届中国国际食品及配料博览会10月16~18日，在积极参加前五届食博会的基础上，通过积极筹备、主动对接和全力协调，确保了参展活动有序有效。本届食博会以线上线下融合形式进行，河南参展企业工作准备足、参与热情高、展品质量优，突出展现了河南现代农业与食品产业的特色优势。由于组织工作出色，河南省农业对外经济合作中心被授予“优秀组织奖”，新乡市老翟记茗茶有限公司被授予“最佳人气奖”，河南东都实业有限公司被授予“优质参展企业奖”，进一步提升了河南名优特色农产品的对外知名度和影响力。

第六届中国国际食品及配料博览会（以下简称“食博会”）在广东东莞成功举办，共有来自全国29个省份以及德国、丹麦、俄罗斯等16个国家和地区的600余家企业参加。农业农村部副部长马有祥、联合国粮农组织中国代表处副代表张忠军、联合国世界粮食计划署中国副代表玛哈·艾哈迈德以及农业农村部国际合作司司长隋鹏飞、农业农村部农业贸易促进中心主任马洪涛等领导出席开幕活动并现场巡馆。

（七）2021年第18届中国-东盟博览会

9月10~13日，第18届中国-东盟博览会在广西南宁成功举行。围绕疫情影响之下农业对外合作变化需求，以黄泛区农场为主导参展企业，积极筹备对接协调，创新参展渠道资源，活用直播平台媒介，甄选“名、优、特、全”豫农优品，线上线下同步参展，全面宣传河南农产品知名品牌，推动河南“走出去”农业企业更加广泛参与国际贸易，让河南味道再次香飘东盟。

• **参展产品丰富**。东盟博览会主展馆河南展厅展品优中选优、特色鲜明，充分体现了河南农业大省农产品丰富、品质优良特色。既有河南烩面、逍遥胡辣汤、麦仁驴肉、陈家糟鱼等“非物质文化遗产”产品，又有原阳稻鳅米、仙力挂面等“三品一标”产品，兰考花生、焦桐花油、手工剁椒等“消费扶贫”产品，还有道口烧鸡、兴盛德花生、“好想你”大枣等河南特色产品，以及黄金梨、秋月梨、阳光玫瑰葡萄及五谷杂粮等优质农垦产品。100 多个品种近 1000 件产品“姿色”各异，琳琅满目，吸引了众多客商及专业观众，充分展现了河南省坚持绿色发展理念，深度参与“一带一路”建设所取得的成果。

• **营销模式新颖**。参展企业采用“线下实体+网上直播”的模式，在展厅布置直播平台，同步进行直播带货，线上线下同步宣传展示。现场举办礼品发放、鲜果试吃、合作洽谈等多项活动，多渠道为线上淘宝、拼多多等企业网店引流，提升直播间人气及粉丝量，实现了观众在展厅参观，线上下单、一键下单包邮到家的良好消费体验，起到了线上线下活动相互促进、快速有效打响品牌、提高知名度的效果。同时，参展企业抓住“双节”热点商机，在郑州地区实体店——河南省优质农产品展销中心开展同步促销，以东盟展会平台有效促进实体销售。展会期间，主会场展品第一天就被订购一空，网店销售额达 3.02 万元，郑州实体店销售额达到 10.89 万元，河南优质农产品在东盟博览会期间受到广泛关注和欢迎。

• **参展成果丰硕**。参展企业主动拓展经营理念，寻求与大型商超和网络平台合作，先后与中柳食品、盒马鲜生等企业达成意向性合作协议，其中“阳光玫瑰”葡萄意向性订单达到 300 万元，是黄泛区农场 1000 亩葡萄年产量总和，对推动企业开展订单农业、种植结构调整和经济效益提升起到较好的示范带动作用。同时，积极加强与东盟国家参展商和全国其他省份参展企业的对接交流，引进名优东盟产品，推动区域交流合作，丰富郑州商品市场，先后与泰国、越南、印度尼西亚等国家达成香米、咖啡、小食品等质优价惠的农产品采购协议，受到消费者欢迎。初步统计，展会期间洽谈合作协议金额超过 600 万元，其中合作订单 120 万元，意向订单 480 万元，为河南省农业实现更好融入“一带一路”建设，开创“买东盟，卖东盟”发展新格局迈出了坚实的步伐。

本次展会，是河南省充分利用东盟博览会平台，提升河南农产品品牌影响力的又一次成功经验，既有利于全省农业企业克服新冠疫情冲击影响，深入开拓国际贸易市场；又有利于把握新发展格局下的合作机遇，实现更广阔的对外开放和合作共赢，进一步助推全省农业对外开放和高质量发展。

(八)2021年"国际茶日"活动

根据《农业农村部办公厅关于做好"国际茶日"有关工作的通知》要求,我省高度重视,主动协调,在全省各地开展了多项特色活动,为传承全省茶文化,推动发展茶产业,做出了积极贡献。协调下发《河南省农业农村厅关于做好"国际茶日"有关工作的通知》至各地农业部门,组织各地开展2021年"国际茶日"宣传庆祝工作,引导各地积极开展宣传,营造同庆"国际茶日"的浓厚氛围,并鼓励各地以"茶和世界·共品共享"为主题,结合当地实际,开展鲜活乐见的特色活动,并充分利用官方网站、微信公众号等多媒体平台,积极发布"国际茶日"活动主题的精彩图文及短视频,合力营造知茶、品茶、爱茶、兴茶的浓厚氛围。2021"国际茶日"主场活动与第四届中国国际茶叶博览会联动,围绕信阳毛尖区域公用品牌,以"好茶与世界共享"为主题,突出展示河南悠久的产茶历史和源远流长的茶文化。展区分为信阳茶历史起源、生态产地、生产工艺、品牌展示、品茗区、茶艺表演区六大板块,共23家茶企160多个产品参展,展品涵盖信阳毛尖、信阳红、药茶、花茶等种类。其间,成功举办了以"多彩茶乡美丽浉河"为主题的信阳毛尖品牌推介会。省农业农村厅总农艺师杨玉璞、二级巡视员李军出席开幕式并参加了信阳毛尖品牌推介会。此次"国际茶日"围绕"茶和世界·共品共享"主题,举办了一系列庆祝活动,国内外行业协会和企业联合发布《"国际茶日"促进茶产业发展倡议》,"大使品茶"更是将庆祝活动推向高潮。农业农村部副部长马有祥,浙江省人民政府副省长刘小涛,乌干达、伊朗、布基纳法索、爱尔兰、斯里兰卡、坦桑尼亚等11国驻华使节,联合国粮农组织、世界粮食计划署等国际组织驻华代表,欧美工商会、意大利对外贸易委员会、斯里兰卡茶叶委员会、韩国农村经济研究院等国际机构代表,农业农村部相关部门、有关省份农业农村部门负责人出席了"大使品茶"活动。省农业农村厅总农艺师杨玉璞受邀参加了此次"国际茶日·大使品茶"活动。活动现场与我国常驻联合国粮农机构代表处大使广德福,意大利副外长,联合国粮农三机构总干事、总裁、助理执行干事,欧盟和各大区以及部分国家驻粮农机构大使连线互动,中外嘉宾通过"云端"共品茶香茶韵,互致节日祝福。

〖链接阅读〗

农业会展

农业会展就是有关农业的展览和会议。展览是指各种农业博览会、交易会、订货会、展览会,会议则包括各种农业论坛、洽谈会、交流会等。农业会展是农业和会展业发展到一定阶段的必然产物和有机结合。农业会展经济则是以会展业为依托，通过举办各种类型的农业展览会和农业会议，形成信息流、人才流、资金流、物流，创造商机并促进农业发展的一种经济形态。

农业会展的类型

农业会展的专业化和国际化发展，对农业经济起到了巨大的推动作用，分类标准如下：

1.按照目的划分，农业会展可以分为两大类：农业展览会和农业会议。农业展览会是以农产品、农资产品等的展示、营销和交易为目的。农业会议则是就农业相关问题举办的论坛和洽谈会等，它通常与展览会同时举行。

2.按照规模划分，农业会展可以分为地区农业会展、国家农业会展和国际农业会展。

3.按照主题划分，农业会展可分为综合性农业会展和专门性农业会展。综合性的农业会展，无论是展品、参展商和观众都来自与农业相关的多个领域，可以全面反映多个领域的产品和技术状况。

农业国际会展

农业国际化是经济全球化的一个重要组成部分，是农业参与经济全球化进程的具体体现。农业会展，尤其是国际性的农业会展可以增强农业技术和农业发展战略的国际交流，促进农产品和生产要素的国际交换。各国按照比较优势原则进行地域分工，并据此合理配置国内农业资源，实现资源、产品和信息的国内国际市场双向流动，参与农业国际分工，形成相互联系、相互依存的全球农业经济整体。我国目前举办的农业会展无论是数量还是质量都有了很大的进步，日趋专业化和国际化。

第四章

河南农业“两会”成立篇

第一节
中国国际贸易促进委员会河南省农业行业支会、河南省农业商务协会简介

根据河南省政府关于“大力培育和发展农业外向型中介服务组织，充分发挥行业协会在国际农产品贸易中的独特作用”的精神，为适应新的形势发展需要，由河南省农业厅发起成立的中国国际贸易促进委员会河南省农业行业支会、河南农业对外商务协会，分别经中国国际贸易促进委员会河南省分会和河南省民政厅批准成立。省农业贸促“两会”作为全省外向型农业中介服务组织，受省农业厅领导。它是由河南省农、牧、果、渔、农垦、农机、乡镇企业、涉农经济贸易界的企业和相关部门所组成的非营利社会经济团体，其主要职能就是为全省外向型农业提供产前、产中、产后服务。农业贸促“两会”具有独立法人资格，担负着促进农业利用外资、农产品国际贸易、涉农企业国际化经营、农业经济技术合作的任务。其主要工作手段和方式有：受理农产品对外贸易纠纷的调解；承办有关农业知识产权的咨询及技术贸易的代理；调查有关农业反倾销事务；农产品国际质量认证、食品卫生注册认证的咨询及代理；组织农业部门及涉农企业出国（境）考察、参展；国（境）外农业代表团来豫访问的接待安排；举办农业对外经济合作、入世与河南农业等研讨会；承办全省农业博览会、农产品贸易洽谈会等各种展览会；收集和发布农业对外经贸信息。

第二节
组织机构设置

中国国际贸易促进委员会河南省农业行业支会第一届会长、副会长及秘书长名单

会　长：史孝孔　河南省政协常委、农工委副主任
副会长：雒魁虎　河南省农业厅副厅长
　　　　夏长安　河南省农业厅总农艺师
秘书长：凌中南　河南省外经外事处处长　河南省农业对外经济合作中心主任

河南省农业对外商务协会第一届会长、副会长及秘书长名单

会　长：陈都浩　原河南省农业厅助理巡视员
副会长：杜文君　大用实业有限公司董事长
　　　　宋丰强　郑州丰乐农庄有限公司董事长
　　　　冯永山　永达食业有限公司董事长
　　　　凌公朋　豫美实业发展有限公司总经理

张鹏举　河南省黄泛区农场场长
郭号召　河南汇通集团公司董事长
徐德全　河南省北徐集团董事长
朱献福　河南众品食业有限公司董事长
阎永祥　长葛吉祥蜂产品有限公司董事长
王永伟　中原祥基生物工程有限公司董事长
凌中南　河南省农业对外经济合作中心主任
秘书长：崔亚平　河南省农业对外经济合作中心书记

第三节
中国国际贸易促进委员会河南省农业行业支会、河南省农业商务协会会员入会条件及程序

一、入会条件

按照中国国际贸易促进委员会章程和河南省农业商务协会章程及有关规定,凡申请加入本支会和协会的单位和个人,必须具备下列条件。

(一)基本要求

(1)拥护本会和协会的章程;
(2)有加入本支会和协会的意愿;
(3)热心支持本支会和协会工作,积极参加"两会"组织的活动。

(二)企业会员

(1)具有中国法人资格;
(2)经营业绩和信誉良好。

(三)团体会员

(1)与国际经贸相关的涉农组织、机构和商协会;

(2)以农业外向型龙头企业奉头自发形成的涉农行业群体。

(四)个人会员

(1)从事涉农行业及其相关方面活动的企业家、专家、学者和知名人士；

(2)与河南农业商务经贸工作有联系的经济精英、理论研究者、法律工作者和其他有关人士。

二、入会程序

(1)填写《会员申请表》。

(2)经初审后，报送会长审批。

(3)复审。

①对新登记入会的会员，半年后进行复审。重点审核会员参加"两会”活动情况、与其联系紧密程度及对"两会"工作支持情况；

②对复事合格的会员，在相关媒体公布，并授予证章、证书、证牌等；

③对复审不合格的企业和个人停止其会员资格。

第四节
中国国际贸易促进委员会河南省农业行业支会章程（草案）

第一章　总　则

第一条　中国国际贸易促进委员会河南省农业行业支会（CCPIT，Henan Agricultural Branch），简称河南省农业行业支会。

第二条　河南省农业行业支会是由河南省从事农、林、牧、副、渔等涉及农业生产、加工、贸易、科研及相关活动的企业、团体和个人组成的农业行业对外经济贸易合作促进组织。

第三条　河南省农业行业支会宗旨：根据我国法律、法规、政策和世贸规则及中国国际贸易促进委员会章程规定，开展农业涉外贸易、投资和经济技术合作。促进河南农业同国内外相关团体之间的交流与合作，协助政府向会员宣传贯彻落实政府的方针和政策，增进河南农业与国外同行相互了解，推动河南农业发展。

第四条　河南省农业行业支会系社团法人，依照中国国际贸易促进委员会章程规定独立开展工作，可以同国外相应组织和机构、国际组织签订促进农业贸易投资和经济技术合作的协议、议定书和其他文件。

河南省农业行业支会会址设在郑州。

第二章　职　责

河南省农业行业支会职责是:

(一)开展农业有关问题的调查研究工作,向国内外农业企业和相关机构提供贸易、投资和经济技术合作方面的信息和咨询,介绍合作对象,促进农业对外贸易、利用外资、引进先进技术和进行企业技术改造。

(二)开展世界各国经济贸易界的联络工作,发展农业行业同外国农业商会、农业经济贸易协会和其他国际经济贸易组织的交流与合作关系,签订合作协议;参加国际农业经济贸易组织。邀请和接待外国农业经济贸易、技术界人士和代表团来访,组织全省农业行业经济贸易技术代表团出国访问和考察。

(三)主办或同国内外相应机构合办有关国际经济贸易方面的国际会议、展览会和博览会。组织农业行业对外经济贸易企业和团体参加在外国举办的经济贸易展览会和博览会。

(四)联系、组织中外技术交流,负责外国农业新产品样本、样品和各种科技出版物的收集、分发、陈列和展览。介绍、协调农业行业出口农产品。

(五)通过各种形式为会员培训专业人才。

(六)发挥桥梁纽带作用,宣传政府的有关方针、政策和法规;协调会员间的关系,维护会员之间公平竞争的权利,保护会员的正当权益;代表会员向政府有关部门反映情况和提出建议;出版、发行有关刊物、书籍,介绍农业行业对外经济贸易的方针政策、发展情况。

(七)接受委托,承办专利申请和商标注册申请的代理工作,承办有关农业产权的咨询、争议及技术贸易等业务。

(八)承担河南省贸促会、河南省农业厅及其他相关部门交办的事项。

第三章　会　员

第七条　河南省农业行业支会会员分为企业会员、团体会员和个人会员。

(一)具有法人资格的涉农企业,与国内外经济贸易相关的组织、机构和协会可以申请加入河南省农业行业支会成为企业会员或团体会员;

(二)从事农业及其相关行业方面的企业家、专家、学者和知名人士,经申请批准,均可成为本会个人会员,与河南省农业行业支会相关的经济工作者、经济理论研究者、法律工作者、科技工作者和其他有关人士,也可以参加或被邀请为本会个人会员。

第八条　会员有下列权利:

(一)有选举权、被选举权和表决权;

(二)对本会的工作提出建议,进行监督;

(三)参加本会的有关活动;

(四)优先得到本会提供的有关服务。

第九条 会员有下列义务:

(一)遵守本会章程;

(二)支持和承担本会委托的工作;

(三)按规定交纳会费。

第四章 组 织

第十条 本会的最高权力机构是会员代表大会,会员代表大会的常设机构是委员会。委员会由会员代表大会产生。

第十一条 本会会员代表大会每五年召开一次,由委员会会议负责召集。委员会会议认为有必要,可以召开临时代表大会,但每年应至少召开一次,会员代表大会和委员会会议有超过半数以上的代表(委员)出席方为有效。

第十二条 本会会员代表大会的职权是:

(一)决定工作方针、任务和规划;

(二)审议并通过委员会会议的工作报告;

(三)决定有关重要事项;

(四)批准制定、修改本会章程;

(五)选举或罢免本会会长、副会长、秘书长、委员会委员;

第十三条 委员会的职责:

(一)执行会员代表大会的决议并向其报告工作;

(二)决定工作机构的设置、变更和撤消,领导本会各机构开展工作;

(三)筹备和召开会员代表大会;

(四)推举名誉会长和顾问;

(五)决定吸收会员和撤消会员资格;

(六)选举本会会长、副会长;

(七)审议并批准会长的工作报告;

(八)审定年度财务计划、收支决算;

(九)决定其他重大事项。

第十四条 会长主持本会日常工作,负责召集委员会会议,对内领导会务,对外代表本会签署协议和有关文件。副会长协助会长工作。会长空缺或因故不能履行职权时,由一名副会长代行会长职权。会长、副会长、秘书长任期五年。

第五章　财　务

第十六条　根据中国国际贸易促进委员会章程第二十四条规定，本会拥有独立的财务和资产，承担有关义务。根据业务需要可以设立实行独立经济核算并具有法人地位的企事业单位。

第十七条　本会的经费来源

（一）会费；

（二）捐赠；

（三）政府资助；

（四）服务收入；

（五）其他收入。

本会的会计年度为1月1日至12月31日。

第六章　附　则

第十九条　根据需要，可在本会附设其他机构。

第二十条　经本会委员会批准，本会向长期热心从事河南省农业贸易促进工作的外国经贸届知名人士授予“河南省农业行业支会荣誉会员”称号，并由会长签发证书。

第二十一条　本章程经本会会员代表大会讨论通过。

章程的解释权属于本会委员会会议。

第五节
河南农业“两会”大事记

2003年5月23日、2004年9月13日 分别经中国国际贸易促进委员会河南省分会和河南省民政厅批准，收到关于成立“中国国际贸易促进委员会河南省农业行业支会”“河南省农业对外商务协会”的批复，接受河南省贸促分会、中国贸促会农业分会和河南省农业厅的指导、监督、管理、协调。

2005年1月18日 中国国际贸易促进委员会河南省农业行业支会、河南省农业对外商务协会（以下简称为省农业贸促“两会”）成立暨第一届会员大会在郑州召开。会议审议并通过了《中国国际贸易促进委员会河南省农业行业支会章程》《河南省农业对外商务协会章程》，选举并通过了第一届省农业贸促“两会”理事、常务理事、副会长、会长和秘书长人员名单。省人大常委会副主任、省贸促会会长张以祥出席了会议，100多名会员代表以及省财政厅、省商务厅、省农业厅、省民政厅、省商检局、郑州海关、省贸促会、省畜牧局、省农机局等省直有关部门的30名特邀嘉宾参加了会议。

〖链接阅读〗

河南省农业贸促"两会"第一届会员代表大会上的讲话

省政协常委、农委副主任
河南省农业贸促支会会长 史孝孔

（2005年1月18日）

各位代表、同志们：

今天，我有幸被大家推选为河南省农业贸促支会会长，首先感谢省贸促会领导和农业厅党组的推荐。同时，更应感谢广大会员的关心、支持和信任。

这次省农业贸促"两会"的成功召开，将翻开河南农业对外经贸事业的崭新一页，促进河南省农业贸促工作步入规范化健康发展的轨道。借此机会，我谈几点想法：

一、为适应新形势发展的需要，按照省委、省政府的指示精神，省农业厅经过两年多的筹备，在省贸促会和省民政厅的大力支持下，省农业贸促"两会"第一届会员代表大会得以顺利召开，这是省农业厅按照科学发展观指导全省农业和农村经济工作所采取的又一项重大举措。省农业贸促"两会"作为河南省农业对外开放的重要窗口，从实现农业增效、农民增收、农产品增强竞争力着手，积极为政府中心工作服务，为会员服务，为涉农企业服务，通过全面、准确、快捷的外经贸服务体系支持，建设一批具有区域特色和竞争优势的农产品出口基地，来迅速提升河南省农产品的出口能力。

二、新时期的农业贸促工作，必须围绕国内外市场，紧密结合河南省实际，努力营造良好的农业贸促氛围。为此，要及时调整农产品出口市场结构，建立以"市场多元化"为特点的农产品出口体系，培育一批适销对路的优良品种；引进国内外先进的农业科学技术，促使科技成果迅速转化为生产力，促进农产品的快速增值；认真落实农业出口发展的各项保障措施，抓好农产品出口质量安全体系建设，充分发挥基地、龙头企业的示范带动作用。

三、积极实施农业"走出去、引进来"战略，在服务创新上下功夫，拓展服务范围，提高服务能力。把服务的着眼点放在市场需求上，放在基层的需求上，放在会员企业的需求上，努力促进河南省涉农企业开拓国际市场和培育农业品牌的能力；提高河南省利用外商投资农业的规模，推动中外企业的农业技术交流与合作，充分发挥其对外合作的主渠道优势；积极引导大型跨国公司、国际财团等投资河南省的农产品深加工、生态农业、绿色农业、出口农业，以及高科技含量的新品种研制开发与推广。

四、建立与基层、与会员企业密切联系的工作机制，提高服务的创新能力，促进河南省外向型涉农企业的发展，在继续做好会员企业国(境)外参展的同时，探索出一条自行组团出国(境)举办国际会展之路，积极与有关方面合作，以宣传河南、推介企业为目的，举办、承办各类投资与经贸洽谈交易会，为农业部门、会员企业招商引资、项目合作牵线搭桥。

五、利用信息渠道，搞好技术咨询服务，创办通讯会刊；加强农产品贸易规模与流向、产品价格、市场准入、贸易规则、技术壁垒与争端解决等信息的搜集与发布，为会员企业提供准确的市场咨询；对国外农产品贸易管理制度与手段等进行动态研究与分析，完善农产品预警体系功能，为增强农产品国际竞争力及农产品出口的促进工作提供支持。

六、农业贸促工作要着力凝聚“想发展、谋发展、促发展”的强大合力，真正做到急会员之所急，想会员之所想。深入了解会员的需求，充分发挥其在联络国际与国内、政府与企业的桥梁作用，树立农业大贸促的观念，建立起与省直各相关部门、各涉外机构以及市县农业部门的良好关系，密切相互间的工作联系；充分发挥会员企业的能动性，加强信息交流，倾听会员们的建议与意见。同时，会员单位也要关心全省农业贸促工作的发展，积极参加省农业贸促“两会”举办的各项活动，发挥会员的自身优势和影响，为河南农业贸促工作多做贡献，多献计献策。

各位代表、同志们，这次大会的议程马上就要结束了，我们要以此次大会为契机，秉承服务会员、促进发展的宗旨，牢固树立为会员服务、为企业服务的思想，在党的十六大精神和“三个代表”重要思想指导下，在全方位对外开放的伟大实践中，在各自的工作岗位上，辛勤耕耘，扎实工作，与时俱进，开拓创新，努力开创河南省农业贸促工作的新局面，为实现中原崛起不断谱写新的篇章。

在河南省农业对外商务协会第一届会员代表大会上的讲话

河南省农业厅原助理巡视员
河南省农业对外商务协会会长　陈都浩

（2005年1月18日）

各位代表、同志们：

今天，在这次大会上我被推选为河南省农业对外商务协会会长，心情非常激动。在此，首先我要感谢省农业厅党组的信任和提名，感谢在座的各位会员代表和全体工作人员的支持。

河南作为一个农业大省，主要农产品产量都位居全国的前列，农业在国民经济中占重要地位。加入WTO（世界贸易组织）后，河南农产品生产、贸易已融入国际市场，竞争更加激烈。在中央宏观优惠政策的推动下，河南省农业及农产品对外贸易仍出现快速健康的发展。省农业对外商务协会的产生，是顺应国际贸易的趋势，扩大对外贸易的需要。

我们要在省农业厅的领导下，在省民政厅的指导下，团结全体会员，适应新形势的发展需要，积极为河南打造农产品出口的联合舰队，在服务创新上作文章，发挥好“商会”的特有作用，通过多种方式的服务促进河南农业对外经贸增长，帮助河南省涉农企业走出去，积极参与国际合作与交流，使更多的会员企业跻身于国际市场，为河南农业对外开放与现代化建设做出贡献。

为会员搞好服务是我们的宗旨，促进河南农产品贸易是我们的目标。此时，用两句话来表达我们的决心：

我们要以更加务实的工作，赢得会员对我们的信赖！

我们要以诚信的服务，增强“协会”的凝聚力！

第五章

建设与管理篇

第一节
主要工作总结

2016 年以来，围绕新时期农业对外合作新特点和新要求，聚焦实施乡村振兴战略、农业高质量发展，河南省农业对外经济合作中心主动把思想和行动贯彻落实到省委、省政府和省农业农村厅党组决策部署上来，提升统筹水平，增强机遇意识，提高驾驭能力，农业对外合作工作呈现出服务大局有作为、重点项目有成效、国际会展交流取得新经验等特点和亮点，为服务河南省“一带一路”和农业对外开放发挥了积极的作用。

一、突中心，抓重点，业务工作取得显著成效

河南省利用亚洲开发银行贷款旱作可持续农业项目圆满完成，被亚洲开发银行评为优秀项目。河南省利用亚洲开发银行贷款畜牧养殖及产品安全示范项目建设稳步推进，新增 4 家子项目企业，顺利完成项目中期调整。积极组织筹划亚洲开发银行贷款沿黄乡村振兴人居环境提升示范项目、以色列政府贷款智慧农业项目，外资新项目申报取得新进展。开展“双循环新发展格局背景下高水平开放促进农业高质量发展研究”“国际金融组织贷款促进河南省农业高质量发展机制研究”等新课题研究，获得河南省科技厅批准，服务支撑能力进一步提升，成为工作新亮点。积极探索“会展+”的资源开发模式，组织企业参加中国国际薯业博览会、中国国际食品配料博览会和中国-东盟博览会，为企业“走出去”“引进来”搭建平台取得显著成效。2021 年东莞国际食品配料博览会上，河南省农业

对外经济合作中心被授予“优秀组织奖”，新乡市老翟记茗茶有限公司被授予“最佳人气奖”，河南东都实业有限公司被授予“优质参展企业奖”，进一步提升了河南名优特色农产品的对外知名度和影响力。

二、夯基础，促引领，党建工作扎实开展

（一）坚持理论武装，提高队伍素质

组织好政治理论学习，是党支部工作的一项重要任务，五年来，始终把学习贯彻党的十八大、十九大精神和习近平新时代中国特色社会主义思想作为“第一议题”，当作一种责任，以理论上的成熟保证政治上的坚定。采取集中学习、个人自学、专题党课讲座和利用“学习强国”网络学习平台等形式，常年坚持不懈地开展政治理论和业务学习。以扎实开展“两学一做”“不忘初心、牢记使命”“党史学习教育”为契机，在提升理论素养中，提高了党员干部增强“四个意识”、坚定“四个自信”、做到“两个维护”的自觉性和坚定性。同时，党员干部在学习中，联系当前农业对外合作“干什么、谁来干、怎么干、在哪干”的工作发展问题，进行了认真研究思考，增强了对做好外经工作的使命感、责任感和自觉性。加强理论学习，打牢思想政治基础。

（二）夯实“三基”建设，提升党建水平

在全面理解和把握“三基”建设核心要义的基础上，将基本组织、队伍、能力建设贯彻工作始终，组织开展《中国共产党支部工作条例（试行）》《中国共产党党和国家机关基层组织工作条例》《党支部工作手册》学习。积极组织开展“五比一争”“五好党支部”争创活动，组织学习弘扬焦裕禄精神、红旗渠精神、愚公移山精神，着力推进“四强”党支部建设。定期组织召开民主生活会、组织生活会和开展民主评议党员工作。开展廉政教育，增强党员党的意识、党员意识，严格落实重要场合“戴党员徽章、亮党员身份”等政治仪式要求。2021年5月，经报厅机关党委同意，顺利完成党支部换届选举工作，选举产生了由5名同志组成的新一届委员会。助力乡村振兴，开展与三门峡农村农业局支部结对共建活动，组织赴滑县北李庄村，开展基层支部结对共建“手拉手”活动。把创建全国文明单位作为全年重大目标任务之一，落实文明争创落实单位责任，在办公区开展了卫生统一集中整治、室内外绿植统一规划、宣传版面统一规格制作等工作。高度重视老干部工作，成立离退休干部工作领导小组，开通服务离退休干部“直通车”，指定办公室专人负责离退休干部工作。5年来，1名党员被表彰为全国农业农村系统先进个人，13人次被评为优秀共产党员和优秀党务工作者。2017年中心党支部被评为年度先进党支部。2021年7月被厅评为10个“事业单位文明处室”之一，2名同志被评为文明家庭、文明职工。2名同志

被选为厅“道德模范”，典型事迹在《河南日报》刊发。

(三)抓好部署落实，保证教育成效

把党史学习教育作为重要政治任务，聚焦“学党史、悟思想、见行动”，精心组织安排，力求走前列、创特色，取得实实在在成效。全厅党史学习教育动员大会召开后，迅速贯彻落实，成立党史学习教育领导小组，结合工作实际研究制订《党史学习教育实施方案》和学习计划，组建党史学习教育工作专班，确保党史学习教育各项工作落实。紧扣党史学习教育“学史明理、学史增信、学史崇德、学史力行”工作目标，围绕党史学习教育“六个进一步”重点任务，注重学习内容、形式和方法创新，努力把“规定动作”做到位，把“自选动作”做出彩。完成指定学习材料学习，并要求认真做学习笔记。邀请省委党校专家赵璐教授做了专题辅导，组织观看了金一南教授和戴旭教授的专题演讲，进一步深化大家对党史的了解和把握。组织赴清丰县冀鲁豫边区革命根据地旧址、新县大别山红色教育基地、郑州黄河博物馆等开展现场参观教学活动；成立了红歌合唱团，举办了“学党史、唱红歌、颂党恩、跟党走”，坚持定期在单位学习群推送党史小故事，自选活动丰富有特色，确保党史学习教育走深又走“新”。目前坚持定期在单位学习群推送党史小故事共计102个，已报送党史学习教育活动简报32期，其中3期简报作为典型案例被厅党史办推荐到省党史学习教育领导小组，并在河南机关党建网站上刊登。

三、讲团结、锻队伍，形成良好工作局面

班子团结干事、和谐共事、按章办事是做好各项工作的基础和保障。5年来，面对农业对外经济合作工作新形势、新任务和新要求，领导班子把加强班子自身建设作为推进工作落实的关键来抓，着力提高班子善谋事、会干事、能干事的能力。一是增强班子自身建设，核心作用充分发挥。始终把讲团结、顾大局摆在突出位置，自觉维护团结，相互尊重，相互支持。按时召开班子民主生活会，积极带头参加组织生活会，主动听取群众意见。班子成员带头遵守制度、执行决议、维护纪律，在人员调配、财务管理、年终考核等工作中，都能严格按照组织程序，做到公平、公正、公开。二是强化队伍人才培养，增强事业发展后劲。人才是事业发展的基础。针对外经中心近年来新入职年轻干部多、学历素质高的特点，着重开展爱岗敬业教育、业务能力提高建设，对干部开展了综合能力培养。组织业务专家编发亚行外资项目知识手册、世界银行采购指南和农业对外合作最新情况动态等业务专业电子文档，利用单位微信学习群进行学习。安排参加亚行工作汇报会，参加省财政厅亚行项目工作协调会，参加省外国际农业会展，为年轻干部提供各种锻炼学习机会，并通过开展到厅有关处室锻炼增长了干事才能，体现了能力水平，树立了单位和个人形象。

四、摸实情、解难题，产业扶贫工作成效显著

在省农业农村厅下达卢氏县双龙镇为省外经中心扶贫工作联系点后，省外经中心迅速传达厅扶贫工作会议精神，立即抽调精干力量成立扶贫工作组。开展实地调研摸实情。深入到双龙湾镇所辖12个行政村（原辖16个行政村，2018年4月合并村后现有12个行政村），通过入户走访，实地察看合作社、产业扶贫基地，召开座谈会，对双龙湾镇基本情况、农业发展基础、存在问题及现实需求进行详细调研了解。在认真开展实地调研的基础上，制定了详细的《卢氏县双龙湾镇结对帮扶调研报告》。2019～2020年，为解决近万亩核桃大量减产，部分村甚至出现绝收的问题，聘请中国农业科学院郑州果树研究所王齐敏教授等，开展农业产业扶贫核桃实用管理技术培训，近160人参加培训，并免费发放了《核桃种植管理简历》《核桃病虫害防治技术》等技术资料200余份。针对双龙湾镇草沟小学师资力量薄弱、学童缺少课外阅读图书问题，组向单位职工发出倡议，发起向山区小学捐赠图书活动。此次活动共募集资金1100元，为双龙湾镇草沟小学购买图书109册，并将图书专程送到孩子们手中。

五、提站位、严管理，疫情防控工作积极到位

省外经中心对疫情防控工作高度重视，第一时间就成立了工作专班，制定了领导带班、科长值班制度和每天个人状况报告制度。在落细抓实疫情防控各项措施上，一是及时传达厅防疫部署要求，在单位工作群发送疫情动态、防护措施等权威真实信息；二是加强人员教育管理，引导干部职工提高防护意识，严禁外来人员进入办公区域，确保人员闭环管理；三是利用"学习强国"学习平台软件功能召开视频会议安排部署工作，确保工作不耽误；四是为科室购买配备消毒用品，督促门卫和值班人员每天对办公场所消毒。疫情期间，领导带头组织疫情捐款9000元，组织消费扶贫4次，购买鲜花菇、哈密瓜共计83件；另外还组织3名同志参加疫情志愿社区服务，组织19人次参加厅疫情志愿交通执勤，3名同志积极参加了献血活动。防疫工作表现突出，2名同志被评为防疫工作先进个人。

第二节 管理与制度建设

为进一步推进省外经中心工作的制度化、规范化和程序化建设，严明工作纪律，结合工作实际，制定了完整的工作管理制度。

一、工作制度

（1）实行主任负责制，主任领导和主持省外经中心的全面工作，副主任协助主任工作。

（2）主任召集和主持省外经主任办公会议与中心全体会议。省外经中心工作中的重大事项，必须经主任办公会议或全体会议讨论决定。日常工作按照分工负责处理。

（3）副主任按分工负责处理分管工作，工作中的重要情况或重大事件要及时向主任报告；遇到重大疑难问题，应认真进行研究，向主任提出解决问题的建议或意见。受主任的委托，负责其他方面的工作或承担专项任务。

（4）主任外出期间，可由副主任主持工作。

（5）按照科室职责和具体分工各自履行好工作职能，领导交办工作办理要迅速，对未按期完成的工作要向交办领导说明原因。副职要向“一把手”负责，科（室）负责人向分管主任负责。

（6）遵守工作时间，坚守工作岗位，不迟到、早退、旷工。上班不串岗闲谈，不大声喧哗,不办公务以外的事情。上班时间外出(离开单位)办其他事情,必须先向科长或分管主任报告,同意后在签到群打卡(说明事项),以便掌握去向。

(7)严守保密纪律和外事纪律,严禁泄露国家秘密、工作秘密等,坚决维护国家安全、荣誉、尊严和利益。

(8)注重道德行为、言谈举止、礼仪规范,时刻保持公职人员良好形象。遵守公共秩序、爱护公物,勤俭节约,不铺张浪费。严于律己,宽以待人,正确对待荣誉,正确对待批评,不断改进工作。对领导要尊重,同事间要相互帮助、互谅互让。

(9)保持良好的办公环境和办公秩序,做到窗明几净,桌面整洁,物品摆放有序。自觉维护公物的完整和安全,防止火灾、盗窃等事故的发生。节假日、周休、下班离开时,要收好文件,锁好柜子,及时关闭电脑及办公室电源、空调、门窗等。

二、会议制度

(1)省外经中心会议主要有全体会议、主任办公会议和工作例会。

(2)省外经中心全体会议由主任或副主任主持召开。全体会议每月至少召开一次。会议主要内容是传达贯彻农业农村部、省委、省政府和厅党组主要会议和有关文件精神,研究安排部署农业农村部下达和厅有关处室安排的工作任务,通报有关工作情况。

(3)主任办公会议由主任或委托副主任主持召开。主任办公会议一般每月举行一至二次,根据工作需要,可临时召开。会议的主要内容是研究工作的重大或重要问题,并做出部署决策;研究年度工作计划、规划;定期听取班子成员分工范围内工作情况的通报或汇报;研究阶段性业务工作推进情况及有关问题等。根据研究工作需要,安排办公室主任、科长列席会议。

(4)省外经中心工作例会由主任或副主任主持召开。工作例会每周一上午 8:30 召开。办公室主任、各科科长和承担专项任务的小组长参加。会议的主要内容是汇报上周工作完成情况,安排本周的主要工作安排,强调重点工作。

(5)办公室负责会议准备、会议记录,根据工作需要形成会议纪要,对会议研究决定事项负责督办,督办落实情况及时向主任报告。

三、党支部议事决策制度

(1)党支部委员会一般每月召开一次,如遇特殊情况可随时召开,必要时也可召开支委扩大会议,吸收党小组长和有关党员干部参加。会议由书记召集主持,书记不参加会议时,可委托副书记召集并主持。

(2)会议的议题由书记确定,或由书记委托副书记确定。会议召开的时间、议题,一般应在会议召开两天前通知到各委员，凡未列入会议议题的不研究讨论，不搞临时性动议。

（3）党支部议事决策，凡属“三重一大”事项，必须严格遵守党章和准则的规定，按照“集体领导、民主集中、个别酝酿、会议决定”的原则，由党支部集体讨论决定，不得以任何其他形式替代。具体议事范围为：①研究贯彻厅党组部署的重大事项；②讨论并决定党建工作、党风廉政、思想政治和精神文明工作，并提出具体实施意见；③讨论研究支部的中长期发展规划、年度计划及总体实施方案等重大问题；④研究重要项目安排、大额度资金的使用和规章制度修订；⑤讨论通过党支部上报厅党组、厅机关党委的请示和重大报告；⑥讨论干部考核、推荐与奖惩；⑦讨论并决定涉及干部职工切身利益的重大问题；⑧其他需要集体讨论决定的事项。

（4）支部委员会必须有半数以上委员到会方能举行，讨论干部问题时，应有三分之二以上委员到会方能举行。

（5）会议进行表决时，赞成票超过应到会的半数为通过。会议决定每个事项的，应逐项表决，表决可根据讨论事项的不同内容，分别采取口头、举手、无记名投票或记名投票方式。表决结果由主持人当场宣布，并做好记录，记录由组织委员担任。对于当时决定不了的问题，可提交下次会议复议。关于重大议题、重要干部任免等的讨论、审议情况，须在会后形成纪要，由书记或书记委托副书记签发。

（6）党支部会议集体形成的决议，任何个人无权改变，个人和少数人有不同意见允许保留，但在集体没有重新改变决策前，必须无条件服从。

（7）支部委员必须严格遵守保密原则，凡党内讨论的问题，并明确必须保密的或者没有传达任务的问题，必须保守党的机密，不得随便外传，否则视为违反党的纪律，给工作造成损失的，应当追究责任。

四、学习制度

（1）以集中学习、个人自学和专题讲座为主，组织观摩实践、观看专题视频等形式为辅，充分利用“学习强国”等网络学习平台开展学习。

（2）坚持每周五下午集中政治理论和业务学习，办公室负责安排和组织。根据需要，也可临时组织学习。

（3）学习主要内容。马克思列宁主义、毛泽东思想、邓小平理论、“三个代表”重要思想、科学发展观、习近平新时代中国特色社会主义思想；党的路线、方针、政策和决议；农业对外经济合作发展和外资项目管理等相关知识；厅党组要求学习的其他重要内容。

（4）坚持学习签到制度，签到册由办公室负责制定和保存，学习签到情况每季度统计一次。集中学习没有特殊情况不得请假，不得迟到、早退，确需请假的，应提前向主任或副主任报告，批准后办公室在学习签到册备注。

（5）办公室负责建立年度学习档案。内容包括学习计划、总结、研讨发言提纲、心得体会、发表的论文与调研报告等。

五、考勤及请销假制度

(一)考勤

(1)省外经中心全体人员,工作日每天早上8:00前上班,下午6:00下班(以省直单位作息时间通知为准),在签到(离)群打卡“上班”“下班”。节假日带班和值班,按照以上要求打卡“带班”“值班”“下班”。

(2)因公出差,经主任或副主任批准后,在签到(离)群打卡“出差”。

(3)考勤情况每季度由办公室负责统计,在单位工作群公示并备案,作为评先晋级的参考。

(二)年休假

(1)严格按照《职工带薪年休假条例》(国务院令第514号)相关规定,根据工作的具体情况,并考虑职工本人意愿,统筹安排中心全体职工的年休假。

(2)单位职工休年休假前需填写“省外经中心年休假请假单”,由科室先填写意见,报主任或副主任审批,休假的人员按审批的时间离岗休假,不允许先休后批。年休假到期后,必须按时归岗。

(3)职工年休假原则上一次休完,也可以分段安排(不含法定节假日),分段安排年休假,原则上不超过2次,每次不少于5天,一般不跨年度安排。非因参加重要工作任务,年休假跨年不再补休。

(三)探亲假、婚丧假、产假

(1)探亲假、婚丧假、产假等是职工依法享受的假期,参照《河南省农业农村厅机关工作人员请销假制度》执行。

(2)请探亲假、婚丧假、产假等假者,由本人提出书面申请,经办公室审核,报主任或副主任审批(探亲假包含公休假和法定节日在内)。

(3)探亲假、婚假、产假等假期原则不能分段安排。探亲假确因工作需要,经领导批准可分段安排,但探亲路费只能报销一次。

(四)事假、病假

(1)事假1天以内由科长审批,2天以内由副主任审批,2天以上由主任审批;班子成员和科长事假一律由主任审批。

(2)病假3天以上须出具市级以上(含市级)医疗机构证明,经科室审核同意,报主任或副主任审批,并报办公室备案。

(五)请假待遇及相关规定

(1)请假1天以内可采取口头形式,2天及以上应采用书面形式,由请假人按规定填写“省外经中心请假审批表”。

(2)事假应从严把关,原则上事假一次性不能超过5天,年累计不能超过30天。连续病假和全年病假累计达到6个月,病假期间待遇按相关规定执行。

(3)当年请事假累计少于应休年休假的,事假天数冲抵年休假天数;当年休完年休假又请事假的,冲抵下一年年休假。单位未休假人员要符合上级的比例要求。

(4)未经请假或请假未准,擅自不到岗的,按旷工处理。旷工或者因公外出、请假期满无正当理由逾期不归超过15天,或者全年累计超过30天的,按规定予以辞退。

(5)请假人未按程序审批或伪造病事假证明的,一律按旷工处理。请假人在请假期间,应严格遵守相关纪律规定,保持通信畅通。

六、公文处理和信息报送

(1)向厅有关处室和厅领导报送公文,应当先送办公室审核登记,然后报主任审批。除特殊情况外,一般不得直接报送有关处室和厅领导同志个人。

(2)以中心名义发文(函),均需完整填写省外经中心发文拟稿纸,经科室负责人或分管副主任对拟稿审核后,在办公室统一编号、打印清样送主任签发。未按规定审核的公文,不予签发。

(3)行文需要编厅行政处室文号的,应事先与厅行政处室联系,在主任和有关厅行政处室负责人核稿后,由厅办公室统一呈送厅领导审批,审批后在厅文印室印制,并加盖农业农村厅公章。

(4)按照《农业农村厅公文处理办法》,公文由办公室统一签收、登记和归档。领导审核或审批公文,应表示出“同意”或其他具体意见,办公室负责催办落实。公文办理完毕后,承办科室或承办人应及时将公文交档案管理员及时整理(立卷)、归档。个人不得保存应当归档的公文。

(5)省外经中心向上级报送有关信息,由主任签发,经厅办公室审核同意,以《河南农业动态》方式报送。

七、公务卡使用及报销管理办法

第一条 为进一步加强和规范省外经中心公务卡使用及报销管理,深化公务卡结算制度改革，落实公务卡强制结算目录，切实减少公务支出中的现金使用，特制定本办法。

第二条 本办法所称公务卡是指省外经中心工作人员持有的，主要用于日常公务支出和财务报销业务的信用卡。

第三条 省外经中心已选择交通银行作为本单位公务卡发卡行。按照“持卡人员承担用卡经济责任、开卡银行承担挂失经济风险、预算单位承担公务还款责任”的原则签订代理服务协议。

第四条 公务卡持卡人为省外经中心在职正式职工。公务卡由个人向交通银行申请办理。办理完毕后，应及时至财务科录入有关信息。

第五条 公务卡的信用额度为5000~50000元，具体额度根据业务需要与代理银行商定。

第六条 公务卡卡片和密码由持卡人妥善保管，遗失或损毁应由持卡人自行到公务卡代理银行及时办理挂失、补办手续。

第七条 公务卡强制结算项目包括办公费、印刷费、咨询费、手续费、租赁费、邮电费、物业管理费、水电费、差旅费、会议费、培训费、公务接待费、维修(护)费、专用材料费、公务用车运行维护费、其他交通费等16项。

第八条 使用公务卡支付结算时，应严格执行省级预算单位公务卡强制结算目录。对原使用现金结算且目录规定的公务支出项目，应按规定使用公务卡结算，原则上不再使用现金结算。原使用转账方式结算的，可继续使用转账方式。

第九条 实行公务卡后，不得再向职工借记卡或单位代发工资户划转公务报销支出和公务活动个人借款。

第十条 使用公务卡提取现金属于个人消费行为，提取现金手续费由持卡人个人承担。

第十一条 持卡人使用公务卡结算的各项公务支出，必须在规定的透支免息期内(银行记账日至发卡行规定的到期还款日之间的期限)，持合规的报销凭证和经本人签名的消费交易凭条，按照现行财务管理制度规定办理报销手续，因个人报销不及时造成的罚息由持卡人承担。

第十二条 财务科按规定对报销凭证进行审核后，由经手人报分管财务的副主任审批。审批完成，财务科按时办理公务支出报销还款手续。

第十三条 报销还款时财务科登录省财政厅国库集中支付系统的“公务卡”菜单，根据消费交易凭条录入“交易日期”、“卡号”和“系统跟踪号”，从银联河南分公司提供的交易信息中提取相应的公务消费信息，核实后确定可报销金额，录入“卡号”、“金额”、“经济分类科目”、“支付摘要”等业务要素，在支付系统中确定对应的用款计划，生成《财政资金支付凭证》，送交零余额账户开户行向指定的还款账户划转资金；对合并划转多名职工报销款项的，需通过“公务卡”菜单编制“还款明细表”网上提交发卡行，打印《财政资金支付凭证》送交零余额账户开户行,并将加盖单位财务印章的"还款明细表"送交公务卡代理银行。

第十四条　财务科在收到《财政资金支付凭证》回单后,将购物发票、消费交易凭条及支付凭证回单等原始凭证按照现行会计核算办法登记入账。

第十五条　实行公务卡结算方式后,一般情况下的商品服务支出不再使用现金结算。属于下列情况可仍实行现金结算,暂不使用公务卡结算:

(一)支付给单位临时聘用人员(不含长期聘用人员)的费用;

(二)按规定支付给个人的慰问金、抚恤救济金等支出;

(三)签证费、快递费、过桥过路费、火车费、汽车费、异地出差燃油费等目前只能使用现金结算的支出;

(四)在不具备刷卡条件的场所发生的零星支出,但需提供证明材料;

(五)其他特殊情况确需使用现金结算的。

八、值班制度

(1)值班实行节假日领导带班、中心在职在岗工作人员轮流值班责任制度。

(2)值班工作由办公室统一安排,值班表应在放假前3天,在单位工作群告示并做好值班表报送工作。

(3)值班人员要坚守岗位,认真履行职责,守好电话,做到不迟到、早退、漏岗、空岗。

(4)值班人员在值班期间必须确保通信设备始终处于良好的工作状态,保证信息传递畅通,接到紧急通知,遇到急办的事项,要第一时间向带班领导报告,请示处理,做到不误时、不误事。

(5)值班人员要认真做好值班记录,交接班时要将值班情况在值班记录上填写清楚并签字。

(6)要严肃值班纪律,对未认真履行职责,被省督查组或厅办公室通报的,要公开做出检查,情况特别严重的,给予党纪、政纪处分。

九、公文和资料印制制度

(1)省外经中心公文一律由办公室承担印制。正式公文不得私自印制。

(2)不需套红头套章的公文资料,由各科自行印制。

(3)印制要求质量较高或数量较多的资料,科室填写"省外经中心印制申请单",经领导批准同意后印制。

(4)办公室负责印刷费用的结算,财务科负责对报销凭证进行审核。经手人需在费用清单上签字。

十、印章使用管理办法

(1)省外经中心各类党政印章必须凭河南省农业农村厅证明信到公安部门指定地点刻制。任何科室和个人不得私自刻制或伪造印章。

(2)坚持“依职审签,依签用印,谁签章谁负责”原则,公文用印,凭签发人的签字用印。未经主任或副主任签批,任何人不得私自使用印章、签名章。

(3)省外经中心公章、党支部印章、非常设机构印章和领导个人签名章均由办公室指定专人掌管;财务印鉴由财务科分别指定专人掌管;印章管理员要亲自为用印人员盖章,各类印章不得擅自委托其他人员掌管或他人代用印章;未经批准印章禁止带出单位。

(4)印章管理人员用印前,须认真审核签批手续是否完备。对签批手续有疑问的,要认真核实,情况不明的拒绝用印。

(5)实行用印登记、存档制度,登记内容和用印审批单上的内容必须一致。用印内容存档一份。用印登记簿、用印内容每年由印章管理人归档保管。

(6)印章管理人员要严格遵守保密规定,不得泄露用印公文涉密事项。对违反印章管理规定者,根据情节,按照有关规定报相关部门追究责任。

十一、档案管理制度

(1)办公室指定专人负责档案工作,负责档案人员要增强档案意识,注意收集、留存工作中形成的各类档案资料。

(2)档案资料管理范围包括日常工作中形成的一切文书资料、合同、出版物、录像、图片资料、荣誉证书、奖牌和重大活动情况资料等。各科室工作中形成的领导讲话、典型材料、文件和文字材料,以及外出参加会议或调研,会议材料、调研报告等,都要及时送办公室留存保管。

(3)文件应严格按照件号的先后顺序装档案盒,其工作内容包括填写备考表、档案盒封面等,档案要分类存放,统一立卷归档。

(4)查阅档案资料,必须按照有关规定办理借阅档案手续,并及时返还。

(5)档案的保管、移交、销毁和档案室管理等,参照《档案法》《农业农村厅档案管理制度》执行。

十二、公务出行(用车)制度

(1)公务出行是指在省外经中心常驻地因公出行,常驻地以外出行依据《河南省省直机关差旅费管理办法》(豫财行〔2016〕109号)执行。

(2)公务出行采取社会化方式依托“打车软件”保障。办公室负责用车制度的建立、用车的审批报销和用车安排。财务科依照审核结果及报销凭证予以结算。

(3)公务出行前,用车人报告公务出行计划,经领导同意后,由办公室指定专人负责叫车。

十三、日常考核工作管理办法

第一条　根据《河南省农业厅关于加强公务员岗位平时考核工作的通知》(豫农人事〔2015〕9号)文件的要求,为了加强对外经中心工作人员的管理,提高各个工作岗位效能,科学评价职工工作,为年度考核奠定基础,结合单位实际,制定本细则。

第二条　考核原则

(一)公平、公正、公开。

(二)共性指标(德、能、勤、廉、学)与个性指标(绩)考核结合,以个性指标考核为主。

(三)平时考核是年度考核的重要基础,年度考核要以平时考核为重要依据。

第三条　考核对象

中心所有在岗工作,列入考核范围的职工。

第四条　组织领导

在中心领导班子的领导下,成立外经中心平时考核工作领导小组,负责平时考核工作的具体实施。领导小组下设办公室。

第五条　考核内容

(一)平时考核的内容包括德、能、勤、绩、廉、学六个方面。

(二)以每位干部职工的岗位职责和承担的工作任务为依据,重点考核日常工作任务、阶段工作目标完成情况,统筹考核干部职工的职业道德、工作效能、创新能力、学习教育、出勤情况以及廉洁自律等情况。

(三)平时考核还要考核干部职工的内外部测评情况,以及对干部职工的表彰、过错责任追究情况。

第六条　考核办法

(一)平时考核采取季度考核的办法进行,实行分管领导考核负责制。

(二)干部职工个人平时考核总分100分。其中,德、能、勤、廉、学各占10分,绩占50分。

1.德(总分10分):党性修养与道德品质6分,坚持原则4分。

2.能(总分10分):推动落实6分,锐意创新4分。

3.勤(总分10分):精神状态与工作投入4分,出勤情况6分。

4.廉(总分10分):廉洁自律10分。

5.学(总分10分):中心集中学习6分,个人自学4分。

6.绩(总分50分):重点考察年度工作目标完成情况(年度工作目标20分,日常工作

10分,重点工作7分,中心工作7分,临时交办工作6分)。考核领导小组在每年年初制定单位年度工作目标任务,各科室按岗位职责分配目标,责任到人,制订个人岗位业绩绩效考核计划。个人绩效考核计划报考核领导小组备案。

(三)平时考核程序。

1.平时考核工作采取月记实、季度总结考核的方式进行。

2.月记实考核。每名干部职工按照岗位职责填写“平时考核手册”每月工作记录,对当周履行岗位职责和完成工作情况,以及未完成的工作任务和考勤情况等进行记实,并由考核责任人签署意见。“平时考核手册”由本人保存。

3.季度总结考核。每季度进行工作小结和考核,干部职工每季度必须填写“干部职工岗位绩效季度考核表”,并将该表于每季度最后一个月的5日前,提交科室负责人。各科室干部职工由科室负责人进行绩效量化评价打分;科室负责人由主管领导进行评价打分,并签署审核意见。科室负责人于10日前将“干部职工岗位绩效季度考核表”提交考核领导小组办公室汇总,绩效考核领导小组对考核结果审核并公示。考核领导小组于15日前将考核结果上报农业厅人事处备案。

(四)扩大考核民主。

拓宽评价渠道,不定期地进行服务对象和群众评议。把自我评价、领导评价、群众评议结合起来,准确评价干部职工的日常表现。为了增强考核工作的透明度,以扩大知情权为重点,考核领导小组要定期公开考核内容和考核结果。

第七条 考核结果的使用

(一)平时考核结果作为确定干部职工年度考核等次的主要依据。平时考核1次以上评为优秀的,年度考核才能评为优秀;平时考核2次以上为一般的,年度考核不得评为优秀;平时考核2次定为较差的,年度考核应确定为基本称职,2次以上定为较差的,年度考核为不称职等次。

(二)平时考核工作作为年终评选先进的一项重要内容,凡平时考核不认真或走过场的科室,所在科室的负责人年度考核不得定为优秀等次。

(三)被考核人必须认真、实事求是地进行平时考核的记实,对记实不认真的,应及时给予批评教育。连续两个月不记实的,年度考核结果不能定为优秀等次;连续三个月以上不记实的,年度考核暂不定等次,延长三个月作为考察期,视考察期内表现再定等次。

(四)季度考核分值与等次对应关系依次为:90分以上为优秀,80~90分为良好,60~80分为一般,60分以下为较差。

十四、会议培训管理办法

第一条 根据《河南省省级会议管理办法》、《河南省省直机关培训费管理办法》规定,加强和规范会议费管理,精简会议,改进会风,严格控制会议费支出。

第二条 计划拟制和预算编制

各业务科根据职能设置和工作需要,按照年度预算编制规划要求,应在每年11月底前,将下年度需要召开的会议(培训,下同)计划(内容包括名称、时间、预算、参加人数等)报财务科。财务科汇总梳理后,报领导班子会议研究确定后,报厅审批。厅审定下发后,严格按照下发的年度会议计划实施。会议费支出实行预算控制、包干使用。

第三条 会议审批与新增

(一)纳入年度计划的会议,由业务科室依据计划提出召开会议方案,领导班子会议研究确定召开。

(二)没有纳入年度计划,但又确需召开的会议,领导班子会议研究确定后,报厅领导审批。

第四条 会议组织与结算

(一)主办科室严格按照审批的时间、地点、规模筹划会议,负责会议资料的准备、会议通知的下发、参会(授课)人员沟通协调和会场的组织,以及会议文字、图像资料的收集保存,负责向办公室提供会议通知、会议报到签名册和会议名称及与会人员、单位名单。

(二)办公室负责会议预算、宾馆选定、会场布置、车辆食宿安排和结算报账;负责联系新闻媒体和宣传报道工作;负责向财务科提供报账材料。

(三)财务科负责对会议报账资料的审核,对符合要求经过领导审批的会议票据进行支付。

十五、离退休干部工作制度

(1)贯彻落实党和国家有关离退休干部工作的各项方针政策,认真落实离退休干部参加重要政治理论学习等各种政治待遇,把离退休干部工作抓好抓实。

(2)办公室专门指定一名老干部工作专干,负责老干部工作。

(3)结合半年、年终工作总结及时向离退休干部通报工作情况。

(4)落实老干部退休前谈话、报刊订阅及联系制度。

(5)坚持慰问制度。

(6)认真落实老干部看病用车、住院探望、身体检查等制度。

(7)积极组织开展各项文体活动,丰富老干部文化生活。

(8)切实做好离退休老干部的来信来访工作。

(9)充分发挥老干部在农业对外合作工作发展中的积极作用。

第三节 荣誉与成果

2007年

被河南省直机关工会工作委员会授予先进职工之家。

2009年

被河南省贸促会授予2009年度信息工作先进单位。

2012年

被中国国际贸易促进委员会河南省委员会授予河南省贸促会农业行业支会2011年度贸促工作先进单位。

2012年度先进党支部。

2013年

被授予河南省农业行业支会2012年度河南省贸促工作先进单位。

2013~2014年度先进党支部。

2015 年

被授予 2014 年度河南省贸促工作先进单位。

2016 年

(1)《亚行贷款河南省畜牧养殖及产品安全示范项目总体可行性研究报告》获得河南省第七届公共管理领域优秀科研成果一等奖。

(2)参加厅机关党委组织的建党 95 周年书法、摄影展,彭旭林作品“新时期的红旗渠除险队员”获摄影组三等奖。

(3)组织、带领厅飞镖队参加省直第六届运动会,飞镖队女子组获得团体三等奖,教练彭旭林、领队张一涵被厅机关党委通报表彰,省外经中心被被评为优秀组织单位。

(4)被河南省委、省人民政府评为省级文明单位。

2017 年

(1)省农业支会被中国贸促会河南省分会评为 2017 年度先进单位。

(2)被抽调筹办全国农产品品牌推进大会,彭旭林受厅党组通报表彰。张一涵多次被人社厅工资处抽调帮助工作,人社厅发来感谢信,宋虎振厅长批示表彰。

2018 年

(1)组织“我最喜爱的总书记的一句话”读书交流活动,选送彭旭林作品“中国要强,农业必须强”作为厅唯一入选作品受到省直工委通报表彰。

(2)组织参加省直工委理论知识网上答题活动,彭旭林、沈云亭、王超平、张一涵 4 名同志受到省直工委通报表彰,占全厅 2/3。

(3)选派王超平参加厅微型党课比赛获三等奖。

(4)带头购买省直工委推荐目录上贫困地区农产品,被河南省直工会等 5 单位联合授予消费扶贫荣誉单位。

(5)河南农业行业支会被省贸促会表彰为 2018 年先进支会。

(6)被省财政厅表彰为全省行政事业资产管理先进单位。

(7)被厅机关党委表彰为 2017 年度先进党支部。

2019 年

(1)组织市县农业农村部门和企业参加第十三届中国河南国际投资贸易洽谈会,河南省农业农村厅被组委会表彰为先进单位,彭旭林被表彰为先进个人。

(2)李小云被表彰为全国农业农村系统先进个人。

2020 年

被河南省委、省人民政府评为省级文明单位(标兵)。

2021 年

被省农业农村厅机关党委评为十个厅直属事业单位“文明单位标兵”之一。

沈云亭被厅机关党委评选为 2021 年第一季度“善行义举榜”,典型事迹在《河南日报》刊发。

第四节
研究员、省部级先进、高级职称名录

刘雪兰　女,汉族,1939 年 2 月出生,广东揭西人,农业技术推广研究员。2000 年 12 月退休。

李　民　女,汉族,1957 年 3 月出生,河南南召人,农业技术推广研究员。2017 年 3 月退休。

张力越　男,汉族,1959 年 3 月出生,河南荥阳人,正高级工程师。2019 年 3 月退休。

郭秀华　女,汉族,1938 年 3 月出生,河北安国人,高级工程师。1998 年 6 月退休。

李小云　女,汉族,1968 年 9 月出生,农业推广研究员,农业部先进个人。

沈云亭　男,汉族,1970 年 10 月出生,农业技术推广研究员。

曹卫东　男,汉族,1968 年 9 月出生,河南商丘人,高级农艺师。

王超平　女,汉族,1982 年 9 月出生,山东文登人,高级农艺师。

靳素君　女,汉族,1979 年 12 月出生,河南浚县人,高级经济师。

张春光　男,汉族,1982 年 2 月出生,河南固始人,高级农艺师。

第五节
入世以来调研报告及学术论文名录(征集收录)

省外经中心编写的《2004~2010年河南省农业利用外资规划战略研究》获得河南省实用社会科学优秀成果奖;

李小云2020年主持编写的《亚行贷款河南省畜牧养殖及产品安全示范项目可行性研究报告》获得河南省第七届公共管理领域科研成果一等奖;

李小云《河南省利用亚行贷款存在的问题及建议》(《河南农业》,2019年10月5日发表);

李小云《初议亚行贷款项目之前期准备》(2016年9月20日刊发在《农村农业农民》);

王超平在中国农业出版社2020年12月出版的《耕耘与发展——中国与世界银行农业合作40年回顾与展望》中发表《世界银行华北平原商丘项目综合评价》。

王超平在《河南农业》2017年第9期发表《加快转变农业发展方式　推动河南农业对外开放》;

王超平在《吉林农业》2017年5月上总第402期发表《大力开展农业对外合作　提高国际市场竞争实力》;

王超平在《南方农业》2017年3月第11卷第08期发表《中国农业对外合作现状、问题与对策分析》;

王超平在《农村经济与科技》2017年第28卷第八期发表《分析"一带一路"战略下中国—东盟农业合作发展》;

曹卫东《河南农业》2020 年综合版《河南实施世行贷款华北平原农业项目回顾与思考》；

曹卫东《河南农业》2018 年综合版《“一带一路”倡议背景下河南对中亚地区投资合作的法律问题研究》；

曹卫东《河南农业》2016 年综合版《对加快河南农业“走出去”的几点认识与思考》；

沈云亭.培植根基,强力推进河南省出口创汇农业的发展[J].河南农业,2004(03):14-15.

沈云亭.2004 年河南省农产品进出口贸易分析[J].河南农业,2005(04):11-12.

张力越.在挑战中提升河南农业的竞争力[J].河南农业,2005(05):9-10.

李惠军,张征宇.农业利用国际金融组织贷款项目的问题与对策[J].河南农业,2005(06):9.

沈云亭.动态分析在农业项目评价中的应用[J].河南农业,2005(08):9-10.

李惠军,张正宇.亚洲银行农业项目贷款程序[J].河南农业,2005(09):8.

沈云亭.动态分析在农业项目评价中的应用[J].河南农业,2005(09):9.

郝军虹.我国与国外农业可持续发展比较研究[J].河南农业,2005(10):11-12.

李惠军.津巴布韦农业与河南农业[J].河南农业,2005(10):13.

郝军虹.我国与国外农业可持续发展比较研究[J].河南农业,2005(11):13-14.

张力越.香港归来话世贸[J].河南农业,2006(03):16.

张力越.真情奉献　硕果累累——第四届中国河南国际投资贸易洽谈会闭幕[J].河南农业,2006(04):12.

张力越.加快豫台农业交流与合作的思考[J].河南农业,2006(09):10-11.

外经中心,绿色农业　香飘港澳　中原文化港澳行暨 2009 豫港澳投资贸易洽谈会成功举办[J].河南农业,2009(07):1.

沈云亭,王超平.以色列农业生产现状成因及对我国农业发展的启示[J].河南农业,2010(13):57-58.

彭旭林.河南农业利用外资工作存在的问题及对策研究[J].河南农业,2017(25):59.

张胜利,薛景,彭旭林.河南省农产品出口成效、存在问题及建议[J].河南农业,2018(31):55-56.

外经中心,河南省首个农业援外培训项目教学基地在濮阳揭牌[J].河南农业,2018(34):1.

李小云,余寅曦.河南农业利用亚行贷款存在的问题及建议[J].河南农业,2019(28):55-56.

黎佳颖.“双循环”下农业高水平开放助推农业高质量发展的思考[J].河南农业,2021(28):51-52.

沈云亭.以色列农业发展经验及对我国农业现代化的启示[J].农村农业农民,2019(3).

第六章

农业对外合作历史文献收录

共同推进“一带一路”建设农业合作的愿景与行动

中华人民共和国农业部　中华人民共和国国家发展和改革委员会
中华人民共和国商务部　中华人民共和国外交部
（2017 年 5 月）

前言

进入 21 世纪，世界经济一体化加快推进，以和平、发展、合作、共赢为主题的新时代已经开启。2013 年 9 月和 10 月，中国国家主席习近平在出访中亚和东南亚国家期间，先后提出共建“丝绸之路经济带”和“21 世纪海上丝绸之路”（以下简称“一带一路”）的重大倡议，得到国际社会高度关注。“一带一路”倡议秉承共商、共建、共享原则，致力于维护全球自由贸易体系和开放型世界经济，推动沿线各国实现经济政策协调，共同打造开放、包容、均衡、普惠的区域经济合作架构。

农业交流和农产品贸易自古以来就是丝绸之路的主要合作内容。借古丝绸之路，中国从西方引入了胡麻、石榴、苜蓿、葡萄等作物品种，并把掘井、丝绸、茶等生产技术和产品带到了中亚，促进了沿线国家间农业技术和产品的传播交流，亚欧非的农业文明沿着古丝绸之路交流互通，不断发扬光大。新时期，农业发展仍然是“一带一路”沿线国家国民经济发展的重要基础，沿线大部分国家对解决饥饿和贫困问题、保障粮食安全与营养的愿望强烈，开展农业合作是沿线国家的共同诉求。在“一带一路”倡议下，农业国际合作成为沿线国家共建利益共同体和命运共同体的最佳结合点之一。

"一带一路"倡议提出三年来,中国与沿线国家在双、多边合作机制下积极开展农业领域产业对接,合作领域不断拓展,链条不断延伸,合作主体和方式不断丰富,取得了显著成效。为进一步加强"一带一路"农业合作的顶层设计,制定《共同推进"一带一路"建设农业合作的愿景与行动》。

一、时代背景

当今世界正在发生复杂而深刻的变化,国际金融危机深层次影响继续显现,世界经济复苏缓慢、发展分化,国际投资贸易格局和多边投资贸易规则酝酿深刻调整。共建"一带一路"顺应世界多极化、经济全球化、文化多样化、社会信息化的潮流,是国际合作以及全球治理新模式的积极探索。

近年来,全球农业发展格局深度调整,气候变化对粮食主产区影响不断加深,生物质能源、金融投机活动等非传统因素使农产品国际市场不确定性持续加强,全球粮食安全及贫困问题仍然困扰着很多发展中国家,世界上仍有7.95亿人忍受长期饥饿,20亿人遭受营养不良。农业持续增长动力不足和农产品市场供求结构显著变化,已经成为世界各国需要共同面对的新问题、新挑战,尤其在"一带一路"沿线,许多国家实现粮食安全与营养、解决饥饿与贫困的形势仍十分紧迫,亟待通过开展农业合作,共同促进农业可持续发展。

后金融危机时代,各国更加重视农业基础地位,更加注重全球农业资源的整合利用和农产品市场的深度开发,对开展农业国际合作的诉求也更加强烈,为"一带一路"建设农业合作提供了难得的历史机遇。当前,中国正与沿线国家积极开展战略对接,共同构建"一带一路"合作框架,双边、多边合作机制日益完善,为开展农业合作提供了有利平台。"一带一路"建设基础设施互联互通、资金融通为开展农业合作提供了保障,为沿线国家实现农业产业优势互补、共享发展机遇创造了良好条件。

当前,中国农业与世界农业高度关联,推进"一带一路"建设农业合作意义重大,既是中国扩大和深化对外开放的需要,也是世界农业持续健康发展的需要,有利于推动形成全球农业国际合作新格局,有利于沿线各国发挥比较优势,促进区域内农业要素有序流动、农业资源高效配置、农产品市场深度融合,推动沿线各国实现经济互利共赢发展。中国自改革开放以来,农业农村发展取得了巨大的成就,对世界粮食安全做出了重大贡献。中国愿意在力所能及的范围内承担更多责任义务,在国际粮农治理体系建设中贡献中国智慧,与沿线国家分享中国经验,为全球农业发展和经济增长做出更大的贡献。

二、合作原则

坚持政策协同。支持"一带一路"沿线国家开展愿景对接和政策对话,寻求农业合作利益契合点和最大公约数,围绕共同关切的重点区域、主导产业、重要产品共同开展顶层设计。充分利用沿线已有合作机制,创新推动"一带一路"农业合作持续发展。

坚持市场运作。充分发挥各类企业的主体作用和市场在资源配置中的决定性作用,遵循市场规律和国际通行规则,促进沿线各国企业间开展产业合作,实现优势互补,联动发展。

坚持政府服务。发挥沿线国家政府间合作机制在推进"一带一路"建设农业合作中的引导和服务作用,深化对外开放,进一步提高跨境投资贸易便利化水平,建立健全农业对外合作服务体系,优化农业国际合作环境。

坚持绿色共享。尊重各国农业发展道路和模式选择,深化"一带一路"建设农业合作与落实2030年可持续发展议程粮农目标有机结合,共商、共建、共享绿色丝绸之路理念,携手走产出高效、产品安全、资源节约、环境友好的农业现代化道路。

坚持互利合作。兼顾各方利益和关切,积聚各国农业发展优势,充分挖掘合作潜力,加强各大经济走廊农业合作,以点带面、从线到片推进合作进程,构建相互依存、互利共赢、平等合作、安全高效的"一带一路"新型农业国际合作关系。

三、框架思路

"一带一路"贯穿亚欧非大陆,一头是活跃的东亚经济圈,农业发展历史悠久,一头是发达的欧洲经济圈,现代农业优势明显,中间广大腹地农业资源丰富,发展潜力巨大,各区域在农业资源、技术、产能、市场等方面各具优势,具有较强的互补性。

推进"一带一路"建设农业合作是沿线各国农业发展、对外开放的共同愿景,中国愿与沿线各国携手努力,共同规划实施一批重点建设项目,创建"一带一路"陆海联动、双向开放的农业国际合作新格局,为"一带一路"利益共同体、责任共同体和命运共同体的形成提供有力支撑。

中国政府倡议,沿线国家加强农业合作战略对接,秉承"一带一路"共商、共建、共享的原则与和平合作、开放包容、互学互鉴、互利共赢的理念,兼顾各方利益和诉求,围绕政策沟通、设施联通、贸易畅通、资金融通、民心相通的重点合作内容,以农业科技交流合作为先导,深化新亚欧大陆桥、中蒙俄、中国—中亚—西亚、中国—中南半岛、中巴、孟中印缅等六大经济走廊的农业贸易投资合作,打造优势技术、重点产品农业合作大通道,朝着共建全方位、宽领域、多层次、高水平的新型农业国际合作关系而努力。

四、合作重点

"一带一路"沿线各国合作潜力和空间巨大,围绕"一带一路"沿线国家共同发展需求和优势，着重在以下方面加强合作。

构建农业政策对话平台。加强政策沟通，完善沿线国家间多层次农业政策对话机制，探索建立沿线国家政府、科研机构、企业“三位一体”的政策对话平台，就农业发展战略充分交流对接，共同制定推进农业合作的规划和措施，协商解决合作中的问题，共同为务实合作及大型项目实施提供政策支持。

强化农业科技交流合作。突出科技合作的先导地位，多渠道加强沿线国家间知识分享、技术转移、信息沟通和人员交流。结合各国需求并综合考虑国际农业科技合作总体布局，在“一带一路”沿线共建国际联合实验室、技术试验示范基地和科技示范园区，开展动植物疫病疫情防控、种质资源交换、共同研发和成果示范，促进品种、技术和产品合作交流。共建“一带一路”农业合作公共信息服务平台、技术咨询服务体系、高端智库和培训基地，推动区域农业物联网技术发展，提升“一带一路”沿线国家农业综合发展能力。

优化农产品贸易合作。推动共建“一带一路”农产品贸易通道，合作开展运输、仓储等农产品贸易基础设施一体化建设，提升贸易便利化水平，扩大贸易规模，拓展贸易范围。鼓励建设多元稳定的“一带一路”农产品贸易渠道，发展农产品跨境电子商务。加强“一带一路”沿线国家农产品检验检疫合作交流，共建安全、高效、便捷的进出境农产品检验检疫监管措施和农产品质量安全追溯系统，共同规范市场行为，提高沿线国家动植物安全卫生水平。

拓展农业投资合作。发挥沿线国家农业比较优势，充分利用相关国际金融机构合作机制与渠道，加大农业基础设施和生产、加工、储运、流通等全产业链环节投资，推进关键项目落地。提升沿线国家间企业跨国合作水平，采取多种方式提升企业跨国投资能力和水平，促进沿线国家涉农企业互利合作、共同发展。推动沿线国家之间开展农业双向投资，中国欢迎各国企业来华开展农业领域投资，鼓励本国企业参与沿线国家农业发展进程，帮助所在国发展农业、增加就业、改善民生，履行社会责任。

加强能力建设与民间交流。加强以农民为主体的能力建设和民间交流，共同开展“一带一路”沿线国家农民职业教育培训，提高农民素质以及农民组织化水平，增进沿线国家间交流互信。加强“一带一路”沿线国家企业之间交流合作，共建跨国经营管理人员培训基地，培养复合型跨国经营管理人才。

五、合作机制

为保障“一带一路”建设农业合作顺利实施，沿线国家应携起手来，以现有合作机制为基础，不断完善和创新方式，促进“一带一路”农业合作蓬勃发展。

加强政府间双边合作。开展多层次、多渠道沟通磋商，推动双边关系全面发展，为农业合作提供有力保障。在“一带一路”建设政府间谅解备忘录下推动签署农业合作备忘录或编制农业合作规划。充分发挥现有双边高层合作机制作用,推动更多沿线国家和地区以及相关国际和地区组织建立高水平、常态化农业合作机制。强化政府间条法磋商,加快商签"一带一路"沿线双边投资贸易协定,加强政府间交流协调,加强投资保护、金融、税收、通关、检验检疫、人员往来等方面合作,促进企业实践与政府服务有效对接,为开展"一带一路"农业国际合作创造更佳环境、争取更好条件。

强化多边合作机制作用。深化与国际机构的交流与合作,充分利用二十国集团、亚太经合组织、上海合作组织、联合国亚太经社会、亚洲合作对话、阿拉伯国家联盟、中国-东盟、澜沧江-湄公河合作等现有涉农多边机制,深化与世界贸易组织、联合国粮食及农业组织、世界动物卫生组织、国际植物保护组织、国际农业发展基金、联合国世界粮食计划署、国际农业研究磋商组织等交流合作,加强与世界银行、亚洲开发银行、金砖国家新开发银行、亚洲基础设施投资银行、丝路基金合作,探索利用全球及区域开发性金融机构创新农业国际合作的金融服务模式,积极营造开放包容、公平竞争、互利共赢的农业国际合作环境。

发挥重大会议论坛平台作用。充分利用中非合作论坛、博鳌亚洲论坛、"10+3"粮食安全圆桌会议、中国—东盟博览会、中国-南亚博览会、中国-亚欧博览会、中国-中东欧经贸论坛、中国-中东欧进出境动植物检疫暨农产品质量安全合作论坛、中国—阿拉伯博览会等重大会议论坛平台,加强"一带一路"农业合作交流。在"一带一路"国际合作高峰论坛框架下,逐步建立"一带一路"农业合作对话机制、农业规划研究交流平台,依托"一带一路"网站建立农业资源、产业、技术、政策等信息共享平台。

共建境外农业合作园区。推动沿线国家企业合作共建农业产业园区,形成产业集群和平台带动效应,降低农业合作成本,增强风险防范能力。引导和支持企业参与农业合作园区建设和运营,围绕种植、养殖、深加工、农产品物流等领域加强基础设施建设,优化农业产业链条,为实现经济走廊和海上通道互联互通提供支撑。结合"一带一路"沿线国家的意愿和基础条件,共建一批农业合作示范区,构建"一带一路"农业合作的新载体和新样板。

六、行动与未来

长期以来,中国政府一直坚定不移地推进和扩大农业对外开放,优化政策体系,主动融入农业全球化发展进程。"一带一路"沿线一直是中国开展农业国际合作的重点区域,许多省区利用山水相连、文化相通等优势,与"一带一路"沿线国家开展了富有成效的互利合作。中国西部省区立足旱作农业与中亚国家开展粮食、畜牧、棉花等领域合作,北部省区在俄罗斯远东地区开展粮食、蔬菜等种植合作,中国南部省区立足热带农业,与东南亚、南亚国家开展粮食、热带经济作物等种植合作,发展态势良好,势头强劲,均取得了显著成效。另外，中国通过援建农业技术示范中心、派遣农业技术专家、培训农业技术和管理人员等方式，积极帮助“一带一路”沿线发展中国家提高农业生产和安全卫生保障能力，为保障世界粮食安全做出了积极贡献。

面向未来，中国将继续推动“一带一路”农业合作，积极参与区域性农业国际交流合作平台建设，支持多双边涉农国际贸易投资协定谈判，共同编制双边农业投资合作规划，增强对最不发达国家农业投资，推进实施“中非十大合作计划”，积极利用“南南合作援助基金”，开展农业领域南南合作，支持发展中国家落实2030年可持续发展议程，创新与发达国家农业合作方式，全面构建新型农业国际合作关系，推动全球实现农业可持续发展。

下一步，中国将积极推动境外农业合作示范区和境内农业对外开放合作试验区建设，内外统筹，与沿线国家在金融、税收、保险、动植物检验检疫等方面开展务实合作，加强人才交流和信息互通，分享农业技术、经验和农业发展模式，共同规划实施区域粮食综合生产能力提升、农业科技合作与示范、动植物疫病疫情联合防控、农产品产业一体化建设、贸易基础设施强化、农业研发促进培训综合平台、农业信息化体系建设等七大重点工程。

共建“一带一路”是中国的倡议，也是中国与沿线国家的共同愿望。中国愿与沿线国家一道，在既有的多双边合作机制框架下，兼顾各方利益，尊重各方诉求，相向而行，携手推动“一带一路”建设农业合作迈向更大范围、更高水平、更深层次，共同为提高全球粮食安全与营养水平，推进全球农业可持续健康发展做出更大贡献。

农业对外合作“两区”建设实施方案

为贯彻近年来中央一号文件关于农业对外合作的总体部署，落实《国务院办公厅关于促进农业对外合作的若干意见》精神，我部将围绕农业双向开放，积极探索“两区”建设，即境外农业合作示范区（以下简称“示范区”）和农业对外开放合作试验区（以下简称“试验区”），为企业走出去搭建境外、境内两类平台，形成我国农业对外开放合作的战略支点。为做好有关工作，制定本方案。

一、重要意义

当前，我国农业对外开放区域分布更加广泛、主体结构持续优化、领域不断拓宽，但也面临市场主体竞争力不强、对外投资产业链整合程度低、政策支持体系不完善、公共服务不健全等问题，亟须统筹推动解决。在此背景下，树立“创新、协调、绿色、开放、共享”五大发展理念，牢牢把握“一带一路”建设重大机遇，推动“两区”建设，内外衔接、组合发展，对于深化农业优势产能合作，开创农业对外开放合作的新局面具有重要意义。

在境外建设示范区是推动企业抱团走出去的重要形式，有利于形成境外产业集群和平台带动效应，优化分工、延长产业链，构建开放型农业对外投资合作的新载体和新样板，提升农业境外投资效率和风险应对能力。在境内建设试验区，有利于整合国内资源和开放条件，发挥现有农业高新技术产业示范区、自由贸易试验区等各类园区优势，带动农业优势产能国际合作，引进消化吸收国际先进经验、技术和模式，促进国内农业转型升级。同时，通过在试验区内创新和完善农业对外合作政策，有利于培育具有国际竞争力的跨国农业企业集团，搭建农业对外合作服务平台。“两区”建设对统筹解决农业对外合作存在的问题，形成推动农业对外合作的双轮驱动具有重大意义。

二、总体思路与目标

(一)指导思想

全面贯彻党的十八大和十八届三中、四中、五中全会精神，以及习近平总书记系列重要讲话精神，认真落实党中央、国务院决策部署，按照农业对外合作部际联席会议重点工作安排，开展示范区和试验区建设试点。以培育具有国际竞争力的跨国农业企业集团为目标，以政策创设为引领，以服务农业对外投资贸易为核心，在境外搭建农业走出去公共平台，推动企业抱团出海，促进产业聚集。在境内打造对接平台，以地方实践为基础，探索形成农业对外开放合作的新路径。以外带内、以内促外，形成组合拳，统筹推动农业走出去，有效提升我国农业全球竞争力、资源配置力、市场控制力和国际影响力。

(二)基本原则

坚持内外联动、服务主体。加强“两区”协同发展，示范区突出引领带动作用，试验区突出创新探索特点，发挥政策导向、平台支撑作用，实现互补协同，共同服务农业走出去企业主体，抵御农业走出去风险，提升农业走出去企业在全球产业链、物流链、价值链中的地位。同时加强与国内外其他涉农园区的紧密衔接，发挥财政、金融、保险、税收、通关、检验检疫等政策组合效应，服务新一轮农业对外开放。

坚持统筹谋划、合理布局。围绕国家对外开放总体战略，选择条件成熟的境内外重点企业和区域开展试点建设，强化顶层设计。统筹考虑政府和市场关系、国有企业和民营企业需求，总体规划，分步实施，滚动推进，加快形成内外联动、创新发展的农业对外开放新局面。

坚持政府协调、合作共赢。“两区”建设需各级政府部门引导和推进，特别是加强与国外的政府间协调，科学合理制定发展政策，优化营商环境，促进国际优势产能合作，实现互利共赢。

坚持扩大开放、服务发展。通过“两区”建设，探索出一套促进农业对外开放的新政策、新措施和新模式，从实践出发，促进农业供给侧结构性改革和农业对外投资合作体制机制改革，更好地服务现代农业发展。同时把握开放与产业安全的平衡点，既要坚持开放，又要维护好产业安全。

(三)主要目标

1.示范区

今年年内启动示范区试点工作，制定示范区认定考核办法，2016年年底前完成第一批示范区认定挂牌工作。结合境外农业投资合作的方向和重点,通过2年试点建设,打造一批多种类型与功能定位的境外农业合作示范区样板,培育一批具有国际竞争力的粮商与跨国农业企业集团,带动国内企业抱团走出去。

2.试验区

通过2年试点,在财政支持、金融保险、贷款贴息、外汇管理、检验检疫、人才集聚等政策创设方面取得新进展,推进农业对外开放与合作的体制机制进一步优化,形成一批具有借鉴价值和推广意义的经验模式,产业链进一步优化,农产品贸易进一步做强做优,试验区内形成一批具有较强国际竞争力的走出去企业。

三、建设任务

(一)示范区

1.打造境外农业产业集群

支持境外同区域的产业链关联企业建设各有特色的产业园区。围绕主导产业,促进产业链对接联合,集成各环节企业强项,提升产业链效率,降低交易成本。引导企业共建、共享涉农基础设施。发挥集群力量,降低单个企业前期投入负担和重复建设浪费。鼓励建区企业制定运作高效的管理委员会制度。提升示范区组织化程度,强化企业抱团应对政治、经济、自然风险的能力,增强企业的谈判优势和争取扶持政策的能力。

2.打造境外农业投资带动平台

引导企业提升示范区服务水平。在土地厂房租售、法律政策咨询、原料供应、产品销售、质量安全、安全保护、员工培训、产业与生活设施等方面,提升对入区企业的服务能力,提升示范区吸引力,使缺乏境外合作经验的企业能够"拎包入住",专注于自身核心优势开发。建立示范区支持服务机制。各级政府积极在境内境外组织机制化的招商引资与对接洽谈活动,降低搜寻成本,引导国内企业通过入区实现走出去,促进非农企业通过"借船"投资境外农业,帮助境外示范区完善产业链条,畅通市场化的资金投入渠道。

3.打造境外政策试验田和模式创新基地

创设一套针对性扶持政策。围绕境外农业示范区建设需求,结合《国务院办公厅关于促进农业对外合作的若干意见》落实情况和现有政策条件,集中创设一套集成财政支持、金融服务、信息服务为一体的政策措施,并引导获得关税配额的国有贸易企业在同等条件下优先购买示范区内企业生产的农产品,优先在示范区先行先试。鼓励示范区开展模式创新和产业孵化,培育农业国际竞争合作新优势。强化多双边机制保障。将示范区建设纳入多双边投资谈判、政策协调、交流研讨框架中,协助争取所在国优惠政策,积极联合所在国政府和企业共建示范区，强化对示范区的支持、宣介和保护。建立技术咨询服务平台。示范区认定考核技术支持机构要加强与国际化咨询企业的合作对接，帮助条件成熟的示范区完善国际化发展战略和资本运作方案，引导示范区树立全球视野，采用国际主流发展模式实现跨越发展。突出质量安全典范。按照所在国和中国农产品质量安全卫生标准及要求，不断提质增效升级，创建高质量农产品品牌，发挥示范影响。

4.打造中国农业对外投资合作标志工程

加强对示范区的考核和监督。综合利用示范区认定、考核和企业信用评价手段，规范在外企业经营行为，引导示范区贯彻执行负责任农业投资原则，积极履行社会责任，塑造互利共赢的标志工程。建立动态管理机制，明确挂牌和摘牌标准，确保示范效果。加强境内外舆论引导。积极宣传企业发展成就以及对当地的经济社会贡献。

5.打造重点国别境外农业合作大本营

在"一带一路"农业合作和农业走出去的支点国家，强化示范区的辐射作用、联络作用和组织水平，提升对所在国示范区内外企业的串联作用，强化执行国家战略行动的带动能力，以及应对突发事件的组织协调能力。逐步确立农业走出去战略布局和安全防范的支点地位。

(二)试验区

1.打造国际投资新规则对接平台

熟悉和试验相关规则。引导企业熟悉和利用有关国际规则，提高投资运作的国际化水平；试验国际经贸新规则、新标准，积累新形势下参与多双边及区域合作的经验。创新农业对外开放合作体制机制。探索建立农业对外开放合作所要求的管理机制，探讨提出能够反映发展中国家需求的模式，为涉农国际标准、规则、公约的谈判与制定工作提供建议。打造投资促进平台。提供政策信息咨询、产业对接、项目推介、融资担保、租赁、信用评级，以及投资纠纷防范和法律咨询顾问等全方位服务，特别是为跨国农业企业提供对外投资促进、风险预警和权益保障等事前与事后服务，帮助外商与招商项目载体进行高效对接。

2.打造农业对外合作政策集成试验平台

创新和完善财政支持制度。在国家层面或省级层面扶持农业对外开放合作的创新性财政政策要优先支持试验区开展试点，评估政策效果，探索形成政策支持路径。现有相关强农惠农政策向符合条件的农业走出去企业倾斜。优先推荐农业走出去企业申报国家级农业龙头企业、国家高新技术产业化推进项目、农产品精深加工项目和技术改造贴息项目等强农惠农政策。创新金融服务制度。鼓励商业银行按照风险可控、商业可持续原则，针对农业对外合作项目周期长、投入大的特点，合理确定贷款期限和利率，扩大贷款规模。

对走出去的企业，支持和鼓励符合条件的企业进入资本市场融资，支持企业以境外资产和股权抵质押获得贷款；优先推荐农业走出去企业申报国家级农业龙头企业、国家高新技术产业化推进项目、农产品精深加工项目和技术改造贴息项目；推进外保外贷、外保内贷和贷款贴息等金融政策的实施，支持企业以境内外资产、股权等抵质押方式获得贷款；创新境外企业资金融通模式；创新拓展人民币回流机制，探索符合试验区涉外经济发展的外汇管理模式，促进贸易投资便利化。建立和完善保险体系。鼓励保险公司开发和完善专门针对农业对外投资的保险险种，主要承保企业在境外农业投资过程中可能发生的政治、汇率、自然灾害等风险。落实税收优惠政策。加快与农业对外投资贸易重点国家商签避免双重征税协定，执行好现有协定。建立农产品风险防控体系。提升质量安全及疫情防控水平，在安全保障基础上提供通关便利化服务。

3.打造农业对外合作服务平台

加强信息服务能力建设。建设信息服务系统，构建境外投资农业企业数据库，将国内外有关部门制定的相关政策及时反馈给企业；了解境内外企业需求，为走出去企业提供服务；建立国别信息共享平台，方便走出去企业了解目标国政治、法律、贸易、经济、质量安全、税收、劳工、社会环境、宗教、习俗等信息。建立技术咨询服务平台。协助企业制定资本、市场、人才等国际化战略，培育一批市场化、专业化、国际化发展的本土跨国公司。重点项目可纳入双边合作。引导企业在资本走出去的同时，加强品牌、技术、标准、服务、文化走出去。建立农业走出去行业协会。促进上下游不同企业、涉农企业和非农企业、国有企业和民营企业之间组建联盟或协会，推动企业间分享经验、共享资源、加强合作、抱团出海、互通信息，促进农业对外开放合作健康有序稳步发展。建立企业信用评价体系。探索建立走出去企业信用评价体系，以适当方式对外公布或推荐信用状况良好的企业。建立农产品出口基地与物流平台。加快标准化农产品出口基地和出口农产品质量安全示范区建设，拓展农业发展空间，引导农业企业开拓国际市场扩大出口，提高农产品国际市场竞争力。建立健全检验检疫、退税、跨境支付、物流等服务系统，发挥港口码头的物流仓储功能，充分利用具有保税功能的海关监管区域，发展交易结算、现货和期货交割、冷链物流等现代物流业，打通农产品境内外运转通道。开展宣传与培训。宣传东道国国家政策、法律、贸易、经济、质量安全、税收、劳工、社会环境、宗教、习俗等；定期与驻外使领馆及境外商协会等机构对接，推动国际交流与合作；境内外联合开设培训机构，培训引进来和走出去技术、管理人员。

4.打造农业引资引智引技支撑平台

完善境内外资本融通渠道。在依法合规、风险可控、商业可持续的前提下，引导金融资本支持农业对外合作，创新投资审批制度，简化程序、提高效率，建立符合国际惯例的商事登记制度，主动适应外商投资准入前国民待遇加负面清单管理模式，引导外资更好服务我国现代农业发展。构建科技支撑与人才培训平台。围绕农业对外合作实施人才培养系列工程，推动人才工作体制机制、服务保障、人才载体等创新，强化科技人才支撑，创造有利于人才集聚、发展的环境；加大与高等院校和有比较优势的国家合作联系，搭建人才、项目平台，促进产学研结合和科技成果转化，培育外向型人才队伍。营造良好的科技创新氛围。面向国内外市场，引进和推广应用高新技术，壮大中小企业；推动科技与金融深度融合，完善科技创新公共服务平台和体系，营造创新创业的良好环境。

四、组织实施

（一）创建条件

1.示范区

示范区建设试点将基于境外中资控股的基础设施完备、农业主导产业明确、公共服务功能健全、具有聚集和辐射效应的农业产业园区。申请示范区认定和考核需要具备以下条件：

一是园区应覆盖试验研发、生产加工、仓储流通中的多个环节，集中多个主体，发挥多个功能。园区建设致力于发挥集群效应和平台作用，提升产业链话语权，降低交易成本，增强谈判能力。

二是园区实施企业（或建区企业）具有较强的投融资、招商和抗风险能力；具备在国内建设农业产业园的经验或在境外牵头开展农业投资经营实力；有与当地政府、公益组织、协会、媒体等沟通协调能力。

三是园区建设须符合农业走出去战略需要和所在国产业发展需要。有科学清晰的产业定位和发展规划。具备一定规模的基础设施投入，已建立运营管理机制和服务体系，有较为国际化的管理团队，并有多个入区企业。

四是园区所在国政局稳定，对华友好，农业资源丰富，与我国农业发展互补性强。具备满足示范区发展需要的农业市场体系、农业公共服务体系、农业贸易流通体系。

2.试验区

试验区试点将从农业对外合作发展基础较好，有一定的农产品全球配置能力，可与现有各类试验区相结合的区域选择。拟申请建设试验区试点的地区需具备以下条件：

一是当地政府推动农业对外开放合作工作协调机制较为健全，农业对外合作基础良好。

二是区域内市场主体的农业对外合作意识较强，重视农产品品牌、技术走出去，在农产品产业链、物流链、价值链等关键环节上有国际基础。

三是试验区具备地缘、人文、经贸合作、产业特色优势，辐射带动农业对外合作的潜力大。

四是农业外事外经外贸机构和人员队伍完整。

已设有或已纳入国家自主创新示范区、国家综合配套改革试验区、自由贸易试验区、农业高新技术产业示范区、农业高新技术开发区、国家农业科技园区、跨境经济合作区、边境经济合作区、境外农业合作示范区、华侨经济文化合作试验区、高技术产业基地、农产品出口基地、农业走出去人才培训基地等各类试验区(基地)的市县,在同等条件下优先考虑。

(二)认定与创建程序

示范区由牵头实施企业提出认定申请。基本程序为材料申报、省级初审、企业答辩、专家评审、认定和授牌。示范区申报按照属地管理原则,由省级农业行政主管部门受理实施企业提出的申请,提出初审意见报农业部。中央企业通过企业总部直接向农业部提出申请。黑龙江农垦、广东农垦及地方省级农垦企业集团直接向农业部提出申请。

试验区以县和县级市、区以及符合条件的地级市(区)为单位提出认定申请。基本程序为材料申报、省级初审、市县答辩、专家评审、认定和授牌。试验区由市县政府提出申请,省级农业行政主管部门初审后报农业部;农业部对省级初审意见和申报材料组织评审,进行认定和授牌。

国务院关于积极有效利用外资推动经济高质量发展若干措施的通知（摘要）

（国发〔2018〕19 号）

利用外资是我国对外开放基本国策和构建开放型经济新体制的重要内容。要贯彻落实党中央、国务院关于推动形成全面开放新格局的决策部署，实行高水平投资自由化便利化政策，对标国际先进水平，营造更加公平透明便利、更有吸引力的投资环境，保持我国全球外商投资主要目的地地位，进一步促进外商投资稳定增长，实现以高水平开放推动经济高质量发展。

《通知》从六个方面提出积极有效利用外资的政策措施。

一是大幅度放宽市场准入，提升投资自由化水平。全面落实准入前国民待遇加负面清单管理制度，2018 年 7 月 1 日前修订出台全国和自由贸易试验区外商投资准入特别管理措施（负面清单）。稳步扩大金融业开放，完善合格境外机构投资者制度，积极引入境外交易者参与原油、铁矿石等期货交易，支持外资金融机构更多地参与地方政府债券承销。持续推进服务业开放，深化农业、采矿业、制造业开放。

二是深化"放管服"改革，提升投资便利化水平。持续推进外资领域"放管服"改革，进一步下放外资审批权限，支持地方政府开展相对集中行政许可权改革试点。提高外商投资企业资金运用便利度，提升外国人才来华工作和出入境便利度。

三是加强投资促进，提升引资质量和水平。优化外商投资导向，引导外资更多投向中西部地区和现代农业、生态建设、先进制造业、现代服务业。支持外商投资创新发展，鼓励外资并购投资。完善和用好用地、社保等支持政策，降低外商投资企业经营成本，加大投资促进工作力度。

四是提升投资保护水平，打造高标准投资环境。加大知识产权保护力度。推进专利法等相关法律法规修订工作，大幅提高知识产权侵权法定赔偿上限，严厉打击侵权假冒行为。保护外商投资合法权益，完善外商投资企业投诉工作部际联席会议制度，建立健全各地外商投资企业投诉工作机制

五是优化区域开放布局，引导外资投向中西部等地区。拓宽西部地区和东北老工业基地的外商投资企业融资渠道，降低外商投资企业物流成本。加快沿边引资重点地区建设，打造西部地区投资合作新载体。

六是推动国家级开发区创新提升，强化利用外资重要平台作用。促进开发区优化外资综合服务，发挥开发区示范带动提高利用外资水平的作用。加大开发区引资金融支持力度。健全开发区双向协作引资机制。

2004~2010年河南省农业利用外资规划

（河南省农业厅，2004年7月27日）

为贯彻落实《中共河南省委　河南省人民政府关于加快发展开放型经济的若干意见》（豫发〔2003〕18号），在更大范围、更广领域和更高层次上参与国际经济技术合作和竞争，充分利用国际国内两个市场、两种资源，积极、合理、有效地利用外资，推动河南农业和农村经济持续、快速、健康发展，实现中原崛起，特编制《2004~2010年河南省农业利用外资规划》。

一、河南省农业利用外资的状况

（一）农业利用外资成效显著

改革开放以来，河南省认真贯彻落实党中央、国务院关于对外开放的一系列方针政策，全面实施“开放带动战略”，努力扩大农业对外开放，农业利用外资取得了显著成效。

1.农业利用外资规模不断扩大

1982年，河南省引进世行贷款华北平原农业项目，这是河南省引进的第一个农业外资项目。截至目前，据不完全统计，河南省先后引进各类农业外资项目149个，金额52200万美元。以外商直接投资农业为例，从1997~2003年7年间，河南省外商投资农业合同利用外资金额由1555万美元增加到4354万美元，年均增长18.73%；实际利用外资由 477 万美元增加到 2084 万美元，年均增长 27.86%。

2.农业利用外资结构日趋优化

从外资的渠道来源看，既有联合国粮农组织、世界粮食计划署等国际农业组织，世界银行、亚洲开发银行等国际金融组织，也有双边及多边政府组织、民间组织以及其他渠道。从外资的利用方式看，既有国际发展援助、对外借款，也有外商直接投资。从外资的使用方向看，既有以中低产田改造为主的基础设施建设、农产品深加工，也有高科技产业的开发。从外资的地区分布看，既有经济发达地区、经济欠发达地区，也有全国重点贫困地区。全省农业利用外资工作形成了多渠道、多形式、全方位的新局面。

3.农业利用外资质量逐步提高

近年来，河南省农业利用外资改变了过去片面追求引进国外资金的做法，实现了向资金、技术、人才、信息和管理经验并举的转变；改变了过去引资主要用于基础设施建设和农产品深加工的做法，实现了向注重优势产业开发和提高农产品生产科技水平的转变；改变了过去片面追求国际发展援助的做法，开始逐步向外商直接投资农业转移。特别是三门峡湖滨果汁有限责任公司股票今年 3 月在新加坡挂牌交易，标志着河南省农业利用外资在方式上实现了新突破，这也是我国首家果汁企业股票在境外挂牌交易。

4.农业利用外资作用更加明显

农业利用外资弥补了河南省农业建设资金的不足，优化了农业资源配置，加速了对传统农业的改造；改善了农业生产条件，提高了农业综合生产能力，推动了农业和农村经济结构的战略性调整；引进了先进的技术，加快了优势产业和优势产品的开发，增强了农业国际竞争力；培育了具有国际竞争力的市场主体和现代新型的管理人才，促进了外向型农业的发展。

(二)农业利用外资中存在的主要问题

河南省农业利用外资工作经过了启动摸索、调整完善和稳步发展三个阶段，取得了很大进展。但由于诸多限制因素的影响，还存在一些不容忽视的困难和问题，亟待解决。

1.农业利用外资金额偏少，资金到位率低

1997~2003 年间，外商在河南省直接投资项目 2087 个，实际投资 406760 万美元；其中农业直接投资项目仅有 99 个，实际投资 8127 万美元，项目个数和实际投资分别占全省的 4.7%和 2%，实际投资额低于全国 3%的平均水平。1997~2003 年，外商直接投资河南省农业协议金额为 19555 万美元，实际投资金额为 8127 万美元，资金到位率只有41.56%，低于其他行业资金到位率 69%的平均水平。

2.外商投资农业项目规模普遍较小，作用受到限制

从 1997~2003 年 7 年间，外商实际投资农业平均每个项目金额为 82 万美元，比外商

实际投资所有行业平均每个项目规模195万美元少58%,也大大低于全国110万美元的平均规模。由于项目投资规模过小,在推动河南省农业生产方式的根本性转变方面难以发挥更大的作用。

3.农业组织化程度低,引资主体实力弱

目前,以家庭承包经营为主要内容的生产方式,组织化生产程度,使得外商直接投资项目与河南省分散经营的农户在生产的组织形式上难以实现对接,在开展有效的管理与运作方面遇到一些障碍,很大程度上影响了外商的直接投资。近年来,河南省农业产业化经营组织发展较快,但与国外企业相比,大部分经济实力不强,技术和管理水平相对落后,因此在合资合作中,不能处于对等地位,影响了一些项目的合作成功。

4.项目管理存在着一些弊端,影响了利用外资的效果

从项目资金配套看,由于地方财政困难,市、县两级承诺的配套资金一般很难兑现,作为配套资金主渠道之一的国内银行贷款有时也难以全部落实。从论证机制看,项目论证过程中,项目的决定权在外方,中方多数情况下只充当信息和资料的提供者。为了争取到项目,往往考虑部门和局部利益多于项目的整体效益。从监评机制看,农业外资项目均设立有监测评价体系,但少数项目监评系统的应有作用还不够明显。从发展规划看,由于没有一个切实可行的长远规划,造成了农业外资项目在产业和区域布局上的不合理性。

5.投资环境尚不理想,限制了外资的大量流入

在硬环境方面,河南省农村基础设施比较薄弱,道路交通、供水供电、通信条件相对滞后;农产品市场流通和信息网络不健全,社会服务设施不完善,农业生态环境保护不够,难以为外商提供良好的生产和生活环境。在软环境方面,个别地方对外商投资企业乱检查、乱收费、乱摊派、乱罚款的问题仍然存在;个别合资合作项目中不信守合同、不兑现承诺和侵犯外商权益的现象时有发生;少数部门服务意识淡薄,审批程序繁杂,办事效率低下;农村社会化服务体系不健全,缺乏现代农业所需的良好的人才基础。

(三)农业利用外资面临的形势

目前,生产国际化、经营全球化、市场一体化步伐日益加快,资本、商品、服务、技术、信息等已超越国界大规模流动,实现全球范围内的资源重组和优化配置。去年我国实际利用外商直接投资535.05亿美元,已超过美国成为世界第一大引资国,外资在促进我国经济长期、持续、高速增长方面,发挥了不可替代的作用。

省委、省政府把开放带动作为加快河南省经济发展的主战略,出台了《中共河南省委河南省人民政府关于加快发展开放型经济的若干意见》(豫发〔2003〕18号)文件,并逐条分解落实到各省辖市和20多个省直部门。省委、省政府在制定的大力引进外资的各项政策措施中,对农业对外开放工作给予了高度重视,要求积极引导、鼓励外资重点投向农业

和农产品加工业。

从2002年8月开始实施《无公害农产品行动计划》以来，全省已建立国家级无公害蔬菜示范基地创建县4个，18个省辖市全部建立了市级农产品质量安全检测中心。两年间，省认定无公害农产品产地457个，面积达680万亩。河南省无公害、绿色、原产地认证的健康快速发展，为农业利用外资创造了基础条件。目前，河南省有国家及省重点农业龙头企业80家，区域性重点农业龙头企业255家。农业龙头企业在开展国际合作中积累了丰富的与国际投资对接的经验，在多层次、多渠道引进外资的过程中，发挥出越来越大的市场主体的作用。

农业是河南省利用外资最早的行业之一，但与我国利用外资的总体发展形势相比，与本省其他行业利用外资规模相比，仍然存在着很大的差距。从长远来看，农业仍将是国民经济的重点产业，也是长期利用外资的重点领域，根据世贸组织规则和河南省农业投入现状，河南省每年对农业的投入大约还有130亿元的空间。因此，积极、合理、有效地利用外资，借助外力，发展自我，对于加速传统农业改造，推进农业现代化，意义十分重大。

二、河南省农业利用外资的指导思想、遵循原则及总体目标

（一）指导思想

以全面建设小康社会实现中原崛起为目标，认真实施开放带动主战略，继续贯彻积极、合理、有效利用外资的方针，努力扩大规模，优化结构，提高质量，进一步改善投资环境，强化产业导向，培育引资主体，拓展引资渠道，在坚持积极争取国际直接投资、间接投资和援助的同时，大力引进国外农业先进技术、关键设备、管理和人才，强力推进农业全方位、多层次的对外开放。

（二）遵循原则

一是有利于农业和农村经济结构的战略性调整，改造传统农业。二是有利于农业科技创新、体制创新、机制创新和人才创新，提升农业的科技含量。三是有利于推动农业产业化，增强农业国际竞争力，扩大农产品出口，增加农民收入。

（三）总体目标

2004~2010年，全省农业利用外资总额争取达到5亿美元，其中，外商直接投资达到4亿美元，占80%；国际间接投资达到7500万美元，占15%，其他渠道和方式利用外资达到2500万美元，占5%。同时，引进国际先进农业技术50项，农业高科技人才100人。

三、河南省农业利用外资的重点和布局

(一)农业利用外资的重点

通过强化产业导向,引导外资重点投向以下几个领域:

1.农业综合开发

通过在一个特定的区域范围内,选择农、林、牧、渔多项优势产业,或在一个优势产业带内,选择具有比较优势的单项或多项农产品,从生产、加工、流通多方面进行综合开发。

2.农产品精深加工

围绕河南省优质粮食、棉花、油料、蔬菜、水果等作物以及畜禽等产品,开展精深加工、贮藏保鲜和运输销售。

3.新品种、新技术的引进

重点引进具有国际领先水平的粮食、棉花、油料、蔬菜、水果等农作物优良品种,畜禽品种、种苗、生物技术、产品储运和精加工转化技术,节水灌溉、旱作农业、机械配方施肥、园艺配套栽培技术,农作物病虫害和畜禽疫病防治技术等。

4.高新技术产业开发

通过国外高新农业技术的引进、研制、开发和推广,形成具有国际竞争优势的新的产业体系。

5.中低产田改造和农业基础设施建设

通过改造中低产田和对荒山、荒坡、荒滩、荒水进行开发,建设粮、棉、油、蔬菜、花卉、林果、中药材以及畜禽产品、水产品等优势农产品生产基地。

(二)重点项目及其布局

根据农业部《优势农产品区域布局规划》和河南省优势农产品区域布局,结合河南省实际,重点发展粮食作物、优质棉花、油料、蔬菜、水果、食用菌、中药材、花卉、茶叶、畜牧10类农产品生产基地、农产品深加工及农产品质量安全体系建设。

1.粮食作物:优质小麦和专用玉米产业化开发项目

建立制种基地和标准化生产示范基地,扩建或改造加工生产线。优质小麦主要分布在新乡、焦作、安阳、驻马店、周口及信阳6市所辖的20个县。专用玉米主要分布在洛阳、周口、商丘、南阳、驻马店及漯河7市所辖的25个县(市)。

2.棉花:优质棉花产业化开发项目

建立原种生产和良种繁育基地,扩建、改造良种棉加工厂,建立优质棉标准化生产示

范基地。优质棉花主要分布在周口、商丘、开封、南阳 4 市所辖的 20 个县。

3.优质油料:优质芝麻和优质花生产业化开发项目

建立原种生产和良种繁育基地,建立优质油料标准化生产示范基地,扩建、改造加工生产线。优质芝麻主要分布在驻马店、周口、南阳 3 市所辖的 10 个县(市)。优质花生主要分布在驻马店、南阳、商丘、郑州、开封、安阳、濮阳、鹤壁、新乡、周口 10 市所辖的 20 个县。

4.蔬菜:优质大蒜、优质辣椒产业化开发项目和其他特种优质蔬菜产业化开发项目

建立优质蔬菜标准化生产基地,扩建、改造生产加工线。优质大蒜主要分布在郑州、开封、商丘 3 市所辖的 5 个县;优质辣椒主要分布在南阳、商丘 2 市所辖的 5 个县;其他特种优质蔬菜主要分布在郑州、开封、商丘、南阳、安阳、漯河 6 市所辖的 10 个县。

5.水果:优质苹果产业化开发项目

建立无病毒良种苗木繁育基地和标准化生产示范基地,扩建或改造苹果加工生产线。优质苹果主要分布在三门峡、商丘 2 市所辖的 7 个县(市)。

6.食用菌:优质食用菌产业化开发项目

扩建、改造菌种厂,选育开发珍稀品种;建立标准化生产基地,建立食用菌生产加工厂。食用菌主要分布在南阳、三门峡、平顶山、周口、驻马店 5 市所辖的 12 个县。

7.中药材:名贵中药材产业化生产与开发项目

改良、选育中药材新品种,建立名贵中药材生产基地,完善中药材市场。中药材主要分布在新乡、焦作、洛阳、南阳、许昌、周口、商丘 7 市所辖的 15 个县(市)。

8.花卉:名优花卉及观赏苗木生产、开发项目

引进、改良、繁育花卉新品种,建立标准化名优花卉基地,建立花卉交易市场。花卉主要分布在洛阳、南阳、许昌、开封、濮阳、信阳 6 市所辖的 8 个县(市)。

9.茶叶:优质茶叶产业化开发项目

完善有机茶园生产基地的基础设施,改良茶叶品种,提高茶叶品质,扩建改造茶叶加工厂,建立茶叶交易市场。茶叶主要分布在信阳、南阳 2 市所辖的 8 个县(区)。

10.畜牧:黄河滩区绿色奶业示范带和豫东平原奶牛养殖基地开发项目、中原肉牛带开发项目、中原肉羊带开发项目、京广沿线优势生猪产业带开发项目和优质水禽开发项目

引进国外优良品种,建立完善优良品种繁育推广体系和畜产品疫病防治体系,种植牧草,建设加工生产线,扩大生产加工能力。奶牛主要分布在郑州、洛阳、开封、新乡、商丘、焦作 6 市所辖的 12 个县(区)。肉牛主要分布在南阳、驻马店、商丘、周口 4 市所辖的 15 个县(市)。肉羊主要分布在开封、商丘、周口、南阳 4 市所辖的 15 个县。生猪主要分布在安阳、鹤壁、新乡、郑州、许昌、漯河、驻马店、信阳 8 市所辖的 20 个县(市、区)。水禽主要分布在信阳、周口 2 市所辖的 10 个县(区)。

四、主要保证措施

（一）提高农业组织化程度，打造与外商投资对接的平台

其一，要认真解决家庭承包经营体制下的小规模生产方式与国际化大市场的矛盾，本着依法、自愿、有偿的原则，采取转包、出租、互换、转让或其他方式，实现土地高效、有序流转，推进农业向规模化、现代化发展。其二，重点推行劳动、技术集约，积极推动管理集约，适度推进资金集约，走劳动、技术、资金、管理集约相结合的道路，不断提高农业集约化水平。其三，按照“民办、民管、民受益”的原则，大力发展农民专业合作经济组织，为农民进入市场提供组织保障。其四，培育和完善农业产业化经营组织，密切各方利益联结关系，通过生产基地、龙头企业、中介组织和专业批发市场等带动，打造与外商在经营组织和生产方式上对接的平台。

（二）培育农业利用外资的主体，提高与外商的合作能力

第一，继续对国家及省重点龙头企业，以及区域性重点龙头企业进行强力扶持，增强综合实力，提高与国外企业在合作中的对等地位及成功率。第二，选择一些现有经营基础好、经济实力强、发展潜力大的乡镇企业和民营企业，按照现代企业制度要求，组建现代农业集团，使之成为外商投资的有效载体。第三，对现有的国有农场，从管理体制到运行机制进行根本性的改组改造，拓展和扩大其生产经营活动的产业部门及地域空间，使其最终成为吸纳外资的有生力量。第四，利用目前国有资产管理体制改革的契机，引导部分非农产业的国有资产、科技和经营管理人才流向农业部门，建立区域性乃至全省性的大型股份制农业企业集团，以充分发挥其在农业利用外资中的重要作用。

（三）坚持多元化的引资方式，进一步拓宽引资渠道

一是以外商直接投资为重点，尤其是吸引跨国公司投资。外商投资河南省农业，在一定程度上也标志着国外资金、技术、设备、人才、信息、管理等一揽子生产要素，向河南省农业进行国际移动，这对改造河南省的传统农业非常有利，可以明显改善利用外资结构。二是合理利用国外贷款。尽可能多地争取国际金融组织和外国政府优惠贷款，适度利用国际商业贷款。三是继续积极争取国际发展援助资金。四是对一些农业综合开发或创汇农业项目，特别是高科技含量、高附加值的项目，可积极采用融资租赁、合作开发、项目融资、境外上市、跨国并购等方式；对于一些农业基础设施项目，凡具有一定经济效益的，也可采用 BOT 方式吸引外商投资。五是建立农业利用外资项目库，定期发布重点招商项目，广泛采用上门招商、中介招商、委托招商、网上招商、以商招商等方式，扩大农业利用外资规模。

（四）完善外资项目管理体制，确保农业利用外资的质量和效果

一是全面落实对外已承诺的配套资金。对于重点项目，要列入省级投资计划，妥善安排基建投资和银行信贷；对于国外提供的长期、稳定、优惠贷款，在统筹安排的基础上，可用地方已建立的各项支农基金与之配套；对某些国家重点大型农业项目的人民币贷款，银行要实行低利率，差额部分由政府财政补贴；对一般项目，政府和银行在安排投资或贷款时也应优先考虑，以提高资金到位率。二是强化农业外资项目管理。建立有效的项目规划、论证机制、公正独立的监测评价机制及定期审计机制，提高农业外资项目的质量和效益。

（五）进一步改善投资环境，增强农业利用外资的吸引力

努力改善投资环境，是农业更多利用外资的先决条件。其一，要加快农业基础设施建设。在目前以政府投资为主的基础上，积极运用税收、贴息、补助等多种经济杠杆，鼓励和引导各种社会资本向农业基础设施建设投入，加快对农田水利、乡村道路、农村电力通信等设施的改造。其二，加强对农村经济环境的综合整治。大力整治"四乱"，营造良好的社会环境；规范市场秩序，营造良好的市场环境；保护投资者的合法权益，营造良好的法制环境。其三，建立健全农村社会化服务体系。完善中介组织，强化服务功能，努力为外商在资金、技术、人才、法律、信息、物资供应和产品流通等各个方面，提供全面的、及时的、良好的服务。其四，加大培训力度，提高农民的技能和知识水平，构建高素质的农业劳动力资源体系。其五，转变政府职能，深化行政审批制度改革，建立行为规范、运转协调、公正透明、廉洁高效的行政管理体制。其六，认真贯彻《中共河南省委河南省人民政府关于加快发展开放型经济的若干意见》（豫发〔2003〕18 号）和《河南省人民政府关于进一步扩大农业对外开放的意见》（豫政办〔2002〕91 号）精神，把鼓励外商直接投资农业的各项优惠政策真正落到实处，并用足用好。

（六）切实加强领导，努力把农业利用外资工作提高到一个新水平

农业利用外资涉及农业、农村和农民问题，范围广、政策性强。各级党委和政府一定要把农业利用外资工作作为发展外向型农业的重点，认真研究制定本地、本部门的发展思路、目标任务、战略举措，切实加强组织领导。及时研究、协调和解决农业利用外资工作中的重大问题；各有关部门要加强沟通协调，相互配合，整合资源，形成合力，为农业利用外资共同努力；要建立农业利用外资专项资金，为项目前期准备、国内配套资金和奖励基金提供保障；制定具体的吸引外资的奖励办法，建立并完善农业利用外资的考评机制和激励机制，严格落实奖惩措施；要高度重视农业利用外资人才的培养，努力造就一支熟悉农业利用外资工作的高素质人才队伍；要发挥舆论导向作用，加强对外宣传，为农业利用外资营造良好的舆论氛围。

河南省人民政府关于进一步做好利用外资工作的实施意见

豫政〔2010〕55 号

各省辖市人民政府，省人民政府各部门：

为贯彻落实《国务院关于进一步做好利用外资工作的若干意见》（国发〔2010〕9 号）精神，进一步提高利用外资质量和水平，更好地发挥外资在推动科技创新、产业升级、区域协调发展等方面的积极作用，加快我省开放型经济发展，现提出如下实施意见：

一、优化利用外资结构

（一）进一步扩大开放领域。鼓励外资投向高端制造业、高新技术产业、新能源和节能环保产业、现代农业及物流、商业、旅游、医疗、金融、保险、教育、咨询服务、文化产业等现代服务业。继续鼓励外商在我省发展符合环保要求的劳动密集型产业。

（二）优化土地配置。完善建设用地指标配置方式，对列入国家《外商投资产业指导目录》的鼓励类外商投资项目和《中西部地区外商投资优势产业目录》中属于我省优势产业的外商投资项目，优先安排和保障建设用地，在确定土地出让底价时可按不低于所在地土地等别相对应《全国工业用地出让最低价标准》的 70%执行。

（三）鼓励外商投资高新技术企业，改进高新技术企业认定工作。外商投资企业委托相关科技评估机构进行评估的，评估费用按最低标准收取。同时，认定部门要创新工作方法,缩短认定备案时间。

(四)鼓励跨国公司在豫设立地区总部、研发中心、采购中心、财务管理中心、结算中心以及成本和利润核算中心等功能性机构。对经过认定的国家级和省级研发机构分别给予一次性200万元、100万元的项目资助。在2010年12月31日以前,对符合规定条件的外资研发中心确需进口的科技开发用品免征进口关税和进口环节增值税、消费税。

(五)落实和完善支持政策,鼓励外商投资服务外包产业,引入先进技术和管理经验,提高我省服务外包产业国际竞争力。省财政设立服务外包发展专项资金,主要用于与中央扶持资金配套、服务外包业国际市场开拓、专业人才培训、资质认证、科技研发、平台建设及与服务外包相关的配套服务和特定环境改善等。

二、促进利用外资方式多样化

(六)在项目建设用地、环保、财税、金融、用工、审批、核准(备案)、规划等方面,认真落实我省已出台的加快开放型经济和产业集聚区发展的一系列政策措施。国家和我省出台的促进产业结构调整政策、产业振兴规划中的政策以及加快产业集聚区发展的财政支持政策,同等适用于符合条件的外商投资企业。

(七)支持A股(人民币普通股票)上市公司引入境内外战略投资者,实现优势互补、强强联合。采取有效措施,切实解决上市后备企业在改制中遇到的项目环评、产权确认、土地征用、行政收费等问题,并在工业结构调整资金、现代物流专项资金、国债项目财政贴息资金等各类政策性资金安排上及申报国家高新技术产业化项目等方面向符合条件的省定重点上市后备企业倾斜。

(八)省财政每年安排1亿元专项资金,用于开展投资促进及产业集聚区承接产业转移和重大招商引资项目的奖励。

(九)鼓励外商投资企业增资扩股。外商投资企业增资扩股在1000万美元以上的,由当地财政按实际到位金额的一定比例奖励企业经营者。

(十)利用境外资本市场,积极支持符合条件的企业到境外上市。各级、各有关部门要加强对重点境外上市后备企业的培育,形成上下联动、齐抓共管的工作机制,切实做好企业境外上市的协调推进工作。对2010至2012年成功实现境外上市的企业,省财政按募集资金数额的1%给予奖励。

(十一)支持符合条件的外商投资企业境内公开发行股票、企业债券和中期票据,拓宽融资渠道。提高上市外商投资企业再融资能力,支持符合条件的已上市外商投资企业采取定向增发、发行可转换债券等进行再融资,扩大企业融资规模。引导金融机构继续加大对外商投资企业的信贷支持力度。

(十二)鼓励外资银行到我省设立分支机构和开办业务,当地政府可给予适当补助或补贴。加快推进利用外资设立中小企业担保公司试点工作。支持外商投资设立融资租赁公司、经营租赁公司。鼓励外商投资设立创业投资企业,积极利用私募股权投资基金,完善退出机制。

(十三)鼓励外资参与国有企业改组改造,促进体制和机制创新。进一步完善促进外商投资企业发展的社会保障环境,外商并购国有企业后设立的外商投资企业,在劳动关系处理、经济性减员和社会保障等方面按照国民待遇执行国家现行法律规定和制度。完善产权交易机制,为外商以并购、参股等方式投资提供便利、规范的服务和环境。

三、深化外商投资管理体制改革

(十四)进一步下放权限。《外商投资产业指导目录》中总投资(包括增资)3 亿美元以下的鼓励类、允许类项目,除《政府核准的投资项目目录》规定需由国务院和省政府有关部门核准外,由各省辖市、县(市)发展改革部门或产业集聚区(含国家级、省级开发区,省政府批准的城市新区)管委会按属地原则进行核准,合同、章程按属地原则备案。涉及进口设备总投资在 1 亿美元及以上至 3 亿美元以下的鼓励类项目,由省发展改革委核准,合同、章程由省商务厅备案。宏观调控行业和外商投资有专项规定的行业,按现行规定办理。

各级项目核准机关对鼓励类、允许类外资项目不得进行咨询评估,不得对项目申请报告编制资质提出要求,除国家和省规定外不得擅自增加报送条件,必须按国家和省规定规范项目核准行为,对要件齐全、符合要求的必须在 10 个工作日内完成核准。

(十五)下放部分外资项目环保审批权限。将承接产业转移并进入产业集聚区的食品、农产品加工(不含发酵)、纺织(不含印染)、服装及鞋业制造、纸制品、印刷业、皮革制品(不含制革)、陶瓷、机械(不含电镀)、信息电子及通讯设备制造(不含线路板)、医药品的混装制剂等行业的外资项目环评审批权限下放至省辖市。其他项目属省级审批的,要即报即审,压缩审批时间;属国家审批的,要积极配合,做好汇报和争取工作。

(十六)服务业领域外商投资企业的设立(金融、电信服务除外)由各省辖市商务局、国家级开发区管委会按照有关规定进行核准(有专项规定的除外)。

(十七)在全省实行外商投资项目无偿代理制。按照《河南省外商投资项目代理制暂行办法》,省、省辖市、县(市、区)商务部门无偿代理外资项目核准、合同章程备案及工商、税务、外汇、海关登记或备案等事项。同时,为提高工作效率,对重大外商投资项目,有关部门要联审联批,限时办结。

四、营造良好的投资环境

(十八)规范和促进产业集聚区发展,发挥其在体制创新、科技引领、产业集聚、土地集约等方面的载体和平台作用。支持符合条件的省级开发区升级为国家级开发区，支持具备条件的国家级、省级开发区扩区和调整区位；支持具备条件的产业集聚区升级为省级开发区。

（十九）鼓励外商投资区域性、专业化园区。结合我省产业发展规划和区域经济发展重点，以跨国公司投资需求为导向，引导外商在具备条件的开发区和产业集聚区内设立针对不同国别和不同区域的专业招商园区，增强园区招商的针对性和实效性。

（二十）进一步完善外商投资企业外汇管理，简化外商投资企业外汇资本金结汇手续。对暂时不具备设立条件而亟需投资的外商投资企业，经省外汇管理局批准，可先行设立外国投资者专用外汇账户（投资类、收购类、费用类、保证类）。对依法经营、资金紧张暂时无法按时出资的外商投资企业，允许延长出资期限。

（二十一）加快海关特殊监管区域发展。争取尽快设立郑州综合保税区。加快省保税物流中心（B 型）建设，力争早日通过验收，封关运行。

各级、各部门要统一认识，坚持积极有效利用外资的方针，把招商引资作为重要工作抓紧抓好。要加强领导，强化目标考核，完善激励机制，树立服务意识。要进一步加大改革创新力度，提高便利化程度，创造更加开放、更加优良的投资环境，全面提高利用外资工作水平。

河南省人民政府

二〇一〇年六月一日

河南省财政厅河南省商务厅关于印发《河南省对外投资合作专项资金管理办法实施细则》的通知

各省辖市、省直管县(市)财政局、商务局,省直有关部门,省属有关企业:

为规范对外投资合作资金管理,提高资金使用效率,根据《财政部 商务部关于印发〈对外投资合作专项资金管理办法〉的通知》(财企〔2013〕124 号)文件,结合我省实际,制定了《河南省对外投资合作专项资金管理办法实施细则》,现予印发,请遵照执行。

附件:河南省对外投资合作专项资金管理办法实施细则

2013 年 10 月 22 日

河南省对外投资合作专项资金管理办法实施细则

第一章　总　则

第一条　根据《财政部　商务部关于印发〈对外投资合作专项资金管理办法〉的通知》（财企〔2013〕124号）文件精神，为规范资金管理，提高资金使用效益，鼓励企业有序开展对外投资合作，加快实施“走出去”战略，增强国际化经营能力，结合河南省实际，特制定本实施细则。

第二条　河南省对外投资合作专项资金的来源：中央财政安排用于支持对外投资合作业务的专项资金；河南省财政安排的配套资金以及其他支持对外经济合作的专项资金。

河南省对外投资合作专项资金为政府性专项资金，专款专用。

第三条　河南省对外投资合作专项资金（以下简称合作资金）的管理严格遵循以下原则：

（一）促进企业有序开展对外投资合作，加快实施“走出去”战略，增强国际化能力，促进外经事业持续、健康发展，实现中外企业互利共赢；

（二）符合 WTO 基本规则和国家产业政策、外经贸政策；

（三）遵循重点突出、合理引导、科学论证、公平公正、规范有效的运行机制；

（四）符合公共财政的要求。

第四条　合作资金由河南省财政厅、河南省商务厅共同管理。

河南省财政厅负责资金的预算管理和资金拨付，会同河南省商务厅确定年度支持重点及资金分配方案，并对资金使用情况进行监督检查。

河南省商务厅会同河南省财政厅提出年度支持重点，建立对外投资合作资金项目库（管理系统和企业项目库），组织项目申报和评审，提出企业项目和资金分配方案，对项目实施情况进行评价和监督。

第二章　支持内容和方式

第五条　合作资金主要用于支持：

（一）境外投资，指河南省企业通过新设、并购等方式在境外设立非金融企业或取得既有非金融企业的所有权、控制权、经营管理权等权益的行为。

重点支持国际能源开发和加工合作，技术研发投资合作，战略性新兴产业及优势制造业投资合作；农业、林业、牧业、渔业投资合作，国际化营销网络和知名品牌创建合作等。

（二）对外承包工程，是指河南省企业或者单位承包境外建设工程项目，包括咨询、勘察、设计、监理、招标、建造、采购、施工、安装、调试、运营、管理等活动。

重点支持在基础设施、基础产业及有利于改善当地民生等领域开展的附加值高、影响力大,具有品牌和技术标准优势的工程项目。

(三)对外劳务合作,是指经商务部批准的有对外劳务合作经营资格的企业与国(境)外允许招收或雇用外籍劳务人员的公司、中介机构或私人雇主签订合同,并按合同约定的条件有组织地招聘、选拔、派遣河南省公民到国(境)外的企业或机构工作的经营性活动。

重点支持对劳务人员开展培训,提高外派劳务素质,推动技能型、高端性劳务输出。

(四)其他符合规定要求的业务。

第六条 对企业从事上述对外投资合作业务,采取资本金投入、贷款贴息、补助、奖励等方式给予支持。

第七条 支持的方式和标准。

(一)直接补助

1.前期费用

是指河南省企业为从事境外投资(不包括国内企业之间转让既有境外投资权益)、境外农、林、矿业合作,在项目所在国注册(登记)、购买资源权证之前,或对外承包工程签订合同(协议)之前,为获得项目而发生的相关费用,具体包括以下内容:

(1)法律、技术及商务咨询费。

指委托具有相应资格的专业机构为项目提供法律、技术、商务和投融资咨询服务所发生的支出。

(2)勘测、调查费。

项目勘察费(不包括油气、矿产资源勘探费)、论证费和规划费。

(3)项目可行性研究报告、安全评估报告编制费。

指委托具有相应资格的专业机构编制项目建议书、预可研报告、可行性研究报告和项目安全评估报告所发生的支出。

(4)购买规范性文件和标书等资料费。

购买项目(资源)勘察许可证、标书、技术资料、软件等所发生的支出。

(5)规范性文件和标书等资料翻译费。

指委托专业机构或人员翻译规范性文件和标书等资料所发生的支出。

支持标准:合作资金对不超过项目中方投资额或合同额15%的前期费用给予支持,一个项目只能享受一次支持。增资项目不予支持。

2.资源回运运保费

河南省企业开展境外资源开发将其所获权益产量以内的农业(包括大豆、玉米、小麦、天然橡胶、棕榈油、棉花、木薯）、林业（原木、锯材、板材）、矿业（包括铁、铜、铝、铬、铅、镍、锌、钾、铀）等合作产品运回国内，对从境外起运地至国内口岸间的运保费，按不高于企业实际支付费用的20%给予补助。计算运保费的资源产品进口数量以海关统计数据为准。

企业实施对外承包工程项目换回的，不超过与外方签署的开发投资合作协议合同总金额的资源产品运回国内，对从境外起运地至国内口岸间的运保费给予补助（享受补助的回运资源种类比照上述境外农、林、矿合作项目执行）。

3."走出去"人员人身意外伤害保险

对在境外开展对外投资合作业务的企业为其在外工作的中方人员，向保险机构投保的人身意外伤害保险费用，按不超过50%的比例予以补助。

4.境外突发事件处置费用

境外突发事件指从事对外投资合作业务的企业派出的人员因恐怖、战争、自然灾害等不可抗力因素造成的人身安全受到威胁、发生伤亡等紧急事件。相关处置费用包括企业赴境外处理突发事件工作人员的护照、签证、国际旅费和临时出国费用，补助标准参照《财政部、外交部关于印发〈临时出国人员费用开支标准的管理办法〉的通知》（财行〔2001〕73号）执行。

5.外派劳务人员的适应性培训费用

对开展对外劳务人员适应性培训的企业，根据实际培训并派出人数，给予每人300元的补助。

6.企业投保海外投资保险的保费

对企业开展对外投资合作业务投保海外投资保险的保费给予不超过50%的资助。

直接补助费用比例原则上不超过申请企业实际支付费用的50%。

（二）贷款贴息

对河南省企业从事境外投资，境外农、林、矿业合作，对外承包工程，对外设计咨询，用于项目经营的一年以上（含一年）的贷款给予贴息。贷款可从境内银行取得，也可由河南省企业在境外设立的控股企业从我国银行在境外的分支机构取得，特许经营类对外承包工程项目的贷款可由境外项目公司从境内银行取得，也可从我国银行在境外的分支机构取得。

人民币贷款贴息率不超过中国人民银行公布执行的基准利率，实际利率低于基准利率的，不超过实际利率；外币贷款年贴息率不超过3%，实际利率低于3%的，不超过实际利率。

已累计3年享受合作资金支持的项目，不再给予贴息。

（三）资本金注入方式

对河南省年度确定的重点行业，可采取资本金注入方式予以支持。

第三章 资金的申请、审核和拨付

第八条 申请企业必须具备以下条件：

（一）在河南省依法登记注册，具有独立企业法人资格（不含以金融股权投资为主营业务的企业）；

（二）已取得国家有关部门批准（核准或备案）开展对外投资合作业务资格的批准文件；

（三）近5年来无违法违规行为；

（四）无拖欠财政资金；

（五）按照《对外直接投资统计制度》、《对外承包工程业务统计制度》、《对外劳务合作业务统计制度》、《关于印发〈加强企业财务信息管理暂行规定〉的通知》等的规定，向商务和财政部门报送所开展业务的统计资料和会计报告等。

第九条 申请项目必须具备以下条件：

（一）经国家有关部门批准、登记或备案；

（二）在项目所在国（地区）依法注册或办理合法手续，项目合同或合作协议生效；

（三）遵守所在国法律，注重环境保护，尊重当地风俗，履行社会责任；

（四）其他按规定应满足的条件。

（五）项目金额标准：

1.对外承包工程项目合同金额不低于500万美元（或等值货币），且单笔贷款金额不低于300万元人民币（或等值货币）；

2.境外投资及境外林、矿项目中方投资额不低于100万美元（或等值货币），且单笔贷款金额不低于300万元人民币（或等值货币）；

3.境外农业合作、境外研发中心中方投资额、对外设计咨询项目合同金额不低于50万美元（或等值货币），且单笔贷款金额不低于150万元人民币（或等值货币）。

第十条 支持重点、项目申报材料和项目适用区间等，在每年河南省商务厅、河南省财政厅下发的项目申报通知中予以明确。

第十一条 当年已获得相同性质的其他中央或省财政专项资金支持的项目，不得再重复申请专项资金的支持。

第十二条 项目申报程序：

（一）商务部门应根据外经工作规划等，逐步建立支持企业项目库建设，实现企业项目库的动态化管理。商务会同财政部门每年根据工作计划，提前编制下年度项目预算（预算编制到企业和项目）。

（二）商务部门会同财政部门根据年度工作计划，每年3月底前下发对外投资合作资金年度工作通知,布置申报工作。明确当年支持重点、范围及条件、方式及标准、申报材料等具体申报工作指南。

(三)由各省辖市和省直管县(市)商务部门、财政部门组织项目申报,共同对申报项目初审后,按照相关文件规定联合行文报送省商务厅、省财政厅。省属企业直接上报。

第十三条　项目评审实行集中评审制度。省商务厅、省财政厅委托中介机构,对申报项目材料进行集中评审。综合考虑项目规范性和重要性,确定支持项目及支持金额,省财政厅根据财政管理制度拨付资金。

第四章　监督管理

第十四条　企业收到专项资金后,应当按照国家有关财务会计制度的规定进行账务处理;并应当严格按照规定使用资金,自觉接受财政、商务等部门的监督检查。

第十五条　各省辖市、省直管县(市)财政、商务部门要按要求,对当地资金的使用情况进行总结和绩效评价,于每年 1 月底前将资金到位情况、支持项进展情况、存在问题及政策建议等形成总结报告上报省财政厅、省商务厅。

第十六条　省财政厅、省商务厅对各地合作资金的管理和使用情况,进行不定期监督检查,并对实施效果开展绩效评价。

第十七条　相关申请和审核材料要按照国家档案保管有关规定妥善保管,以备核查。

第十八条　对违反规定使用、骗取合作资金的行为,依照《财政违法行为处罚处分条例》等国家有关规定追究法律责任。

第五章　附　则

第十九条　本细则由河南省财政厅会同河南省商务厅负责解释。

第二十条　本细则自 2013 年 10 月 25 日起施行。

河南省人民政府办公厅转发省对外开放工作领导小组办公室关于进一步扩大农业对外开放意见的通知

河南省人民政府办公厅

（豫政办〔2002〕91号）

各省辖市人民政府，省人民政府各部门：

省对外开放领导小组办公室制定的《关于进一步扩大农业对外开放的意见》已经省政府同意，现转发给你们，请结合本地、本部门实际，认真贯彻执行。

河南省人民政府办公厅

二〇〇二年十二月二十七日

关于进一步扩大农业对外开放的意见

为适应我国加入世界贸易组织的新形势，进一步扩大我省农业对外开放，提高河南省农业的外向度，特提出如下意见：

一、统一思想认识，进一步增强扩大农业对外开放的紧迫感和责任感

1.农业是国民经济的基础。河南省是农业大省，粮食总产量和农业人口均占全国第一位，农业生产在河南省国民经济发展中占有重要地位，农业对外开放水平在一定程度上标志着全省的对外齐放水平。在我国加入世界贸易组织的新形势下，进一步扩大河南省农业对外开放具有更重要的意义。

2.改革开放以来，河南省农业对外开放取得了一定进展，但总体看还比较落后，整体水平不高，开放意识不强，观念陈旧；产品出口档次低、质量不高，大宗农产品生产成本过高，国际竞争力不强，农业生产和流通组织化程度较低、信息渠道不畅；2001 年河南省农产品出口占全国的比例不足 2%；农业利用外资项目金额少、项目小，招商方式落后，缺少对外投资合作母体，农业技术劳务输出等外投项目少，发展较慢等。

3.加入世界贸易组织后，河南省农业面临着新的机遇和挑战。一方面，我们的一些劳动密集型产业如肉类、蔬菜、花卉、水果等产品出口的机会增加；另一方面，部分农产品进口数量的增加将会对国内农业生产特别是小麦生产带来一定冲击，不仅加大了农村产业结构调整和劳动力转移的压力，也将对现行农业管理体制和经营方式提出新的挑战。为了抓住机遇、应对挑战，必须进一步扩大河南省农业对外开放，充分利用国内外两种资源、两个市场，实施“引进来”与“走出去”的发展战略，扩大优势农产品出口，积极吸收外资，加快“走出去”步伐，参与国际竞争和分工，调整农业经济结构，加快农业产业化进程，增强农业国际竞争力，推动农业向集约化、效益型方向发展，不断提高河南省农业经济的国际化水平。

二、进一步优化农业发展环境，完善农业服务体系

4.实行农业扶持政策。增加农业基础设施建设投入，支持农业基础设施建设，改善农业生产条件，降低农民的农产品生产成本，增加优势农产品科研开发和科技推广投入，通过加大农业政策支持力度，降低农产品出口成本，增强出口竞争力。

5.稳定和完善土地承包关系，积极探索农户承包土地使用权流转机制。在长期稳定家庭承包经营制度的基础上，农户有权对承包地使用权按照“依法、自愿、有偿”的原则，通过转包、

转化、租赁、入股等形式合理流转,以优化土地资源配置,提高农村土地利用率和产出率。

6.鼓励获准经营粮食、棉花的企业从事粮食、棉花的批发经营、代储代销、建立配送中心等各种经营业务,鼓励粮食、棉花加工、流通企业和大型养殖企业到粮食、棉花主产区建立原料基地,建立稳定的粮食、棉花产销关系。积极培育粮食、棉花市场,工商、质量技术监督等有关部门要加强对粮食、棉花市场的依法管理,规范经营行为,建立公平、有序的竞争机制。

7.加快建设产地农产品批发市场,在土地出让、贷款贴息、税费征收等方面给予优惠扶持。鼓励供销合作社、民营企业创办农产品专业市场。对创办农产品批发市场、专业市场,在用电、用地、用水等方面有关部门要简化手续,及时办理。

8.在全省范围内开通鲜活农产品运销的"绿色通道"。坚决取消农产品运销过程中,一切不合理的收费,努力降低运销成本。凡需经检疫后方能运输的动植物产品,经省级有关部门检疫合格发证后,在省内沿途不得重复检疫,坚决杜绝公路"三乱"。

9.大力支持农业产业化经营龙头企业。对经农业部等8部委联席会议审定的内资农业产业化龙头企业从事种植业、养殖业和农林产品初加工所得收入,暂免征收企业所得税;其进行技术改造、购买国产设备的投资,可按规定享受抵免企业所得税政策。国有、集体或国有、集体控股的生产性农业产业化龙头企业研究开发新产品、新技术、新工艺所发生的各项费用,比上年实际发生额增长10%以上,其当年实际发生费用除按规定据实扣除外,经税务部门按规定确认批准后,可再按实际发生额的50%,直接抵扣当年应纳税所得额;对农业产业化龙头企业在报批实施投资项目过程中的行政性收费给予减免。

10.建立和完善保证出口创汇的"三个体系",即疫情疫病防治体系、药物残留检测监控体系、产品质量保证体系,对具有一定规模的出口基地,推行从养殖场、农田、果园、林地等原产地到出口离境的全过程监管,规范动植物种植和养殖过程中的饲料、饲料添加剂和农、林、兽药的管理与使用,严禁使用国家和进口国家或地区规定禁止使用的饲料添加剂和农、林、兽药,确保出口产品质量。各级政府对"三个体系"的建设资金要纳入财政预算,重点予以保证。

11.积极实施农业标准化工程,建立以农产品质量安全标准体系为主的农业标准化体系。支持帮助外向型农业企业做好质量体系认证、原产地标记保护等工作,争取更多的企业取得国内外的质量许可证、检疫注册和卫生注册,获得国际市场"通行证"。

12.大力发展农业中介服务组织。各级工商、民政部门要为农民经纪人组织、农村供销合作社、农村专业合作社、专业协会办理工商登记提供优质服务,简化手续,适当减免有关费用。鼓励农业中介服务组织、农村专业合作社和农民经纪人申请注册农产品品牌。

13.建立健全以科技和信息服务为重点的农业社会化服务体系。加大农业先进适用技术和高新技术推广应用力度,提高集成度,大幅度增加农产品的科技含量,全面提升产业水平。加大对农业科技教育培训的投入,促进农业科技成果的转化和实用农业先进技术的推广应用。省财政每年都要专项安排用于农业科技成果转化和实用农业先进技术推广的应用资金。鼓励农业科研推广机构、科技经济实体、科技人员通过技术服务、承包、入股、技术转让等形式参与农业产业化经营。

14.加强农业信息化建设。构建农产品国际贸易信息收集网络，为开拓国际市场提供高效便捷的服务。充分利用现有的电子网络资源，构建全省性农产品市场信息发布平台，及时向农户发布国际、国内市场主要农产品市场供求，进出口农产品品种、数量、价格、质量标准、国别等有关情况。

三、采取有效措施，调整农业结构，扩大农产品出口

15.以市场为导向，积极调整农业结构。以调整优化品种、品质结构为重点，大力发展优质小麦和高蛋白、粮饲兼用、高油、高淀粉等优质专用玉米生产，积极发展高蛋白、高油大豆生产；加快推广长纤维高品质棉、抗虫棉等棉花新品种，努力扩大其生产规模；大力发展无公害蔬菜、优质小杂粮；积极引进推广国外名优水果品种；大力发展无公害畜牧业，增强河南省农产品在国际市场上的竞争力。

16.加大对农业结构调整的支持力度。省级财政每年安排一定数额的资金专项用于结构调整项目的拨款投入和贷款贴息，市级财政也要拿出一定的资金进行支持。加快实施“种子工程”。省财政每年安排一定的专项资金，用于优质农(畜)产品的良种引进、繁育、推广。加大引进国外良种的力度，建立种子种苗、种畜禽繁育基地，建立健全推广体系。

17.加强农产品出口基地建设。根据国际市场需要和河南各地不同的资源条件，统一规划，合理布局，以骨干企业为主体，集中投入，进出结合，引进技术，提高质量，扩大出口，重点发展具有优势的畜禽类、豆类、蔬菜、林果、中药材、花卉、食用油籽、烤烟等及其制品。

18.支持大宗优势农产品及其加工企业出口。按照国际通行惯例，对河南省出口农产品实行地方财政支持政策，省财政要在预算中安排一定数额的资金，对出口重点农产品给予支持。具体操作办法由省外经贸厅、财政厅研究落实。各省辖市政府也要在资金上给予支持。加大对农产品加工企业进出口经营权的登记工作力度。农产品出口配额逐步向产品质量好、经济效益高、有经营实力的农产品生产、加工企业倾斜；对农产品出口企业优先安排出口退税。切实用好中小企业国际市场开拓资金，优先支持符合条件的农产品出口企业。

19.经认定的农产品出口加工龙头企业可开发利用四荒资源建立农产品原料生产基地。采取公司加农户和订单农业等方式，真正建立利益共享、风险共担、贸工农一体化的产业化经营体制。农产品加工龙头企业从事农产品加工所需的非农建设用地，土地部门要优先安排使用。

20.规范和完善农产品进口管理，建立农产品贸易快速反应机制。综合运用农产品的准入限制、产品技术质量标准、反倾销、反补贴和保障措施等符合国际规则的手段，保护河南省农业安全。为帮助企业做好反倾销应诉工作，由省财政厅安排一定数量资金，建立河南省反倾销应诉资金。

四、鼓励农业利用外商直接投资

21.鼓励外商投资改造传统农业,发展现代农业,促进农业产业化。重点鼓励外商投资中低产农田改造,蔬菜、林果、花卉、中药材种植和加工,优良种畜种禽,粮食、禽畜产品的储藏及加工,果蔬饮料、蛋白饮料的开发和生产,生物饲料、蛋白饲料的开发和生产。

22.加大招商力度。由省计委牵头,省外经贸厅、农业厅、林业厅、畜牧局等部门配合,做好农业利用外资项目库建设,推出能发挥河南优势、有吸引力的项目对外招商。所有农业招商项目免费在河南农业信息网、河南省招商网公布。

23.鼓励外商投资进行中低产田改造,完善农田基础设施,引进现代化耕种技术,引进新品种。对从事农业、林业、牧业的生产性外商投资企业,经营期限超过10年的,在享受完所得税“两免三减”优惠后,经企业申请、国家税务部门批准,在以后的10年内继续按应纳税额减征15%~30%的企业所得税。

24.外商投资引进的优良种畜禽饲养、加工达到一定经济规模的项目,能够改良、培育新的林果、蔬菜品种并能提供保鲜、储藏高新技术的生产性项目,除可享受企业所得税“两免三减”优惠外,经企业申请、税务部门批准,在以后的10年内可继续按应纳税额减征15%~30%的企业所得税。

25.外商投资企业兴建农业综合开发项目,采用政府出让方式取得土地使用权的,按照土地审批权限经批准后,按照有关规定一次付清出让金,对一次性支付出让金有困难的,可采取缩短出让年限、期满续期出让的措施或采取“年租制”交纳。

26.外商投资农业、林业、畜牧业、渔业、水利项目,免征地方所得税。在省会城市投资的上述项目,可减按24%税率征收企业所得税。对外商在省会投资3000万美元以上、投资回收期长的上述项目,经国家税务总局批准,减按15%税率征收企业所得税。

27.外商投资企业兴办的生产性农产品出口企业,在依法免征、减征企业所得税期满后,当年出口产品产值达到企业当年产品总产值的70%以上的,经税务部门批准,减半征收企业所得税。

28.农业项目的外国投资者,将其从企业取得的利润汇出境外时,免缴汇出额的所得税。将从企业取得的利润直接再投资于本企业、增加注册资本或作为资本投资在本省开办其他农业项目,经营期不少于5年的,退还已缴纳的企业所得税的40%。

五、加快农业“走出去”步伐,支持农业企业对外合作

29.支持有条件的农业企业开展多种形式、多领域的对外投资。选择竞争力较强的产品和特色农业,利用河南省现有设备和成熟技术,到境外投资建厂、进行资源开发、开展境外加

工贸易等。建立境外农业投资合作基金，对能发挥河南省资源、技术、劳动力优势的境外农业合作项目予以扶持。对农业企业以现有设备和成熟技术到境外开展带料加工装配项目的，取消购汇限制，免做外汇风险审查，免交汇回利润保证金，延长出口收汇核销期。

30.积极开展农业对外工程承包和农业劳务输出，积极为农业企业争取外经经营权，建立劳务输出人才培训基地。农业、外经贸部门要尽快为农业“走出去”提供政策、语言、法律等方面的知识培训，加强对国外市场的调研和与国际中介组织的联系，积极为农业企业牵线搭桥。

31.各地要切实加强对扩大农业对外开放工作的领导，结合本地情况，尽快研究、制定具体政策措施。各部门要增强服务意识，发挥职能作用，协调一致，支持农产品出口，促进农业对外开放，全面提升河南省农业的国际竞争力，努力实现从农业大省向农业强省的跨越。

河南省人民政府关于扩大农业对外开放促进食品农产品出口的意见

（2015 年 5 月 15 日）

各省辖市、省直管县（市）人民政府，省人民政府各部门：

为充分发挥河南省农业产业优势，提升农业对外开放水平，进一步促进食品农产品出口，现提出以下意见，请认真贯彻落实。

一、总体要求

（一）重要意义

河南省是传统的农业大省和食品工业大省。近年来，随着对外贸易的持续发展和农业的对外开放，河南省食品农产品出口稳定增长，农业现代化水平不断提升，呈现出良好的发展态势和广阔的发展前景，为增加农民收入、优化产业结构、推动河南省经济又好又快发展做出了积极贡献。但总体而言，河南省食品农产品出口规模偏小、产品结构不尽合理，出口企业实力偏弱、缺乏龙头企业带动，出口基地建设滞后、发展后劲不足，产品质量不够稳定、技术性贸易措施应对机制不完善，严重制约了河南省食品农产品出口稳定增长。扩大农业对外开放，促进食品农产品出口，是增加农民就业、促进农民增收、推动农业转型升级和经济发展方式转变的必然要求，也是拓展农业发展空间、提升农业现代化水平、增强国际竞争力的重要途径，对加快河南省由农业大省向农业强省转变、夯实城乡协调发展基础、全面建成小康社会具有重大意义。

（二）指导思想

完善农业对外开放政策，提高农业对外开放水平，以市场需求为导向、质量安全为核心、技术创新为动力、标准体系为支撑，着力培育龙头企业，倾力打造自主品牌，提升开放型农业产业优势，充分发挥企业的市场主体作用，拓宽多元化市场渠道，提高农业国际竞争力，推动河南省食品农产品出口实现新突破。

（三）主要目标

到2017年，全省食品农产品出口值达到40亿美元左右；重点培育1个（食用菌）10亿美元、2个（肉类产品、木柳制品）5亿美元、3个（食品添加剂、鬃羽制品、蔬菜）2亿美元、4个（粮食制品、蜂产品、调味品、果汁饮料）1亿美元出口品种；对外注册食品农产品出口企业达到130家（次）以上；建成国家级出口食品农产品质量安全示范区35家左右；出口食品农产品一次合格率保持在99%以上，区域性、系统性和行业性质量安全风险得到有效控制。

二、主要任务

（四）加快推进出口食品农产品质量安全示范区建设

按照“政府主导、部门联动、龙头带动、全民行动”的原则，统筹抓好质量工作，大力提升整体质量安全水平，建立并完善风险防控机制，坚决避免发生系统性、区域性和行业性重大质量安全事件。发挥资源优势，突出地方特色，新建和扩建一批食品农产品出口基地，夯实发展基础。实施以农业化学投入品控制体系和疫情疫病监控体系为主的质量安全区域化管理，持续开展出口食品农产品质量安全示范区创建活动，努力推动食品农产品出口主要县（市、区）建成国家级出口食品农产品质量安全示范区，将河南省打造成全国重要的食品农产品出口种植养殖基地和进出口肉类、粮食、食用菌、果品等产品集散地。

（五）重点培育产业集群及龙头企业

发挥产业集聚区、工业园区和重点企业的龙头带动效应，形成规模效益，促进外向型农业产业集群发展壮大。以产业集聚区为载体，大力推进食品农产品经济发展板块化、产业发展集群化、企业发展园区化。培育一批产业关联度大、市场竞争力强、促进农民就业和增收效果明显的食品农产品出口龙头企业。支持优势食品农产品企业实施出口倍增计划。推动食品农产品龙头企业进行横向重组和产业整合，培育具有全球资源整合和国际标准制定能力的跨国集团。

（六）努力打造出口食品农产品知名品牌

加快实施出口食品农产品品牌战略，支持有条件的地方创建“一县一品”“一县多品”，重点扶持产业集中度高、产品质量稳定、具有自主知识产权的食品农产品生产区域或企业。积极发展特色产品、有机认证产品和生态原产地产品，推动出口食品农产品结构优化升级，形成新的出口增长点。鼓励龙头企业开展商标国际注册，采取收购、授权使用等形式推进品牌建设。努力打通国内、国际两个市场，增强国际市场竞争力，逐步扩大国际市场占有率。紧跟国际市场需求变化，通过技术引进或创新，提升企业核心竞争力，树立品牌形象和质量信誉。

（七）积极拓宽食品农产品出口渠道

发挥河南省“一带一路”重要节点的区位优势，深入研究国际贸易新模式，探索出口新渠道，助推食品农产品出口。发展自主经营外贸企业，支持其不断壮大自身实力，主动开展境外合作，赢得出口主动权。引进国内外龙头企业，为河南省种植养殖基地搭建平台，实现出口渠道多元化。有效巩固东盟、日韩、港澳等传统市场，大力开拓拉美、非洲等新兴市场，快速抢占欧美高端市场，持续扩大清真食品国际市场，提高河南省食品农产品国际市场占有率。积极整合省内展会资源，加强与国际知名会展商合作，提升河南省农产品展会知名度。

（八）着力构建出口食品农产品冷链物流体系

依托郑州航空港经济综合实验区和省内口岸资源，进一步发挥现代综合交通枢纽和海空公铁多式联运优势，加快冷链物流体系和配套设施建设，提升出口食品农产品集散能力，降低物流成本，增强河南省食品农产品国际市场竞争力。加快速冻食品、生鲜果蔬、肉奶制品等冷链物流和种苗、花卉等恒温物流基础设施建设，进一步完善出口食品农产品国际冷链物流网络，实现国内外物流网络高效衔接。积极培育河南省具有国际竞争力的冷链物流企业，构建服务食品农产品国际贸易、营销网络、跨境贸易电子商务的物流支撑体系，打造出口食品农产品物流服务平台。

三、工作措施

（九）建立全产业链标准体系

做好食品农产品生产加工各环节标准化工作，鼓励食品农产品主要产区统一质量安全标准，推动国内外标准体系有效衔接，提升食品农产品质量安全水平。重点在食用菌、肉制品、粮食制品、蔬菜、调味品、果品等六大类主要出口食品农产品中普遍推行国际标准,构建涵盖生产、加工、包装、储存、运输、消费等环节的全产业链标准体系。大力支持食品农产品企业开展良好农业规范(GAP)等国际农产品标准认证,鼓励企业开展质量管理体系(ISO)、良好生产规范(GMP)、危害分析与关键控制点(HACCP)等体系认证,推动河南省农业生产方式与国际接轨。

(十)完善技术性贸易措施应对机制

加快建立国外技术性贸易措施应对机制,合理运用技术性贸易措施,帮助河南省出口食品农产品企业和产品满足国外相关法规标准要求,突破国外技术壁垒,积极应对贸易摩擦,顺利走向国际市场。建立技术性贸易措施研究机构,围绕大宗出口食品农产品,针对主要出口国家和地区开展技术性贸易措施研究,收集、汇总、分析国内外食品农产品质量安全信息,开展风险评估,发布年度报告,督促有关方面采取积极有效的应对措施。

(十一)加大对外注册工作力度

对外注册工作是打开国际市场的重要途径,是当前制约河南省食品农产品出口的重要因素。各级政府要高度重视,农业、畜牧、商务、出入境检验检疫等相关部门要进一步加强协作配合,建立有效工作机制,指导帮助省内企业对外注册,促进企业跨越贸易壁垒、扩大出口。持续推进无规定动物疫病区建设,完善动植物疫病防控、农业投入品管理及生产加工质量安全控制体系,确保符合有关国家注册要求。

(十二)构建质量安全公共服务平台

依托出入境检验检疫部门现有综合检测能力,加强食品农产品区域检测中心建设,增加河南省国家重点实验室、国家工程技术研究中心等国家级平台数量,集中优势打造国内一流的食品农产品质量安全公共服务平台,实现资源共享。逐步建立国内外食品农产品基础数据库,实现相关部门质量安全监管信息、出口企业信用信息、国外退货通报召回警示信息共享。建立完善食品农产品出口贸易预警预报机制,提高分析研判水平,提升服务出口的针对性、有效性和前瞻性。

四、保障机制

(十三)加大政策扶持力度

充分发挥财政资金的引导和杠杆作用,引导社会资本积极投资出口食品农产品产业,逐步形成多元化的资金投入机制。按照“渠道不乱、性质不变、统筹安排、集中使用”的原则,统筹运用相关资金,在出口食品农产品产业发展、品牌培育、跨境合作、贸易救助等方面给予扶持,激发出口活力。认真落实国家食品农产品出口退税政策,优化退税结构,缩短退税周期，及时足额办理退税。加大融资保险支持力度，拓宽企业融资渠道，促进食品农产品企业出口。

（十四）加强质量安全监管

严格落实食品安全监管责任制，建立健全出口食品农产品质量安全源头控制、追溯召回、“黑名单”、经营异常预警等制度，进一步加大联合执法力度，严厉打击食品农产品出口中的违法行为。充分发挥行业协会作用，完善出口企业信用管理体系，严格信用等级评定，营造守法诚信享便利、违法失信受惩戒的良好氛围。

（十五）提升通关便利化水平

完善口岸协作机制，加强口岸相关部门的沟通，推行绿色通道、直通放行、区港互通、指定口岸等便利化措施，努力实现出口食品农产品通关“流程最优、效率最高、成本最低”。深化关检协作，加快“信息互通、监管互认、执法互助”，积极推进国际贸易单一窗口，提升贸易便利化水平。实施分类管理，提高出口食品农产品企业通关便利化级别。加强省际协调，降低国内流通成本，积极争取对出口食品农产品凭出入境检验检疫机构单证免于查验及免收通行费用。

（十六）加快人才队伍建设

落实各项人才政策，积极创新人才成长、引进、使用和激励的体制机制。大力培养、引进高层次农业产业化技术人才、高技能人才和经营管理人才。依托高等院校、科研院所和相关企业，加强对适用人才的联合培养，联合建立各类人才教育培训基地。强化海外人才引进工作，促进国际间人才交流与合作，重点加强国际金融、国际贸易、农业科技、食品加工、质量安全、检验检测、认证认可、计量、标准化、仓储物流、贸易便利化等方面的人才培养与引进，为河南省食品农产品出口提供专业人才支撑和智力储备。

（十七）完善工作推进机制

充分发挥省促进食品农产品出口工作联席会议制度作用，定期召开联席会议，统筹协调、指导全省食品农产品出口工作。加强对全省食品农产品出口工作的检查考核，不断完善出口食品农产品考核评价机制，建立健全出口食品农产品统计与考核指标体系。各级政府要把食品农产品出口工作纳入绩效考核内容，定期进行考核评价和监督检查，确保各项工作落到实处、取得实效。相关部门要按照职责分工，相互支持，密切配合，合力推进。

各级政府和相关部门要高度重视，结合自身情况，把扩大农业对外开放摆上更加重要的位置，建立完善促进食品农产品出口工作机制，抓紧研究出台针对性的配套政策措施，推动农业对外开放在新的形势下实现新发展，开创食品农产品出口工作新局面。

河南省人民政府办公厅关于进一步做好引导和规范境外投资工作的通知

（豫政办〔2018〕33号）

各省辖市、省直管县（市）人民政府，省人民政府各部门：

为贯彻落实《国务院办公厅转发国家发展改革委商务部人民银行外交部关于进一步引导和规范境外投资方向指导意见的通知》（国办发〔2017〕74号），加强对河南省境外投资工作的指导，优化境外投资服务，防范境外投资风险，推动境外投资持续合理有序健康发展，经省政府同意，现就进一步做好引导和规范河南省境外投资工作有关事项通知如下：

一、总体要求

全面贯彻党的十九大精神，以习近平新时代中国特色社会主义思想为指导，牢固树立和贯彻落实新发展理念，坚持企业主体、深化改革、互利共赢、防范风险，充分利用“两种资源、两个市场”，引导和规范境外投资方向，加强对境外投资的分类指导，防范和应对境外投资风险，积极稳妥有序地开展境外投资，以“走出去”带动更高水平的“引进来”，拓展企业发展空间，提升产业供给效率，切实推进河南省产业转型升级。

二、引导和规范境外投资方向

(一)鼓励开展优势产能境外投资

支持河南省有能力、有条件的企业积极稳妥开展境外投资活动,推进“一带一路”建设,深化国际产能合作,推动河南省相关产业提质升级。重点支持河南省企业发挥工程和技术优势,参与“一带一路”建设和周边基础设施互联互通;支持电气装备、矿山装备、现代农机、食品加工等领域优势产能“走出去”,开展装备和技术合作;支持与境外高新技术和先进制造业的投资合作以及在境外设立研发中心,稳妥参与境外能源资源勘探和开发,扩大农业对外合作,有序推进商贸、文化、物流等服务领域境外投资;支持符合条件的金融机构在境外建立分支机构和服务网络,依法合规开展业务。(责任单位:省发展改革委、商务厅、工业和信息化委、农业厅)

(二)限制开展与国家政策不符的境外投资

限制河南省企业开展与国家和平发展外交方针、互利共赢开放战略以及宏观调控政策不符的境外投资。包括:房地产、酒店、影城、娱乐业、体育俱乐部等境外投资;在境外设立无具体实业项目的股权投资基金或投资平台;使用不符合投资目的国技术标准要求的落后生产设备开展境外投资;不符合投资目的国环保、能耗、安全标准的境外投资;属需要限制的敏感国家和地区开展的境外投资。(责任单位:省发展改革委、商务厅)

(三)禁止开展危害国家利益和安全的境外投资

禁止河南省企业参与危害或可能危害国家利益和国家安全等的境外投资。包括:涉及未经国家批准的军事工业核心技术和产品输出的境外投资;运用我国禁止出口的技术、工艺、产品的境外投资;赌博业、色情业等境外投资;我国缔结或参加的国际条约规定禁止的境外投资等。(责任单位:省发展改革委、商务厅)

三、加强对境外投资的分类指导

(一)加大鼓励类境外投资支持力度

对鼓励开展的境外投资,要在税收、外汇、保险、海关、信息等方面进一步提高服务水平,为企业创造更加良好的便利化条件。建立重点领域重大境外投资项目服务绿色通道,积极对接国家部委,推进重大项目纳入政府间多双边合作机制。落实企业境外所得税收抵免政策,加强出口退税管理,确保及时足额退税。鼓励政策性银行、开发性金融机构及商业性金融机构采取银团贷款、并购贷款、项目融资等方式，为项目提供多元化和个性化的金融保障。切实发挥中国出口信用保险公司对境外投资项目的融资促进和风险保障作用，对纳入统保平台的境外投资等项目进行保费扶持。推进境外发行债券管理改革创新，支持河南省企业扩大境外发债规模，提高境外融资能力和便利度。（责任单位：省发展改革委、商务厅、财政厅、国税局、郑州海关、国开行河南省分行、中国出口信用保险公司河南分公司、中国进出口银行河南省分行等按职责分工负责）

（二）引导企业审慎参与限制类境外投资

对限制开展的境外投资，要引导企业审慎参与，并结合实际情况予以必要的指导和提示。严格限制类境外投资项目管理，在未取得项目核准（备案）手续前不得实施。督促境外投资企业做好投资目的国与投资项目相关技术、环保、能耗、安全标准的尽职调查，并遵守投资目的国有关规定。（责任单位：省发展改革委、商务厅）

（三）严格管控禁止类境外投资

对禁止类境外投资项目一律不予备案或核准，不得办理资金结算、项目融资、信用保险等业务。对违规开展禁止类境外投资行为要立即予以制止和纠正，有关部门要按规定对投资主体进行通报和惩戒。（责任单位：省发展改革委、商务厅、人行郑州中心支行、河南银监局、国开行河南省分行、中国出口信用保险公司河南分公司、其他有关金融机构）

四、切实做好河南省境外投资工作

（一）完善境外投资管理机制

坚持实行以备案制为主的境外投资管理方式，对境外投资项目全部实行网上申报，严格执行项目限时办结制。加强境外投资真实性、合规性审查，防范虚假投资行为。坚持以“管投向、管程序、管风险”为重点，指导省内企业加强对其控制的境外企业的监督和管理，建立健全境外投资决策、财务管理和违规责任追究制度。建立国有企业境外投资资本金制度，完善国有企业境外投资审计制度，维护境外资产安全。（责任单位：省发展改革委、商务厅、财政厅、省政府国资委、省审计厅、省政府外侨办、人行郑州中心支行等按职责分工负责）

（二）提升公共服务水平

建立境外投资信息服务平台，及时发布境外投资环境、产业政策、市场供需及项目合作信息，提供国别、行业风险预警，加强信息共享。充分利用河南省国际友好关系平台等多种涉外资源，加强与有关国家在投资保护、金融、人员往来等方面的机制化合作，为河南省企业境外投资创造良好外部环境。支持省内资产评估、法律服务、会计和税务服务、设计咨询、风险评估、认证仲裁等相关中介机构发展,为企业境外投资提供市场化的商业咨询服务。定期组织境外投资企业专题培训,提升企业跨国经营能力。(责任单位:省发展改革委、商务厅、省政府外侨办、人行郑州中心支行、省财政厅、国税局、地税局、郑州海关、国开行河南省分行、中国出口信用保险公司河南分公司等按职责分工负责)

(三)加强信用体系建设

落实国家发展改革委等28个部门联合印发的《关于加强对外经济合作领域信用体系建设的指导意见》(发改外资〔2017〕1893号),建立对外投资合作主体信用信息记录,规范对外经济合作秩序,有效提高境外投资主体的诚信意识。加快推进全省境外投资信用信息共享应用,有关部门要定期将职责范围内采集到的境外投资失信主体的相关信用信息推送给全省公共信用信息共享服务平台。建立境外投资“黑名单”制度,对境外投资主体失信行为实施联合惩戒,并通过省公共信用信息共享服务平台在“信用河南”网站面向社会发布。(责任单位:省发展改革委、商务厅、省政府外侨办等按职责分工负责)

(四)强化海外安全保障

加强对企业赴高风险国家和地区投资的指导和监督,及时警示和通报有关国家政治、经济和社会重大风险,提出应对预案和防范措施,切实维护河南省企业境外合法权益。督促企业开展境外项目安全风险评估,强化项目安全风险预测应对,建立完善安保制度,加强安保培训,提升安全风险防范能力。(责任单位:省政府外侨办、省商务厅、发展改革委、公安厅、国家安全厅等按职责分工负责)

各地、各有关部门要认真学习贯彻国家有关境外投资方面的政策,完善工作机制;发挥省国际产能合作厅际联席会议作用,强化统筹协调,落实部门责任,进一步加强境外投资指导,优化境外投资综合服务,促进境外投资持续健康有序发展。

河南省人民政府办公厅

2018年6月13日

2012 年河南省对外开放和大招商工作专项方案

省开放办　省商务厅

（2012 年 1 月 20 日）

对外开放和大招商是应对各种复杂局面、破解发展难题最直接、最有力、最有效、最综合的关键性战略举措。为进一步扩大全省对外开放，持续深入开展大招商活动，增强开放对中原经济区建设的支撑力，特制订本方案。

一、总体要求和基本思路

总体要求：认真贯彻落实《国务院关于支持河南省加快建设中原经济区的指导意见》（国发〔2011〕32 号）、《中共河南省委河南省人民政府关于进一步扩大对外开放的若干意见》（豫发〔2012〕2 号）和省第九次党代会精神，抢抓产业转移步伐加快和建设中原经济区的机遇，强力实施开放带动主战略，深入开展大招商活动，突出抓好签约项目落地工作，以产业集群招商和产业链招商为重点，瞄准大企业，抓住大项目，拓宽开放领域，凝聚开放合力，构建举省开放体制，建设内陆开放高地。

基本思路：按照“提升水平、拓宽领域、健全机制、扩大效果、带动全局”的工作思路，以开放促改革、促发展、促创新，积极推进各领域开放发展，不断增强开放型经济对全省经济社会的拉动作用。充分发挥比较优势，创新招商方式，积极引进标志性企业和项目；强化要素保障，完善推进机制，狠抓项目落地；围绕主导产业，开展集群招商和链式招商，促进产业集群发展;加大工作力度,促进外贸外经跨越式发展;加强载体建设,优化开放环境,积极营造更加浓厚的开放氛围;构建举省体制,完善激励机制,强化保障措施,狠抓工作落实,推进全省大开放、大招商、大发展。

二、目标任务和工作重点

2012 年实际利用外资 120 亿美元,同比增长 20%以上;实际引进省外资金 5000 亿元,同比增长 20%以上;进出口 500 亿美元,同比增长 30%以上。通过全省上下的共同努力,河南省对外开放水平进一步提升,开放领域实现重大突破,举省开放体制初步形成,开放高地建设取得新进展。

为确保圆满完成以上目标任务,2012 年重点做好以下工作:

(一)开展"招商引资项目落实年"活动,推动已签约项目尽快落地

为切实做好已签约项目跟踪落实工作,推动项目早日落地,2012 年在全省开展"招商引资项目落实年"活动。按照"谁签约、谁负责、谁跟踪"的原则,由重大活动承办单位负责跟踪落实;继续在全省实行重大签约项目总协调人制度、分级负责制度,重点加大对 2011 年河南省举办的重大招商活动签约项目的跟踪问效力度;各市、县(市、区)要由领导干部牵头组成专门工作班子,一对一跟进落实,制订推进计划,明确进度要求,推动项目落地,重大项目要由主要领导负责协调推进;在市、县(市、区)推行项目落地工作例会制度,党政主要领导要定期主持召开会议,协调解决有关问题;上半年在全省范围内开展招商引资签约项目大回访活动,按照属地管理原则,回访到每一个签约项目、每一个外来投资方,做到签约项目底数清、情况明、措施实;在全省推行重大项目联审联批制度和无偿代理制度,简化审批程序,优化服务环境,提高办事效率,加快项目审批速度;加强对项目落地情况的督查考核,将签约项目落地情况纳入省政府重点督查范围,实行重大项目落地情况督查通报制度,在各级各类招商引资活动中签约的 10 亿元以上重点项目的落地情况由省政府督查室每季度进行督查通报;将签约项目合同履约率、资金到位率、项目开工率列为招商引资工作考核的重要内容,年中、年末组织两次全省招商引资项目落地情况观摩活动,年底进行全省综合评比,对项目落地情况好的市、县(市、区)进行表彰奖励,对差的进行问责。

(二)积极引进标志性龙头企业和重大项目

紧盯世界 500 强、国内 500 强、央企和行业知名企业,加强对其产业布局、投资趋向的分析,建立重要客商资源库和知名企业信息库,建立完善重点客商跟踪制度。围绕中原经济区建设谋划一批科技含量高、投资规模大、带动能力强的重大项目,完善全省重大招商

引资项目库。大力引进战略投资者，争取大型跨国公司和国内外知名企业来豫投资。进一步加大与央企的对接力度，全面落实与央企已签订的战略合作协议，争取再引进和实施一批重大合作项目。省里重点选择富士康科技集团河南项目、中石化战略合作项目、郑汴汽车产业集群项目、华润集团河南项目、香港协鑫集团项目、中国河南（郑州）国际物流产业园项目、印度尼西亚力宝集团河南医疗中心项目、郑州航空港区项目、郑州华强文化科技产业基地项目、河南省与央企合作系列项目等特别重大招商引资项目，由省领导牵头负责协调推进。在全省范围内选择20个投资总额在50亿元以上的在谈重大招商引资项目和投资总额在100亿元以上的区域性专业化园区，由厅级干部牵头，省、市联动，组成工作班子强力推进。

（三）围绕主导产业强力推动产业集群招商和产业链招商

围绕做大做强汽车、电子信息、装备制造、食品、轻工、新型建材等6大高成长性产业，改造提升化工、有色、钢铁、纺织服装等4大传统优势产业，积极培育新能源汽车、生物、新能源、新材料等4个先导产业，逐个梳理，找出薄弱环节和产业链缺失，修订招商目录，绘制产业链图谱，研究制定全省产业集群招商指导性发展规划。市、县（市、区）要根据自身产业特点和比较优势，选择1~2个主导产业作为突破口，瞄准行业龙头企业实行重点突破，培育一批特色鲜明的产业集群。发挥产业集群效应，依托产业集群的龙头项目和骨干企业，大力引进上下游配套企业，拉长产业链条，发展壮大产业集群。高水平规范发展特色园区，引导产业向园区集中。创新园区管理模式和运营机制，通过委托管理、投资合作等多种方式与境外和沿海发达地区共建产业园区，重点培育20个境外招商工业园、20个区域产业园、30个特色产业园，积极探索承接产业转移新模式，以区域招商工业园和特色产业园促进产业集群发展。

（四）办好招商引资重大活动

突出招商活动目的性、实效性，提升招商活动水平。省内重点办好3月的第七届中国河南国际投资贸易洽谈会（与2012农历壬辰年黄帝故里拜祖大典活动同期举办）、11月的第三届中国郑州产业转移系列对接活动，省直其他部门的专业招商活动尽量纳入这两项重大活动之中；8月在郑州举办2012中国（河南）-日本合作交流洽谈会。省外主要是7月在青岛举办豫鲁经济合作洽谈会，9月在苏州举办豫苏沪经济合作洽谈会，11月在杭州举办豫浙经济合作洽谈会。境外重点举办9月的河南—韩国经贸交流活动和10月的河南-东盟经贸交流活动。同时，组团参加第七届中国中部投资贸易博览会（5月）、第十六届中国国际投资贸易洽谈会（9月）、第十四届中国国际高新技术成果交易会（11月）3项国家级招商经贸活动。支持各市立足自身特色，结合当地实际，以省政府名义办好1~2项重要招商活动。

更加注重小分队专业招商，以大企业、大财团为重点对象，在深入了解其战略布局调整和投资动向基础上，组织成立专业小分队，开展一对一驻地招商，通过登门拜访、主动推介，有选择性和目的性地跟进洽谈，提高对接洽谈成功率。充分发挥网络招商作用，加快建立健全网络招商平台。重点加强河南投资促进网建设，充实客户资源库、招商项目库，完善招商引资信息平台、招商项目对接平台，扩大网站宣传，提高运作水平。各地、各部门要充分利用河南投资促进网网络平台，积极开展形象宣传、信息发布、项目对接，打造永不落幕的网上投资贸易洽谈会。

(五)加强招商引资载体建设

完善产业集聚区招商引资公共服务平台，充分发挥产业集聚区在招商引资中的主要载体作用，依托180个产业集聚区，重点培育50个对外开放示范产业集聚区，大力承接境内外重大招商项目。加大国家级、省级开发区建设力度，支持具备条件的国家级、省级开发区扩区和调整区位，支持符合条件的省级开发区申建国家级开发区，支持产业基础较好且达到一定经济规模的产业聚集区升级为省级开发区。加强口岸基础设施及配套服务设施建设，增强口岸综合服务能力。力争郑州国家级大型航空枢纽建设取得突破性进展。推动郑州建设内陆开放型经济示范区，加快郑州新郑保税物流中心、新加坡国际物流产业园和郑州航空港建设。力争完成郑州出口加工区扩区调整工作，加快推进洛阳、南阳、三门峡申建出口加工区工作，支持有条件的城市申报出口加工区和保税物流中心。推进“一站式”通关和电子口岸建设，创新监管模式。加强与沿海港口口岸的战略合作。

(六)全面拓宽对外开放领域加快推进现代服务业开放

研究制定相关政策，吸引境内外金融机构入驻河南省，重点推进华夏银行、汉口银行、渤海银行、澳洲联邦银行、花旗银行、渣打银行、国元农业保险公司引进工作，力争年内3家以上金融机构落户；支持全省17家城市商业银行加快增资扩股步伐，力争每家引进1~2家战略投资者。围绕食品冷链、钢铁、汽车、医药、粮食、家电、纺织服装、建材、花卉、邮政等重点物流行业，瞄准境内外大型物流企业，加强对接洽谈，引进一批具有国际竞争力的物流集团。推动境内外知名旅游企业通过合资合作，参与河南省旅游资源开发建设；加强国际旅游市场推介，扩大入境游比重。

加大农业领域开放力度。充分利用河南省农业大省优势，加强与世界知名食品企业的合作，大力引进境内外大型农业集团和跨国公司等战略投资者，投资农产品精深加工、种养基地建设、设施农业、生态农业。积极引进境内外资本，培育发展农业专业化组织、农产品专业物流企业、外向型农业中介组织以及各种社会化服务组织。

吸引境内外资金参与基础设施和城乡建设。加大基础设施领域引资力度，围绕交通、能源、水利、信息基础设施和城市新区、旧城改造等，谋划一批对外招商项目，综合运用捆绑开发、产业基金、股权投资、债务重组、项目代建制、公私合作关系、建设-运营-转让、融资租赁等模式,扩大基础设施和城乡建设融资规模,促进多元化投资、产业化经营。

扩大科教文卫等社会事业领域开放。加强与中国科学院、中国工程院的合作交流,建立院士工作站;加强与世界500强企业的深度技术合作,推动境内外大型企业在河南省设立研发机构。大力引进国外优质教育资源,吸引境内外知名高校、职业院校在河南省设立分校,共同举办合作办学机构,力争引进2家以上合资高校二级学院及一批职教招商项目。编印《2012年河南省文化产业招商引资指南》,完善文化产业招商项目库,组织企业参加境内外著名文化产业展会,集中推介一批招商引资项目。大力吸引境外资本到河南省设立医疗机构,争取年内建设1~2家中外合资综合性或专科医院;积极推进省人民医院、省肿瘤医院、省胸科医院分别与德国汉诺威大学、汉堡大学、挪威奥斯陆大学的全面合作,共建专科医疗中心,引进远程会诊及电子病例等高新技术。

(七)促进外贸外经实现新跨越

认真研究国际市场需求变化和沿海发达地区出口企业战略调整动向,结合河南省产业优势和生产要素优势,有针对性地加大推介洽谈力度,引进产业链条长、出口带动能力强的重大项目。充分发挥郑州新郑综合保税区、郑州出口加工区和焦作、新乡、郑州、洛阳等国家级加工贸易重点承接地作用,高水平承接出口型产业转移项目。做大做强周口市鞋业、郑州市铝深加工产品、洛阳市太阳能光伏产品、焦作市汽车零部件等7个省级出口基地,支持出口基地和基地企业加强公共服务平台、自主创新体系和品牌建设,不断提高在国际市场上的整体竞争力。支持符合条件的省级出口基地申报国家级出口基地,逐步形成多类型、多层次的出口基地发展格局。有针对性地组织企业参加境内外专业博览会,支持企业在境外建立营销及售后服务网络。加快推进电子商务平台建设,支持企业利用网络平台开拓国际市场。大力发展服务贸易,加快推进郑州市、洛阳市申建国家服务外包示范城市。鼓励和引导河南省水泥、电力、钢铁、纺织、有色金属、机械制造等有比较优势的企业"走出去",在境外建立生产基地。加快推进境外资源合作开发,鼓励企业通过"以工程换资源"、"以项目换资源"方式开展合作。支持企业到国家确定的19个境外加工园区进行投资。推动优势企业承揽大型境外工程项目,带动河南省设备和技术出口。

三、完善机制,强化保障

(一)加强组织领导

继续实施对外开放和大招商"一把手"工程,把对外开放摆在突出位置,提上重要议事日程。党政主要领导要亲自抓、负总责,定期召开会议,专门研究对外开放和大招商工作,努力做到重大活动亲自参加,重大项目亲自谈判,重要客商亲自会见,重大问题亲自协调。选好配强对外开放主要部门领导班子,加强对外开放工作干部队伍建设,领导干部配备向对外开放主要部门倾斜,把视野宽、适应性强、熟悉开放型经济、具有开拓和奉献精神的优秀干部选配到对外开放工作第一线。

(二)完善激励机制

进一步完善对外开放工作目标责任制和考核评价体系,将省直有关部门对外开放工作纳入政府目标考核内容。开展招商引资绩效评估,加强督导检查和日常工作督查考评,每季度对开放型经济主要指标完成情况进行督查和通报,并在省主要媒体公布。对在开放工作中做出突出成绩的单位和个人予以表彰奖励,对工作不力的予以通报批评。

(三)强化要素保障

土地利用年度计划指标按照“有限指标保重点、一般项目靠挖潜”的原则,优先保障重大招商项目用地需求,重点保障投资额10亿元以上的重大招商项目用地需求。大力推进土地规模整治,严格落实用地投资强度标准,节约集约用地,鼓励建设和使用三层以上的多层标准厂房。组织金融机构和有融资需求的投资企业开展银企对接活动,通过一对一、面对面直接对接洽谈,搭建银企合作平台,拓展资金供需渠道。支持符合条件的企业根据自身发展需要通过发行企业债券、短期融资券、中期票据和中小企业集合票据等直接融资,鼓励企业上市融资,破解外来投资企业融资瓶颈,为企业提供资金保障。组织河南省高等院校、职业学校、技工学校与招商引资企业开展校企对接活动,搭建校企合作平台,通过校企联姻,开展订单培训,为招商项目提供更加充足的人力资源。

(四)营造良好氛围

进一步优化开放环境,建立政务环境评价评议机制和投资环境监测评估体系,开展投资环境评价评议活动,严肃查处损害经济发展环境行为。建立完善省、市、县三级招商引资信息处理和受理服务中心、联审联批和无偿代理中心、投诉权益保护中心等专门服务机构,构建招商引资全程服务平台。不断完善重大项目无偿代理制和联审联批制,下放审批权限,简化审批手续,推进投资贸易便利化。推动出台《河南省外来客商投诉权益保护条例》,建立全省外商投诉联席会议制度,增强客商投诉处理和提供咨询服务的及时性、有效性,切实维护客商合法权益。同时,充分利用境内外新闻媒体和网络的作用,积极开展对外宣传推介,让更多的境内外客商了解、投资河南省,提高河南省对外商投资的吸引力。广泛宣传树立招商引资、承接产业转移的先进典型,在全社会营造扩大开放的良好氛围。

(五)狠抓责任落实

省对外开放工作领导小组要定期召开专题会议,研究、推进重点工作,解决重大问题。

省商务厅、开放办牵头负责对全省对外开放和大招商工作进行督导检查。各级、各部门要认真研究本地、本部门对外开放和大招商工作，提前谋划，强化措施，狠抓落实。各地要结合自身实际，制订切实可行的对外开放和大招商工作专项方案，认真抓好贯彻落实。省发展改革、工业和信息化、国资、科技、文化、卫生、教育、旅游、农业、人力资源社会保障、交通运输、住房城乡建设、财政、国土资源、环保、海关、出入境检验检疫、金融、外侨、台湾事务、新闻出版、宣传等部门要制订各自专项实施方案，报省对外开放工作领导小组批准后实施。

河南省人民政府关于积极有效利用外资推动经济高质量发展的通知

豫政〔2018〕36号

各市、县人民政府，省人民政府各部门：

积极有效利用外资是河南省进一步扩大对外开放的重要内容，是打造内陆开放高地、构建全面开放新格局的重要抓手。根据《国务院关于积极有效利用外资推动经济高质量发展若干措施的通知》（国发〔2018〕19号）精神，为实行更高水平的投资自由化、便利化政策，营造更加公平透明便利、更有吸引力的投资环境，促进河南省外商投资稳定增长，以高水平开放推动经济高质量发展，现将有关事项通知如下。

一、大幅度放宽市场准入

（一）全面落实准入前国民待遇加负面清单管理制度

认真落实2018版全国和自由贸易试验区外商投资准入特别管理措施（负面清单），对接国际通行规则，全面提升开放水平，以开放促改革、促发展、促创新。负面清单之外的领域，各地、各部门不得专门针对外商投资准入进行限制。

（二）加快推进汽车、飞机产业对外开放

鼓励支持外商投资新能源汽车、通用飞机制造及关键零部件等先进制造业。按照国家部署取消汽车制造行业外资股比及整车厂合资数量等限制。

（三）进一步放宽现代服务业市场准入

放宽外商设立投资性公司条件，将境外投资者申请前一年资产总额降为不低于2亿美元，境外投资者在中国境内已设立外商投资企业数量降为不低于5个。进一步放宽或取消外商投资人才中介机构的投资方条件限制。取消外商投资建设工程设计企业外籍技术人员的比例要求。加大航空产业对外合作支持力度，吸引合资客运和货运航空公司、民用机场等项目落地。

二、提升投资促进服务水平

（四）构建广覆盖、多元化的招商引资网络

各地、各相关部门要进一步完善招商引资工作协调机制，定期研究解决制约河南省利用外资尤其是世界500强企业在河南省投资的重大问题。采取务实灵活多样的形式，在河南省外资主要来源地设置海外经贸办事机构，加强河南省境外招商的联络服务。充分利用政府间或民间经济合作机制，加强重点企业或组织间的招商信息交流对接。汇聚多元化招商力量，建立完善产业招商联盟、招商引资智库，推动成立公司化、专业化招商机构，利用各类商会、行业协会开展委托招商、代理招商等，鼓励政府购买社会招商服务，提升招商活动市场化水平。对成功引进外资项目的社会组织、中介机构和个人，根据引进项目类型和实际到位金额，可由项目受益地给予相应奖励。

（五）完善投资促进信息平台

建设投资促进信息库，为招商引资工作提供法律法规、客商资源、合作项目、跟踪落实等信息服务。鼓励外资并购投资，支持各地按照市场化原则建立并购信息库，引导省内企业主动参与国际合作。

（六）加大对外资新设项目和增资扩产的支持力度

按照河南省省级招商引资专项资金管理相关规定，对引进的外资新设项目和增资项目，实际到位1000万美元的奖励50万元人民币，每增加1000万美元奖励资金增加50万元人民币。对引进落户中国（河南）自由贸易试验区、郑洛新国家自主创新示范区、郑州航空港经济综合实验区，与功能相关的产业项目，在以上奖励标准的基础上再增加50%。

单个项目奖励最高不超过1000万元。对特别重大的项目，报经省政府同意，采取一事一议方式予以支持。对在河南省新设立的境外、省外企业地区总部和功能性机构，经审核认定后，一次性给予不超过1000万元奖励。

（七）加大对外资在河南省设立研发机构的支持力度

对经认定为省级重大新型研发机构的外资研发机构，按照河南省重大新型研发机构遴选和资助相关规定，以当地政府投入和其他发起设立单位投入的一定比例，给予最高500万元的奖补支持。

（八）建立健全招商引资激励和容错免责机制

完善招商引资激励机制，按规定加强对利用外资成效较好地方、在引进外资工作中做出突出贡献个人的表彰激励。建立招商引资容错免责机制，对招商引资过程中出现的工作失误或过失，区别对待依法依规为企业办事与谋取私利行为、官商之间正常往来与利益输送行为、无意过失与失职渎职行为，坚持宽严相济原则，给予容错免责，营造干事创业、鼓励担当的良好氛围。

三、强化开发区利用外资平台作用

（九）促进开发区优化外资综合服务

制定发布相应的赋权清单，在有条件的国家级开发区试点赋予适宜的省级经济管理审批权限。赋予省级开发区省辖市级经济管理权限，各地要按照相关政策要求将经济管理权限授权或下放至开发区管理委员会。支持开发区稳妥高效用好相关权限，提升综合服务能力。

（十）加大开发区用地保障力度

各地在安排土地利用计划时，对国家级开发区主导产业引进外资、促进转型升级等项目用地予以倾斜支持，对外资重点项目所需建设用地指标予以优先保障。对完成年度批而未用土地和闲置土地盘活任务的国家级开发区，在下一年度分配土地利用计划时给予适当奖励。

（十一）加强对开发区建设发展的资金支持

利用外经贸发展资金和商务促进资金，支持开发区做强主导产业、开展对外招商、建设网络平台、加强人才培训、改善招商环境等；支持有条件的地方高标准规划建设具有示范引领作用的国际合作园区，对开展相关招商引资活动予以奖励，试点探索中外企业、机构、政府部门联合整体开发，支持园区在国际资本、人才、机构、服务等领域开展便利进出方面的先行先试。

四、建设高标准、国际化营商环境

（十二）深化外商投资“放管服”改革

完善外商投资商务备案和工商登记“一口办理”制度，提升外商投资便利化水平。对外商投资准入负面清单内投资总额3亿美元以下的外商投资企业设立及变更，委托各省辖市、省直管县（市）政府审批和管理。完善外商投资企业申请实行综合计算工时工作制和不定时工作制的审批流程，进一步简化外国人来华许可办理程序，缩短审批时限，实现“网上办”“一次办”，不断降低外商投资企业的经营管理成本。

（十三）建立健全营商环境评价机制

以营商环境评价排名前列的国家和地区为标杆，引进国际先进理念和领先标准，试点开展外商投资营商环境评价，定期发布营商环境评价报告。各地要根据评价结果，及时研究制定整改措施，持续改善优化营商环境。（省商务厅和各省辖市、省直管县（市）政府按职责分工负责）（十四）加大知识产权保护力度。严厉打击侵权假冒行为，加大对外商投资企业反映较多的侵犯商业秘密、商标恶意抢注和商业标识混淆不正当竞争、专利侵权假冒、网络盗版侵权等知识产权侵权违法行为的惩治力度。严格履行我国加入世贸组织承诺，外商投资过程中技术转让条件由投资各方议定，各级政府工作人员不得利用行政手段强制技术转让。

（十五）保护外商投资合法权益

充分发挥省外商投资企业投诉工作厅际联席会议制度作用，加强部门协作，形成工作合力。各地要为外商投诉受理机构正常开展工作提供必要的人员、经费保障，不断完善信息通畅、处置高效的全省外商投诉处理工作机制。加快建立覆盖外商投资企业落地全过程的外商投资服务机制，收集企业反映问题和诉求，定期召开外资企业与政府部门见面会，切实协调解决问题，并及时反馈相关企业。

第七章

发表主要业务论文及成果

世行贷款华北平原农业项目回顾与思考

曹卫东　李小云

从1982年开始执行第一个世行贷款——华北平原农业开发项目，揭开了河南农业利用世行贷款的序幕，至今已过去40余年。作为我国实行对外开放政策以来，第一个利用外资治理旱涝、盐碱、沙荒的大型农业综合项目，为河南引用外资进行农业建设开了一个好头，并为河南新的农业外资项目陆续形成及华北平原的农业发展提供了典型经验。

一、华北平原河南农业项目实施建设情况

世行贷款华北平原农业项目在山东、河南、安徽3省9县实施建设。河南商丘项目治理区是华北平原农业项目的组成部分。项目利用世界银行贷款1500万美元(按当时汇率折人民币4592万元)，国内配套资金2000万元，共计6592万元。项目经过5年的实施建设，从项目检测评估报告评价的大量资料表明，华北平原河南农业项目是个成功的项目。

(一)项目区基本简况

华北平原河南商丘项目治理区包括商丘、宁陵、民权3县16个乡。项目治理区位于陇海铁路两侧，属于黄河故道背河洼地，常年旱涝、盐碱、风沙俱全，是河南豫东有名的老碱窝和粮食低产区，也是全省当时贫穷落后地区之一。项目治理区面积787 km^2，耕地75万亩。土壤以沙壤、轻壤为主，盐碱地约23.3万亩，占耕地面积的31%，土壤缺磷，有机质

在0.5%以下。浅层地下水的富水区和中等富水区为672 km^2，占总面积的85.4%，总水量中有92%的水质适于农灌。灌区地处古黄河背河洼地，历史上因黄河多次泛滥而构成地形差异，部分低洼地段地下水埋深1~2 m，又因故道侧渗影响，排水沟河不配套和标准低，造成地表地下径流不畅，是项目区易涝易碱的主要因素之一。项目治理区内年平均降雨量650~700 mm，最多1234 mm，最小323 mm，年际年内分配不均。年蒸发量为1627 mm，常形成春旱夏涝、旱涝交替、涝碱相随。

(二)项目区工程建设情况

河南商丘项目治理区1982年冬季开工，1987年底全面完成工程建设任务。项目以治水改壤为中心，工程措施与生物措施相结合，主要开展沟、渠、桥、林、路、井、电、机、站等项目工程建设。项目经5年建设，共疏浚河道33.6 m^3，干支沟42条、长364 km，开挖整修农沟1199条、长1165 km，合计土方1341万 m^3。修建各类桥涵4284座，新打机井2654眼，整修病井1107眼，平整土地30万亩。新增建10千伏线路298 km，0.4千伏线路1063 km。植树260万株，发展果园300亩。

(三)项目区治理主要成效

随着项目区治理建设完成，项目区生产条件得到了改善，达到沟河相通、机井均布、路林纵横、电线凌空、机器隆隆的一片新景象。项目区的农田工程为农业生产增添了后劲，同时采用优良的品种、先进的农业技术和适量投入等措施，促使项目区农业至今仍保持较高的水平。

1.工程效益

一是改造了盐碱地。项目区改盐碱地面积20万亩，占耕地面积75万亩的26%。据1991年测定(以下均采用1991年华北平原河南农业项目10周年统计数据)，土壤耕层平均含盐量为0.0686%，土壤脱盐率平均为71%，项目区重、中度盐地全部消失。

二是土壤肥力提高。1991年土壤检测表明，由于在项目区大面积施用磷酸二铵和增施有机肥料，土壤有机质含量达到1.15%，比基期年的0.815%提高0.335%；全氮含量达到0.07%，比基期年的0.45%提高0.025%；全磷含量达到0.172%，比基期年的0.132%提高0.04%。

三是灌溉除涝面积增加。项目区经过5年的建设，新增除涝面积30万亩，新增灌溉面积23万亩，改变了项目区过去盐碱沙荒、低洼易涝、旱不能灌、涝不能排、种不能保收的局面，基本上实现了百日无雨保丰收、三天连续降雨160 mm不成涝的要求。

四是地下水变好。1991年地下水检测表明，与基期年相比，地下水逐年向好转化，地下水位下降幅度为1.3~2.1 m，地下水矿化度与基期相比有所淡化，均小于2 g/L，总体属于底矿化水，对土壤没有盐害威胁。

2.经济效益

由于生产条件的改善,项目区农业生产快速发展。据1991年统计,粮食总产达18416万kg,比非项目区同期增长率高20个百分点;棉花总产1991年达2355.8万kg,比非项目区同期增长率高147%;油料总产1991年达1108.4万kg,比非项目区同期增长高84%。产业结构也得到及时调整,种植业比重由91.5%,下降到74%,畜牧业比重由2.3%上升到7%,林业比重由2.8%上升到4%。

3.社会效益

项目工程的实施建设,激发了项目区农民的生产积极性,农民得到实惠,生活水平有了明显提高。据统计资料显示,项目区1991年农业总产值达1.65亿元,农业总收入1.1亿元,项目区人均纯收入达到485元,比基期年的119元增长3.1倍。项目区典型农户调查点,人均粮食占有量为733 kg,比基期年的320 kg增加413 kg,增长129.1%。农民消费随收入的增加,在消费结构上有了新变,主食消费和基期年持平,副食消费人均98元,比基期年的46.5元增加51.5元,增长110.8%。

二、华北平原河南农业项目管理做法和经验

世行贷款河南华北平原农业项目取得成功的因素尽管是多方面的,但其中最为重要的是项目管理得好。河南经过5年多的实践总结,形成了一套独特的管理模式,叫作"统一规划,以县为主,分级管理,集中对外,坚持程序,搞好评估,加强监督,讲求效益"。这套模式,具体有10项内容。

(一)坚持程序,搞好评估设计

为使项目立于可靠的科学技术基础上,根据世行要求和国家有关基本建设程序,认真做到统一规划、综合治理、坚持程序和搞好评估设计。从1981年开始,就与世行专家组进行4次可行性研究论证,共同完成了《评估报告》,并作为立项的技术文件,在此基础上,逐步完成《扩初设计》《年度施工图设计》等。

(二)建立机构、明确责任

组织管理是完成项目任务的重要保证。一是加强组织管理,从省到县层层设立健全项目办事机构,内设若干个科室,设立有工程、财务、科技、秘书、物资、供应站等;二是在中央项目办领导下,明确省、市、县各级项目办的职责,制定政策办法以及保证项目实施建设所采取的重大措施决策等。

(三)重视领导的决策作用

在工作实践中体会到,重视领导的决策使用,对于项目的健康发展,起着主导的重要

作用。世行贷款河南华北平原农业项目从立项申报到项目实施建设取得成功，其重要原因之一，就是各级领导的大力支持，并在项目遇到困难问题的关键时刻及时地做出决策和进行解决。

（四）制定实施办法，建立规章制度

根据中央项目办制定的规章制度及办法，省项目办制定了《商丘农业外资项目工程标准化管理规范》，商丘市（地区）项目办发布了《关于颁发商丘地区农业项目区工程管理暂行条例的通知》，商丘、宁陵、民权三县项目办制定了工程实施管理办法、财务资金管理办法、物资材料供应办法、拨款用款制度、向世行历行报账制度、检查验收制度等具体管理办法和制度，做到了有章可依、有法可行。

（五）实行承包责任制，提高投资效益

1982年冬项目开始建设，河南就实行了工程承包责任制，这在当时来说是一项重大的改革。由于实行这项制度，使责、权、利紧密结合起来，大大调动了承包单位和广大职工的劳动积极性，克服了农田基本建设长期以来存在的“吃大锅饭”问题。项目建设5年期间承包单位所承包的工程，经省、地、县多次检查验收，都能保质保量按时或提前完成任务。

（六）实行分级检验负责制，严把标准质量关

工程质量的好坏直接关系到工程的寿命和效益的发挥，工程建设始终坚持“百年大计，质量第一”的原则。一方面认真做好群众的思想发动教育，讲清首次引用外资项目的重大意义；另一方面实行按工程等级检验负责制进行最终验收，对不合格的必须进行及时补救或返工，凭竣工验收合格证进行财务结算。

（七）改“拨”为“贷”，充分发挥经济效益

实行“拨”改为“贷”，是以前国家对农业建设实行无偿拨款管理体制上的一项重大改革。华北平原河南农业项目基本经验做法是：中央、省、县三级签订转贷协议，县里与用款单位或农户签订贷款合同，经法律部门公证，通过农行办理手续，按规定收取利息，到时还本付息。

（八）建立审计制度，加强资金使用监督

审计制度是搞好资金管理的重要组成部分。根据《评估报告》《信贷协议》规定和世行要求，华北平原农业项目资金管理系统从中央到地方最早实行了审计监督制度。河南为加强资金使用监督，明确规定项目资金支出由审计部门每年进行一次审查，并要求向世行报送审查报告、财务报表等必须有审计部门签署意见后才能报送。

(九)注重培养锻炼专业人才

华北平原农业项目一开始就十分注意人才的培养。据不完全统计，除中央项目办和省项目办举办的培训班外，商丘、宁陵、民权三县项目办在项目建设期间，共举办各类学习班累计达3000多人次，通过培训和工作实践锻炼造就了一批项目管理的骨干队伍，在项目工程建设管理中发挥了重要作用。

(十)搞好监测评价，讲求效益

监测评价是检验项目建设效益的手段，是学习吸收世行先进管理经验的内容之一。一是结合项目建设情况，利用自下而上建立的监测系统网络，对施工进度、工程质量、物资投向等做到及时准确监测；二是在监测的基础上进行评价，一般进行3次，即中期评价、事后评价、最终评价。

三、农业利用外资工作的思考与建议

世界银行贷款的引进和使用，对推动河南粮食大省现代农业和外向型农业的发展发挥了重要作用。2020年4月世界银行又提供3亿美元长期优惠贷款，支持河南高质量绿色农业发展。据统计，2017年以来，河南省共争取世行和国际金融组织贷款13亿美元(折合人民币91亿元)，为河南农业高质量发展注入了新动能。目前河南农业利用世行贷款虽然取得了明显成效和进展，但由于受到农业自身特征、农业引资经验及相关管理政策等方面的限制，与先进省份相比还有很大差距。面对新的形势和存在的问题，要提高农业利用外资水平，需要着重抓好以下工作：

一是要充分认识当前进一步做好利用外资工作的重要意义，坚持合理有效地利用外资的方针，加大在农业基础设施建设、生态环境保护、绿色农业发展等关键领域利用外资的力度，积极拓宽农业利用外资的渠道和方式，着力改善投资环境，努力把农业利用外资工作提高到一个新的水平。

二是要坚持农业利用外资的投向与农业发展方向一致，与国内投资相配合，重点围绕推进农业供给侧结构性改革，以“四优四化”为重点，强化产业导向，积极引进国外优良品种、生物工程技术、先进栽培技术和农产品深加工技术等高科技成果，不断促进农业产业结构的发展完善，加快现代高效农业发展。

三是要加强外资项目的监督管理，建立和完善外资利用项目的管理办法和制度，切实在“指导、管理、协调、服务”四个方面做好农业利用外资工作，积极克服“重引进、轻管理”的现象，在做好利用外资政策调研投资规划的同时，切实抓好项目的后期运营工作和高素质的专业人才培养。

高水平开放视角下河南省农业高质量发展研究

靳素君

[课题项目]河南省科技厅河南省软科学项目:双循环新发展格局背景下高水平开放促进河南省农业高质量发展研究,编号:212400410449。

引言

习近平总书记在2020年8月的经济社会领域专家座谈会中指出,建设更高水平开放型经济新体制,形成国际合作和竞争新优势。党的十九届五中全会公报强调,双循环新发展格局下实行高水平对外开放,开拓合作共赢新局面。这表明,我国进入以构建国内国际双循环新发展格局为基本要求的高水平开放型经济体制。

河南省作为农业大省,农业的高质量发展关系到全国农业发展形势,如何在新发展格局下,加快形成高水平开放型经济,推动农业的高质量发展,由农业大省向农业强省转变,对于带动黄河流域生态高质量发展,实现乡村全面振兴有着重要意义。文章在分析河南省农业高质量发展的内涵、优势和制约因素的基础上,基于高水平开放视角,提出农业高质量发展的实现路径。

一、高水平开放视角下农业高质量发展的内涵

高质量发展可以从宏观、产业、企业三个层面理解。宏观层面是指高质量发展要求经济持续稳定增长,实现均衡发展、绿色发展,经济发展的成果更多更公平地惠及全体人民。产业层面是指高质量发展产业结构合理、布局优化,自动适应产业内部的转型升级,产业发展的效益持续提升。企业层面的高质量发展是指企业拥有先进的质量管理方法和技术基础,具有全球一流的竞争力,产品质量具有可靠性与持续创新力。

高质量发展的三个层面决定了农业高质量发展应基于农业内在发展规律与外在需求,从高水平开放的角度正确理解高质量发展的内涵。

(一)"双循环"新发展格局下的高质量发展必然要求高水平开放

落实好双循环新发展格局,必须科学认识国内市场和国际市场的重要关系。双循环新发展格局中包含着国内市场和国际市场两个市场,这两个市场既相互区别又相互联系、相互影响。国内市场是指商品和劳务交换都发生在一国国内的生产者和消费者之间,国际市场则突破了一国的界限,生产者和消费者之间产生的商品和劳务的交换在不同的国家和地区之间进行。双循环新发展格局强调是以国内大循环为主体,但这并不意味着国内大循环就是一个封闭的循环,国内市场的发展始终离不开国际市场,改革开放以来我国的经济实践表明,国际市场的存在,不断推动我国经济发展的质量变革、效率变革和动力变革。在开放的过程中,中国作为世界主要经济体,为全球经济的发展不断贡献中国智慧和中国方案,在全球经济经济变革治理体系中话语权不断上升。因此,国内市场和国际市场作为新发展格局中的两个主体,忽视任何一个市场的发展格局,都只能称作"单循环",而不是"双循环"。

(二)开放发展契合农业高质量发展三个层面的内涵要求

高质量发展是为了更好地满足人民日益增长的美好生活的物质文化需要,农业高质量发展贯穿"创新、协调、绿色、开放、共享"五大新发展理念。"开放"是农业高质量发展的内在要求。全球化趋势的快速推进为我国农业高水平开放提供了良好的发展契机。从宏观层面理解,高水平开放可以通过统筹利用国内国际两个市场资源,充分发挥国内外农业比较优势,协调农产品进出口与国内农产品供需之间的矛盾,实现农业增长的稳定性,进一步促进城乡之间、区域之间的均衡发展,同时兼顾生产、生活与生态平衡,最大程度上实现公平正义。从产业层面理解,通过积极引进国外先进技术与管理经验,以国际化手段解决国内农业问题,用国际化视角调整升级农业产业内部结构,运用国际先进理念创新引领农业中高端消费领域,健全农业现代产业体系,在绿色低碳、现代农业产业链、人力资本服务等领域形成新的增长点,形成新动能。从企业层面理解,农业的高质量发展要求农业

企业通过对外开放提升竞争力，提高产品可靠性和持续创新能力，参与构筑全球农业资源配置，从而反作用到宏观层面提高我国在国际农业领域的话语权和竞争力。

（三）开放发展是农业高质量发展内外部动力相互协同的必然结果

农业高质量发展的基本要义是持续不断的增长动力促进高效持续发展。改革开放以来，我国经济历经长期高速增长后突破经济社会发展结构性矛盾和资源环境约束，通过内外部动力同时发挥作用，促进经济持续稳定发展。农业高质量发展的内部动力主要是农业发展中的技术进步、制度变迁和经济绩效的互动规律，外部动力体现在企业经济维度和社会维度等大环境对农业高质量发展的影响，是确保农业高质量发展的前提，与内部动力相互协同，共同推动农业高质量发展，在“双循环”发展格局的大背景下，农业高质量发展需要内外动力相互结合和联动，确保能够应对复杂多变的国际环境冲击，实现稳定、持续和健康发展。

二、高水平开放视角下河南省农业高质量发展的优势和制约因素

（一）河南省农业高质量发展的优势

河南地处暖温带向亚热带过渡地区，农业发展土地要素禀赋丰富。“十三五”期间，河南省粮食年均播种面积16065.25万亩，年均总产量659.16亿kg，粮食总产量居全国第2位。十大优势特色农产品产值占农业总产值比重达到58.5%，畜牧业产值达2424亿元、居全国第2位，蔬菜面积发展到2582万亩，居全国第2位，食用菌产量540万t，居全国第1位。2018年猪牛羊禽肉产量发展到670万t，占全国的7.8%，居全国第2位，禽蛋产量发展到414万t，居全国第2位。

河南省农业经过新中国成立以来70多年的发展积累，农业经济从单一薄弱向多元化领域跨越，农产品实现从短缺不足到比较丰富，农业生产方式从分散落后到先进融合变革，正处于从农业大省向农业强省的转型期，从城乡二元结构向城乡一体化发展的转轨期，从农民身份化向农民职业化的转变期。2016年、2017年、2018年全省第一产业增加值占GDP比重分别为10.6%、9.6%、8.9%，已经到了10%拐点以下的时代，进入现代农业加速发展阶段。

（二）河南省农业高质量发展中的制约因素

河南农业发展过程中也存在诸多制约因素，河南省虽然农村人口基数庞大，然而随着农业高质量发展的要求，劳动力、土地、资本等传统生产要素对农业投入的能效逐渐减弱，已经无法更好地支持农民收入的增加，而且经过前些年的农药、化肥等化学品的过度投入，导致农产品安全问题领域的生态危机日益显现，随着经济收入水平的提升，居民对农产品的多元化、安全化消费需求和农业供给侧结构之间出现失衡局面。河南省“十三五”时期的农产品进出口规模

一直在全国第13位徘徊，这与河南省农业大省、人口大省、消费大省的现状形成了矛盾。河南省农业生产成本过高，品牌核心竞争力不强，农产品贸易面临的国际环境日趋复杂，国际竞争力不足，粮食生产者补贴和操作方式不完善等问题已经成为制约河南农业现代化发展、农民持续增收、乡村全面振兴的重要因素，农业实现高质量发展急需激发新动能，寻找新思路。

三、高水平开放视角下河南省农业高质量发展的重要路径

在双循环新发展格局下，高水平开放助推河南省农业高质量发展要以国内国际双循环新发展格局为基本要求；以统筹实施国家粮食绝对安全战略为基点，坚持以扩大内需为基本导向的高水平开放政策为支撑，以有效市场和有为政府相互协同为抓手，全面实现农业高质量发展。

（一）统筹实施国家粮食绝对安全战略的基础上实行高水平开放

双循环新发展格局下，要始终坚持坚持"以我为主"的粮食安全观，做到保证国内粮食基本供给能力不受冲击和削弱，依靠粮食产出保证中国人的饭碗牢牢地掌握在中国人的手中，依靠肉类产出解决中国人吃好的问题，依靠农业多元化供给解决中国人的多样化消费品质。在保生存的基础上促发展，积极地利用国际国内两种资源、两个市场，实现产业安全和稳步发展，弥补国内供给不足。河南应以精准化底线思维坚守三大主粮红线不被挑战，坚决抗稳粮食安全责任，做到稳政策、稳面积、稳产量。对省内优势特色农产品积极实施"走出去"，走出河南，走向国际市场的开放战略，非优势且满足居民多样化需求的特色农产品应采取积极主动和平衡适度的"引进来"战略，全面提升统筹利用两个市场、两种资源的能力，为推进河南农业高质量发展提供基础支撑。

（二）新发展格局下发挥以扩大内需为基本导向的高水平开放支撑作用

供给和需求是双循环新发展的两大内生动力源。新发展格局下要扭住供给侧结构性改革，同时注重需求侧改革，贯通生产、分配、流通、消费各环节，形成需求牵引供给、供给创造需求的更高水平动态平衡。实现高质量发展，须需求侧管理和供给侧结构性管理相结合。注重需求侧管理，应短期政策调节和中长期制度建设结合起来，解决好短期和长期的问题和矛盾。消费升级成为需求侧拉动经济增长的重要动力，2019年，我国消费对经济的增长贡献率GDP增长3.5个百分点，连续6年成为经济增长第一动力。2020年，河南省社会消费品零售总额22733.02亿元，同比增长10.4%，高于全国平均水平，居全国第3位，与2019年比较，向前移动5位。以上数据表明，最大程度地释放市场潜力，将为高质量发展提供更大空间，也将为经济增长打下重要基础。因此，应在有效重视供给侧管理的同时更加重视需求侧管理。

随着全球经济一体化的深度融合，内需潜力的释放需要以更高水平开放支撑。河南

省超1亿人的内需大市场成为推进高水平开放的独特优势和基本条件。新发展格局下，河南应积极实施以扩大内需为导向的高水平开放政策，在加大对农业不断投入的同时，促进百姓对农产品的消费升级，着力优化外贸条件，畅通农产品出口大通道，稳定农产品供应链，提升农产品贸易质量，鼓励农产品贸易与新兴商业模式、新型贸易业态相结合，把小而特的农产品做成大产业，做成富民产业，促进农业全产业链的优化升级，培育农产品竞争新优势，支撑农业高质量发展。

（三）根据农业高质量发展对外开放的要求，发挥有效市场、有为政府的协同作用，缺一不可

在现阶段，农业实现高质量发展面临很多新机遇新挑战，比如金融在服务实体经济中对小微企业、对农户等的循环还不够通畅，人才的流通仍然受限于户籍制度和房价等多重因素，而农村土地市场尚待完善，打通双循环中的瘀点痛点是我们经济发展过程中的一个坎，怎样迈过这个坎，形成有效的市场，只有坚定不移深化改革，扩大开放，深化改革是大的方向，有效市场是大的方向，同时也应发挥有为政府的协同作用。一是积极发挥政府的引导和支持作用。依据《国务院办公厅关于促进农业对外合作的若干意见》和《河南省人民政府关于加快推进农业高质量发展建设现代农业强省的意见》等，编制河南农业对外开放中长期发展规划，强化顶层设计，出台相应政策，统筹整合全省农业企业资源，以制度型开放促进制度性变革，积极主动推进规则、管理、标准、人才培养等更大程度与国际接轨。同时，保障国内外各种要素在竞争中的中性原则，保障各类市场主体在要素获取、准入许可、经营运行、政府采购和招标投标等方面一视同仁，平等对待。二是通过高水平开放发挥有效市场的作用。高水平开放要求发挥市场在资源配置中的基础性作用，畅通资本、技术、人才等各种要素在农业农村市场的自由流动。农业企业在实施开放战略的过程中，应注重加大对重点领域和关键环节的投资，从全产业链布局出发，在种子、农化、收购、加工、仓储、码头等环节合理布点，形成对全产业链的控制力，形成全球一流的核心竞争力。农业企业应适应数字经济快速发展需要，坚持自主创新与开放创新相结合，在“自主可控”和“合作共赢”中加快技术迭代升级。

结语

实行高水平开放，以内生强循环主动选择和推动经济全球化，更好掌握对外开放主动权。坚持高水平开放不动摇，不仅有利于继续国内国外两个市场、两种资源，更有利于提高我国经济高质量发展。农业的高质量发展应着眼于河南省农业在融入双循环新发展格局下实现高质量发展，正确分析农业发展中面临的机遇与挑战，持续推进农业高水平对外开放，实现河南农业更高质量、更有效率、更加公平、更可持续、更为安全的发展，取得在危机中育新机、于变局中开新局的战略成果。

“双循环”下农业高水平开放助推农业高质量发展的思考

黎佳颖

[课题项目]河南省科技厅河南省软科学项目:双循环新发展格局背景下高水平开放促进河南省农业高质量发展研究,编号:212400410449。

一、“双循环”对农业开放的意义

(一)“双循环”的内涵及重大意义

习近平总书记在十九届五中全会上明确提出要加快构建以国内大循环为主体,国内国际双循环相互促进的新发展格局,即“双循环”。“双循环”不是分离、竞争的两个市场资源,而是互补、促进的有机整体。国内需求的增加,尤其是对高质量产品、高水平技术需求的增加,不仅能扩大进口规模以丰富国人尤其是中等收入群体的消费需求,也能加快国内供给侧结构性改革,促进产业转型升级的脚步,以支撑构建高质量的国内供给体系;高质量的供给水平又为进一步扩大出口创造条件,最终推动国际大循环的发展。国际大循环的健康发展对我国现有的生产投资和就业有着深刻影响,因此以更宽、更多、更深的国际贸易、投资、交流等优化国际大循环有重要意义。被优化的、高质量的国际循环可以通过学习效应、溢出效应、示范效应、竞争效应等对我国的产业结构、技能水平、制度和技术创新产生积极影响，推进国内循环升级。高质量发展既离不开自身的硬气，也离不开与世界交往，只有充分发挥好于国内、国际两大循环资源共享、优势互补，才能为国际经济健康、国内经济高质量发展保驾护航。

（二）我国农业开放的现状

农业开放主要涉及农产品进出口贸易、农业对外投资以及农业国际交流等。在农产品进出口贸易上，自加入世界贸易组织后，我国农业对外开程度不断加深。2004年起我国由农产品净出口国变成农产品净进口国，且净进口数额不断扩大，现已成为全球最大农产品净进口国，除蔬菜及蔬菜制品、水产品外，几乎所有的大宗农产品都是净进口。在农业对外投资上，2014年我国农业对外投资规模首次超过了引进外资规模。从发展趋势来看，“十四五”期间，农业对外投资将会保持增长。在农业国际交流上，截至2015年，我国“984”计划派出和请进的专家人数达2800余人。农业展会在新冠肺炎疫情的突袭下也站稳了脚。根据国际展览业协会（UFI）估算，2020年展览业相较于2019年萎缩68%，亚洲展出规模总体下降超过75%，而我国面临这种情况主动求变，创新以线上线下双线融合的展会方式扩大影响、吸引融资、推动合作。

（三）“双循环”下农业开放的必要性

由于各国农业领域的利益存在分歧，各国农业发展水平差距较大，以及贸易摩擦、新冠疫情和全球经济持续衰退带来的农业对外合作不确定性的增加，农业对外开放面临的挑战颇巨。在“十四五”以及未来更长时期，“双循环”将贯穿始终，成为我国经济中长期发展的主线。因此，在这样的挑战和发展趋势下，以高质量发展为目标，以农业为杠杆，以更高水平的对外开放为抓手，以资源、理念、管理和技术等不断流动、融合和发展为重点内容是避免我国陷入中等收入陷阱，推动国民经济尤其是农业经济高质量发展的必然选择。

二、农业高质量发展要求农业高水平开放

（一）农业高质量发展的内涵

农业高质量发展，包含三层含义：一是提供给消费者的农产品是高质量的，二是农业体系是高质量的，三是农民生活和农村社会经济自身的发展是高质量的。高质量的农产品要能够满足品质优、个性化、多样化、错季性、稀缺性甚至奢侈性需求。这样的农产品首先是标准高，比如有机、健康；其次是附加价值高，比如产品深加工程度高、创新元素融合度好；最后是国际认可度高，比如品牌效应的积累达到只要有“中国生产”的标签就是轻松进入国际大门的钥匙。高质量的农业体系指的是现代化的农业产业体系、生产体系和

经营体系。在产业体系上,要由基本产业拓展到农业产前部门和农业产后部门,以及进一步延伸到农业生产性服务业和生活性服务业的第三产业;在生产体系上,要在机械化基础上向自动化、智能化以及三者相结合的生产方式发展;在经营体系上,要扩大农业规模化经营,提高农业经营者素质,将农业日益扩大同资本和期货市场结合,缩小城乡居民收入差距。高质量的农民生活和农村社会经济就是要通过加强基础建设和资源保护,增强抗灾能力,强化生产要素持续发展能力,正确引导农村剩余劳动力的转移等方式显著提高农民收入,改善农民生活条件,增加农民归属感和幸福感。

(二)农业高水平开放对实现农业高质量发展的意义

在高质量发展的宏图里,农业是我国经济发展蓝图中极其重要的一部分。党的十九届四中全会指出,要建设更高水平开放型经济新体制。因此,农业高水平开放是新时代我国农业高质量发展、经济高质量发展的迫切需要。据研究,我国人均农产品需求土地约30亩,但是能用于农产品生产约24亩。虽然我国粮食年年增产,但是很多品种的产量依然无法满足需求,加之我国人民对于农副产品的消费需求越来越高,面对地少、需求多的现状,仅靠自给自足是不现实的。同时,面对新冠疫情爆发并持续冲击、中美贸易争端加剧和世界经济持续低迷的严峻形势,我国农业发展将面临更加严峻的挑战。因此,为了解决生产与需求的矛盾、缓解贸易摩擦、减轻低位经济带来的损失、实现更广泛互利共赢,高水平农业对外开放势在必行。

三、"双循环"下实现农业高水平开放的措施

(一)调节农业生产的品种结构

农业生产的品种结构是由国家的资源条件、需求结构和发展阶段所共同决定的,在一定时期内相对稳定。随着我国消费结构的升级、双循环战略格局的推进,农业生产的品种结构是调整是必然的。现今,我国农业生产的低成本优势弱化,资源、生态环境约束进一步增强,农业的对外依存度尤其是对资源密集型农产品的依存将逐渐上升。为了更好地适应这些变化,应当在保障小麦和大米等自给性农产品的前提下,提高可贸易性低的鲜活农产品总量,发展特色农产品。

(二)科学、合理地扩大农产品进口

我国是全球最大的农产品净进口国,从消费水平和未来发展来看,进口的进一步扩大是必然的,因此需要以更科学、合理的方式扩大农产品进口。一方面,要综合考虑进口的缺乏程度、产品的优势差异性及产品的敏感性等,以明确进口品种的优先顺序。随着我国未来土地密集型大宗农产品的成本和价格倒挂幅度进一步扩大,棉花生产将逐渐萎缩,玉

米的自给率将下降,大豆的进口仍然将扩大。为了对冲棉花供需缺口,应优先保持较高的进口水平;对作为饲料原料的玉米、大豆应降低边境保护,优先扩大进口,以降低国内畜牧业的生产成本;而对畜产品,则应提高边境保护,提高国外畜产品进入我国的成本并放缓进口步伐。另一方面,要降低对少数国家的进口依赖性,不搞集中化,分散进口地,注重进口渠道的开放和多元化,将政治风险低、产量稳定性高、生产潜力足的国家作为优先考虑对象。随着我国区域和双边协定的发展,选择的空间不断扩大,开放的红利不断增加。近期,我国完成《区域全面经济伙伴关系协定》(RCEP)的核准,将带来更广阔的市场与合作空间,为发展更加科学、合理的农业国际贸易业务提供坚实的市场基础。

(三)提升农产品品质,打造优势特色,深化附加值,提高国际竞争力

高品质是支撑高水平开放的基础,要用更严格的标准倒逼品质的提升,将标准化贯穿整个农业产业链条,包括在特色农业品牌打造时也需要用标准的方式将质量差异表征、固化下来。高附加值则是助力高水平开放的推手,挖掘更出彩的特色、实现产品功能创新性的转变以及赋予更深沉的文化传承都是深化附加值的着力点。为了以更优的品质、特色和附加值提高国际竞争力,应当先打造一批生产、加工、贸易规模化、标准化的农业出口贸易基地。目前,我国正在稳扎稳打地发展农业国际贸易高质量发展基地建设,将在全国范围内率先培优100个左右硬实力、硬环境强,软实力、软环境更强的贸易基地。到2035年,贸易基地数量将达到500个左右。通过示范引领,辐射带动更多的农业企业完成内部优化升级,提升国际竞争力,推动农业高水平开放。

(四)培育企业主体地位,发挥政府帮扶作用

涉农企业应当成为高水平开放的主力军,利用自身独特的优势“走出去”。政府应当成为高水平开放的保障力量,允许企业在探索的路上犯错,给予企业精神上的支持鼓励和政策上的指导帮扶。政府应当鼓励企业从早期的种地、技术支持等转向投资平台建设、生产基地建设、海外物流建设等,逐步建立现代境外农业产业体系。应当注意,要合理选择原有双边自贸协定和RCEP,助航企业出海,保障企业利益。

(五)创新推进农业国际合作新格局

构建双循环新发展格局、实现农业高水平开放,首先需要思维创新,要树立系统、忧患和共赢思维,站在全局的高度看问题,在谋求自身发展时坚持合作共赢,充分利用“一带一路”的平台,将合作往更宽、更高、更深方面发展,依托互联网电商市场推动数字贸易的发展;其次需要技术创新,要在科技研发、领域互通、成果转化和推广应用的问题上图发展,大力推进农业技术创新;最后需要政策创新,一是要在农业生产经营制度、产权制度和金融支持机制等政策的升级上下苦功,二是要在促进农业生产、保护农民收入、保护生态环境的支农惠农政策上使大劲。

新发展格局下河南省茶产业高水平开放促进高质量发展研究

靳素君

[课题项目]河南省科技厅河南省软科学项目:双循环新发展格局背景下高水平开放促进河南省农业高质量发展研究,编号:212400410449。

引言

茶产业作为河南省支柱型产业,省内种植面积不断扩大,增加了茶产业发展的内在动能。特别是我国进入经济高质量发展的趋势,在国家双循环发展格局大范围落实,以及河南省各级政府的支持下,河南茶产业发挥基础优势,并认真落实新格局下开放发展的政策。借助新的技术加快产业升级,促进产业结构的调整,使茶产业发展优势日益突出,形成良好的发展态势。面对新发展格局,河南茶产业如何保持良好发展势头,有效抑制供需矛盾的形成,实现高水平和高质量的发展,成为新常态下所需研究的重点。

一、河南省茶产业发展的机遇和优势

(一)双循环新发展格局的驱动

在我国经济高速发展向高质量发展的重要转型时期,面对世界范围内发展新格局未形成的机遇,党中央提出以供给侧改革为动力,以全面提升开放水平为根本任务,经济双循环发展的重要指示。其主要含义为:以国内循环为主体,通过产业间实现经济循环,来吸引国外产业的注意力,增加产业对我国供应链条的需求度,从而进一步增加国内消费市场的发展劲头,为各大产业实现高水平开放促进高质量发展的目标,营造更好的经济环境。面对新的发展格局,河南省茶产业迎来新的发展机遇,特别是国家林地使用权的明确,为产业大面积种植创造优质的条件。2018 年,河南省政府针对促进茶产业发展做出相关立项研究,在全省农业生产质量不断提高下,对于茶叶种植设置转型扶持资金,鼓励种植户能够扩大生产规模,并形成茶品牌化发展的重要趋势,不断加快茶产业发展的步伐,提升河南省茶产业区的整体发展水平。

(二)河南省茶产业内部发展潜力

河南省作为我国划分江北茶区的主要生产力,截至 2019 年底,省内具有 150 个乡镇和 1400 个左右的村庄大面积种植茶叶,全省茶叶种植面积达到 20 万 hm^2,位居全国的前十位。我国名茶“毛尖”的大部分产量来自河南,茶产业逐渐发展成为整个河南省优势和支柱性的产业。这种茶产业基础优势,造就河南茶产业发展领先的趋势。而在茶产量方面,河南省茶叶产区主要分布在大别山区的腹地,整体地势缓和,茶叶种植的难度不高,且山体坡度利于排水,满足茶叶对于土壤条件和地形地貌的需要。在茶叶品种资源上,河南省近几年大力推广无性系茶叶品种的种植,并逐步实现全省范围内的大面积种植。相关数据显示,河南信阳地区建立近 10 个繁育基地,建立能够培育无性系茶苗圃近 80 hm^2,每年培育的无性系茶苗超过 1 亿株。这种茶叶品种所生产出的茶叶品质统一,且有着持嫩性强和产量高的优势。在种植生产中,这种茶品更利于种植者的采摘,为河南大力发展茶产业,实现优化发展提供支撑。

二、新发展格局下河南茶产业高水平高质量发展面临的主要阻碍

虽然我国双循环发展新格局的形成,对河南茶产业的发展产生较大的推动力,但是国内市场供需矛盾的日益突出,增加了茶产业在产品销售上的压力。一方面,我国受到外部经济环境的影响,茶叶消费总量增速缓慢。在 2019 年全年我国茶叶产量增加 170 余万 t,增长率为 4.5%。而茶叶销售量仅为 120 万余 t,增长率低至-2.8%,造成产业内部供给和

需求不均衡，茶业存量增多，面临着滞销的威胁和挑战。另一方面，网络营销模式的大范围普及，使河南茶产业市场受到严重挤压，全国各地茶叶的销售，使河南部分茶企业在缺少现代化发展模式下，逐渐出现产业萎缩，降低了部分茶产业发展的积极性，茶产业面临着较大的发展危机。

三、新发展格局下河南茶产业高水平开放促进高质量发展的路径

（一）进一步提高政府部门重视力度，增加各方面投入力度

新发展格局下河南省茶产业高水平开放促进高质量发展，必须要进一步提高政府部门的重视力度，充分发挥政府在茶产业高质量发展中的导向作用。尤其是针对现阶段我国茶产业实现高质量发展进程中面临的诸多新机遇新挑战，比如金融在服务实体经济中对农户、小微企业等循环尚未畅通，茶产业生产土地市场尚待完善等等，都需要协同政府部门积极出台配套且完善的政策措施与制度体系。并通过适当借鉴北大经济学院苏剑教授在《高水平开放如何促进高质量发展》中明确提出的“面对我国产能过剩问题，各级政府部门应积极采取有效措施，推进茶产业产品创新、工艺创新、市场创新以及原料与管理模式创新，不断扩大茶产业市场创新需求，提高政府在原料创新方面的供给力度，才可有效实现我国茶产业高水平开放，促进茶产业高质量发展”这一重要指导思想，合理规划茶产业区域经济振兴切入点，增加此方面的资金投入力度，为河南省当地茶产业农产品基地建设、产业结构调整以及农业综合开发等项目提供大量资金支持与保障，进一步提升茶产业生产能力。

（二）以开放的发展理念促进融合，积极打造共享性产业品牌

在构建双循环新发展格局背景下，最重要的任务便是实现我国市场经济高质量发展，削弱“消费外流”现象，有序推进国内经济日益增长。在此背景下，通过高水平开放河南省茶产业，实现茶产业高质量发展，可有效实现我国茶产业经济持续健康增长，区域城乡发展均衡，促进茶产业以科技创新与体制改革为重点，有序推动自身产业布局合理及转型升级，不断提升自身竞争力与持续创新能力，从而实现茶产业绿色化持续发展。在此过程中，茶产业首先应以开放的理念，促进自身与文化、旅游、教育等产业融合发展，深入挖掘和传承茶文化元素，构建独特的茶文化体系。并围绕茶文化特色与茶精神，积极开发与当地文化相融合的茶文化产品，通过开发特色文化茶产品，来拓展茶产业发展路径，实现茶文化的有效传承。在此过程中，茶产业可充分利用现有的美丽生态茶园、河南省当地乡村旅游示范点、非物质文化遗产、古茶道遗址以及茶叶人文典故等，引导当地茶企业大力开发茶园观光、茶艺参与、茶道体验以及茶叶科普等产出项目，为现代城市人进茶山、寻茶味等提供机遇。其次，还可通过推进河南省当地万亩茶园打造及茶文化、茶养生、茶产业、茶

精神为一体的综合性园区，建设养生健身度假区、茶园风光观赏区、茶道体验区与茶叶生产示范区等。并通过与当地院校积极合作，为学校人才培养与茶文化精神培育提供实践基地，来有效提高综合性园区建设价值。此外，为提高河南省茶产业基地的知名度与影响力，吸引外界更多人到此体验各种项目，提升茶产业经济效益，还可利用虚拟现实技术，在互联网平台中构造虚拟化茶产业基地景观，开发相应网站页面，为消费者详细介绍茶产业基地各项服务与项目，讲解各项优势与价值，进而促进消费者积极参与其中。

（三）注重引进科技搭建茶产业学院，培养现代化茶产业人才

在新发展格局下，积极引进科技手段与设备设施，针对河南省茶产业高水平开放促进高质量发展目标，积极搭建先进型茶产业学院，培养现代化、科技化、复合型茶产业人才，可以有效推动当地茶产业跨越式发展。尤其是针对新发展格局下，河南省茶产业产品加工研发、区域品牌推广等存在的显著问题，通过积极引进现代科技技术与设备设施，培育现代化人才，便可以有效解决此方面问题，促进我国河南省茶产业高质量发展。首先，应充分发挥科研维度在茶产业生态圈中的作用与价值，利用科研手段优化茶种茶品整合，带领河南省茶产业抢占茶市竞争先机，提升其行业竞争力。在此过程中，可针对河南省个别地区茶产业品种单一，难以满足消费者多样化需求问题，积极采取有效措施，借鉴新发展格局下，我国茶叶市场中现有畅销产品的制作工艺与技术，结合茶产业文化特色与发展特色，加大力度研发独特茶叶深加工产品。并针对当下市场需求，与当地茶企业联合研发新型茶叶产品，以此来提升自身创新能力，使自身能够始终占据市场顶端。其次，还可通过积极参与校企合作办学模式，协同合作茶产业学院，整合茶产品研发资源，优化研发项目产出率，有效推进河南省茶产业高水平开放。在此过程中，需要河南省茶产业与当地茶产业学院加强合作与沟通，组建专业项目研发部门，对新发展格局向市场发展动向展开调研，根据市场调研结果变更茶产品研发策略。并通过发挥研究分析优势，以提高研发项目批准审核严格程度为有效对策，助力市场调研深化及茶产品宣传推广，以此来有序推进河南省茶产业高质量发展。

结语

总而言之，面对全世界经济增长放缓的趋势，我国为盘活各大产业，提出双循环经济发展新的战略手段，为河南省茶产业高水平开放促进高质量发展营造良好的条件。河南茶产业作为传统特色产业，其自身有着茶品种资源和产业基础上的优势。但是也存在内部供需不均衡，受到外地茶叶营销影响严重的问题。为促进河南以开放发展的姿态，实现产业整体布局的优化，达成高质量运行的目标，茶企业应加强产业合作，以集群发展的形式增强产业带动力，并借助科技创新手段，促进产业结构升级，形成产业内较大的发展吸引力，为实现国内大循环提供支撑。

入世以来河南省农产品贸易发展情况及启示

河南省农业农村厅外经处　张胜利

引言

本文通过对入世(加入世界贸易组织)以来河南省农产品贸易发展情况进行归纳和梳理,深入分析了入世以来河南省农产品贸易特点,总结了河南省农产品贸易取得的成就以及获得的启示,对于引导全省农业领域全面掌握河南省农产品贸易发展趋势,充分利用农产品贸易与农业生产之间的关系,促进农业生产和农产品贸易双赢,有着重大的现实意义。

一、河南省农产品贸易概况

河南省农产品贸易起步于改革开放,入世前发展缓慢,入世之初,河南省农产品贸易呈现井喷式增长,之后逐渐演化为稳步增长,2008年出现下滑,2009年之后恢复高速增长趋势,直到2018年增长放缓(见图1)。总体看,河南省农产品贸易额2013年以来基本在30亿~40亿美元,位居全国中游。

近10年,河南省农产品贸易稳步发展,总体呈螺旋式上升趋势,其中5个年份增长率都在两位数以上。2018年和2019年,在中美贸易争端影响等背景下,河南省农产品总贸易额保持稳定,但出口增长,进口下降,贸易顺差扩大。2020年在新冠疫情背景下,河南省农产品贸易额同比下降1/4,其中出口大幅下降,进口增长,贸易顺差收窄。2021年上半年农产品贸易总额小幅增长,但出口继续下降,进口大幅增长,贸易顺差急剧收窄。

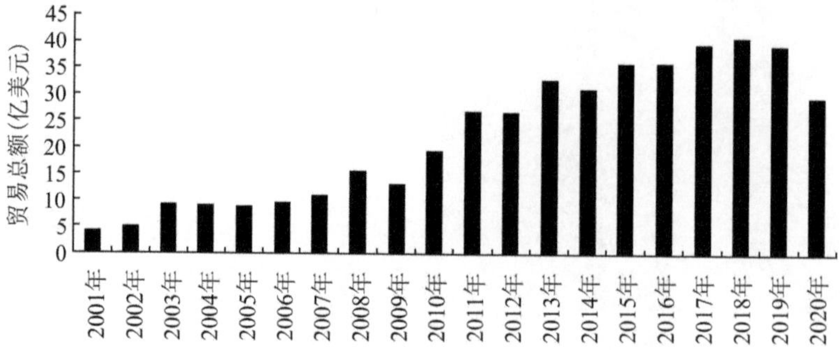

图1　入世以来河南省农产品贸易总额发展趋势

二、入世以来河南省农产品贸易特点

(一)出口持续稳定增长

入世之初,河南省农产品出口增长迅猛,2003年增速翻番,之后平稳增长,2008年金融危机前后增速放缓,2010年之后高速增长,2015~2019年持续稳定增长(见图2)。河南省农产品出口额由2010年的全国第14位上升到2014年的第11位,2015年上升到第8位,并保持到2019年。2019年出口额为29.2亿美元,为历史最高。

近年来,河南省农产品贸易高质量发展基地(国贸基地)及出口企业积极开拓全球市场,农产品出口逆势上涨,出口年均增速保持在两位数以上。2016~2018年均农产品出口额26.5亿美元,年均增速12.1%,出口增速在全省所有商品类别中位居前列。2020年以来,由于中美贸易争端和疫情双重影响,出口严重下滑,2020年同比下降40.3%,2021年上半年同比下降14.7%。

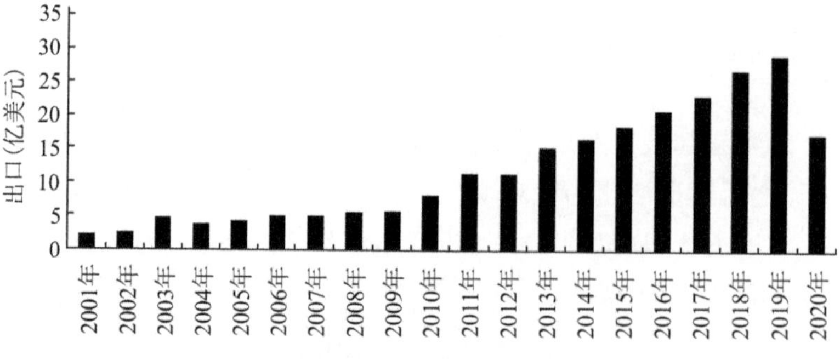

图2　入世以来河南省农产品出口额发展趋势

(二)进口整体呈波动增长

入世之初,河南省农产品进口也呈现高速增长,2008 年后波动增长态势明显(见图3)。2010 年进口增速最高,接近 50%,2019 年降幅最大,为 25.5%,2010~2018 年进口额一直保持在全国第 12 位,2019 年下滑为第 15 位,2020 年同比增长 18.6%,2021 年上半年增速为 43.8%。进口剧烈波动的主要原因是大豆进口的变化,这与养殖业的发展密切相关。2020 年以来大豆进口快速增长,主要是因为非洲猪瘟导致国内养殖业收益高涨,拉动了大豆进口需求。

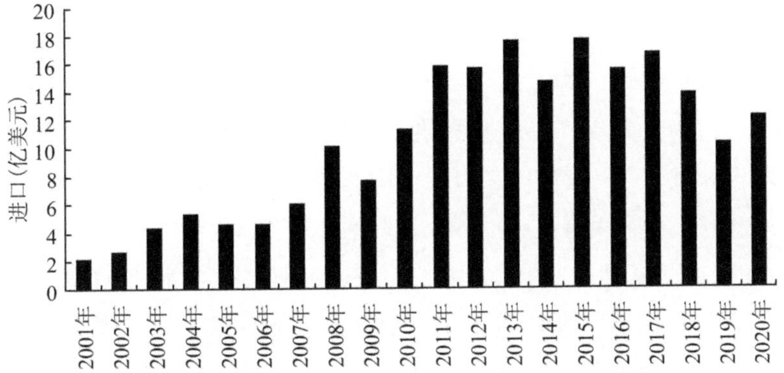

图 3　入世以来河南省农产品进口额发展趋势

(三)贸易转为顺差且保持增长

2001~2013 年,河南省农产品贸易一直逆差,2014 年转为顺差,且不断扩大,这主要得益于出口快速增长。尤其是 2018 年出口大幅增长,进口大幅下降,顺差增长翻番;2019 年,出口小幅增长,进口进一步下滑,顺差增长 43.2%,顺差额为 18.9 亿美元,为历史最高(见图 4)。受新冠肺炎疫情影响,2020 年顺差 5.2 亿美元,同比下降 73%;2021 年上半年顺差 1.5 亿美元,同比下降 70.6%,降幅创历史记录。

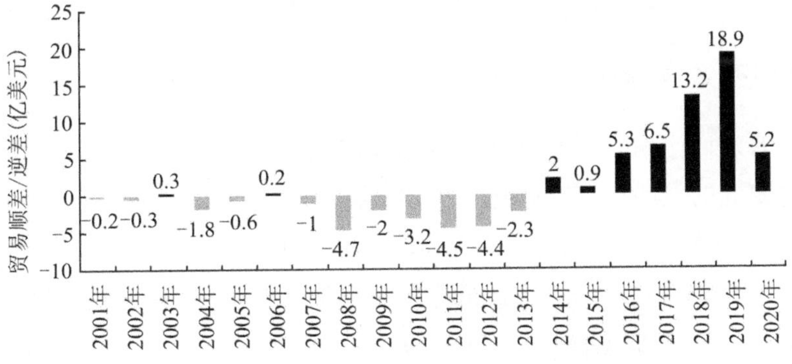

图 4　入世以来河南省农产品贸易顺差/逆差发展趋势

新冠肺炎疫情爆发以来，河南省农产品贸易遭遇严峻挑战，由于境外疫情反复，出口受到严重影响，下降幅度较大；而国内应对疫情科学有序，复工复产进度加快，拉动了农产品进口增长。随着境外疫情总体向好，全球经济逐步恢复，市场需求转暖，预计农产品出口将迎来恢复性增长。

三、河南省农产品贸易取得的成效

（一）国贸基地建设扎实有力

全省各地结合自身农业生产条件和资源优势，因地制宜建设了食用菌、蔬菜、果品、茶叶、畜禽产品等一批优势特色农产品贸易基地。基地数量不断增加，基地规模不断扩大，基地档次不断提升，为全省农产品贸易提供了坚实支撑。通过国际认证，采用国际标准开展生产，全省培育和发展了以南阳、三门峡为中心的食用菌基地，以郑州、开封为中心的大蒜基地，以漯河、鹤壁、信阳为中心的猪禽肉基地，以三门峡为中心的苹果及苹果汁基地，以许昌为中心的蜂产品基地，以信阳为中心的茶叶基地等一批特色鲜明的农产品贸易基地。2021 年，河南省西峡县食用菌等 5 个基地被农业农村部认定为首批农业国际贸易高质量发展基地，为以点带面提升河南省农产品贸易发挥了良好的示范引领作用。

（二）出口产品实现提档升级

一是高附加值农产品出口增长。初级农产品出口比重降低，加工农产品比重上升，蘑菇罐头、脱水蔬菜、熟肉制品、调味食品、包馅面食等一大批高附加值、高效益农产品纷纷打入国际市场。特别是 2008 年以来，全省水产品首次对欧盟、美国出口，熟肉制品畅销日本，调味食品出口规模迅速扩大，加工农产品纷纷进入国外高端市场。二是出口品牌打造初见成效。根据国际市场需求和河南省生产优势，打造了一批富有河南特色的农产品国际品牌，使得全省农产品出口竞争力逐年增强。西峡香菇、杞县大蒜、三利蔬菜、三门峡苹果、思念水饺、华英鸭已成为河南省农产品出口的名牌。

（三）进口有效支撑了产业发展

河南省主要进口产品包括油料、动物生皮和棉花。其中，进口量最大的单一产品大豆支撑了生猪养殖业的发展，河南成为全国猪肉调出大省之一；植物油进口支撑了食品产业发展，河南省是全国食品生产加工大省，方便面占全国 1/3，火腿肠占全国 1/5，水饺汤圆占全国 3/5；生皮进口为河南成为亚洲最大的生皮加工生产基地提供了原料保障；棉花进口保障了作为全国重要纺织基地的河南棉纺工业的发展。经过长期的开拓和经营，河南省形成了稳定的进口渠道和来源，即使在中美贸易摩擦和疫情影响的复杂背景下，依然保障了原料供给和市场稳定。

四、获得的启示

(一)农业开放是农产品贸易的生命线

河南省不临海、不沿边,贸易口岸少,贸易渠道缺乏,外贸人才缺乏,农产品贸易发展缓慢,直到入世后才加快发展。入世之初,河南省主要出口大蒜、供港活猪等初级产品,对外贸易开拓不足。入世之后,得益于农业扩大开放,得益于河南省实施开放带动战略,河南省加大招商引资力度,实施了一系列贸易便利化措施,且不断增加贸易口岸。目前,河南省已拥有肉类、粮食、水果、水产品等进口指定口岸,是目前进口指定口岸数量最多、种类最全的内陆省份。畅通对外物流通道,临空经济战略的实施,郑州航空港经济综合实验区的设立,使得郑州航空口岸成为我国中西部地区航空枢纽;郑欧班列在国内多条中欧班列中多项指标排在前列;跨境电子商务让河南与沿海发达省份站上同一起跑线,河南自贸区的建立等对外开放举措,使得河南省对外开放度不断扩大,对外贸易量持续增长。所以说,对外开放政策是贸易发展的先决条件,而正确的贸易政策是农产品贸易持续发展的动力。

(二)资源禀赋是农产品贸易的重要决定因素

河南省农业资源丰富,主粮生产优势突出,全省粮食产量占全国1/10,小麦产量占全国1/4,进口量很小;河南也是全国畜牧大省,肉蛋奶产量位居全国前列,能充分保障本省供应;河南还是果蔬大省,蔬菜、瓜果生产基本能满足本省消费需求,因此进口少、出口多。主要出口食用菌、果蔬、禽肉等劳动密集型产品,其中,食用菌是最大的出口单品,约占全省农产品出口量的40%。入世以来,由于沿海省份林木资源不足、人力成本上升等因素,食用菌生产向北方省份转移,河南承接了“南菇北移”产业转移,也承接了贸易渠道和贸易技术人才的转移,食用菌出口飞速发展,2019年出口17.4亿美元,占当年农产品出口额的六成,已成为河南省第一大出口品种。

(三)加强统筹是农产品贸易必须考虑的问题

河南是畜牧大省,饲料需求旺盛,由于河南也是玉米生产大省,本省生产的玉米为饲料生产中的碳水化合物提供了丰富的资源,受东北玉米生产和玉米进口贸易影响较小。饲料生产中的蛋白质来源主要依靠进口大豆压榨后的豆粕提供,由于河南也是花生生产大省,当大豆进口受到影响时,花生粕也能提供饲料生产的蛋白质来源。河南还是纺织大省,对棉花的需求量较大,但由于棉花机械化滞后,人力劳动成本增高,河南棉花产量逐渐萎缩,种植面积从20世纪90年代最多的130万 hm^2 下降到目前仅4万 hm^2,纺织工业原料主要依靠进口或者新疆棉保障供给。所以,保障市场稳定,既要充分利用国际市场,但也要统筹考虑发展生产,这样才能处理好农产品贸易与农业生产之间的关系。

河南省农业利用亚行贷款存在的问题及政策建议

李小云　余寅曦

中国一直是一个农业大国，随着时代的发展，农业方面，不仅是产量产出，质量和安全在国家政策中受到的关注也不断增加。以世界银行和亚洲开发银行为代表的国际金融组织也日益把目光聚焦到了中国农业上，利用外资贷款赠款发展中国农业也成为一个热点话题。近年来，中国利用国际金融组织贷款取得长足进步，对改善农业基础设施、保障国家粮食安全、促进农村减贫发挥了重要的作用。我们主要以河南省农业对外经济合作中心已经竣工和正在实施的两个亚行贷款农业项目为蓝本，坚持目标导向和问题导向，结合工作实际，采取现场调研、座谈、电话、微信联系等方式开展了专题调研活动，分析查找了项目准备和实施过程中存在的一些问题和困难，并就这些问题提出了一些政策建议，以期为河南省农业利用外资工作提供一些借鉴和帮助。

亚行是一个致力于促进亚洲及太平洋地区发展中成员经济和社会发展的区域性政府间金融开发机构，创建于 1966 年 11 月 24 日，总部位于菲律宾首都马尼拉。中国于 1986 年 3 月 10 日加入亚行。建立亚行的宗旨是通过发展援助帮助亚太地区发展中成员消除贫困，促进亚太地区的经济和社会发展。亚行对发展中成员的援助主要采取四种形式：贷款、股本投资、技术援助、联合融资。亚行的目光一直聚焦于政府的改革议程和战略优先发展领域，为气候变化和环境、区域合作与一体化、知识合作等议题提供支持。其中的内容有一部分是通过价值链促进循环农业发展，以降低资源投入及废弃物产出，并控制污染,同时也注重改善食品安全。与商业贷款相比,亚行提供的贷款具有一定的优惠性,表现在贷款时间长、利率低、其他费用少等优点。这些都与中国、与河南省当时申报项目时的需求相一致。

一、项目的基本情况

(一)河南省利用亚洲开发银行贷款旱作可持续农业项目

河南省利用亚洲开发银行贷款旱作可持续农业项目是中国利用亚洲开发银行贷款旱作可持续农业项目(由农业部牵头组织,河南、山东、甘肃三省共同实施,贷款号 2474-PRC)的一个子项目,项目主要用于建设农产品生产基地、农产品加工生产线、农业配套服务体系建设(保护性农机具生产研发推广中心、技术培训推广站、农产品检测中心)和人员培训等。2009 年 2 月 3 日签署贷款协定和项目协定,2009 年 6 月项目开始实施。项目原可研报告批复总投资 6.18 亿元,其中利用亚行贷款 3600 万美元,国内配套 33954.70 万元。2014 年项目调整后,核定目标总投资为 6.89 亿元,其中利用亚行贷款 3600 万美元,国内配套资金 43827.47 万元。原计划 2014 年 6 月完成建设,实际项目至 2016 年 6 月 30 日结束,贷款账户于 2016 年 12 月 31 日关闭。2018 年 5 月,经亚行验收,评定为成功。

(二)河南省利用亚行贷款畜牧养殖及产品安全示范项目

河南省利用亚行贷款畜牧养殖及产品安全示范项目(贷款号 L3296-PRC)是河南省农业农村厅牵头申报和执行的外资项目,河南省政府作为本项目的执行机构,河南省畜牧局和 9 个子项目企业作为本项目的实施机构。项目实施的目的是在河南省的 9 个项目参与县建立起具有示范性的、环保可持续的畜牧养殖和畜产品加工,并提供安全的食品。项目总投资为 9.07 亿元,其中利用亚洲开发银行贷款 6900 万美元,国内配套资金为 4.86 亿元。2016 年 1 月 29 日签订贷款协定和项目协定,2016 年 7 月 7 日贷款正式生效,项目实施期限 5 年,关账日期为 2021 年 9 月 30 日。

该项目于 2011 年立项,当时兽药、饲料添加剂滥用,“瘦肉精”“红心鸭蛋”“三鹿奶粉”等畜牧业生产中非法使用“违禁添加物”现象层出,严重威胁了消费者的身体健康和生命安全,也直接影响了我国畜产品的外调和市场竞争力,已成为社会广泛关注的焦点和热点问题。在此形势和背景下,原省农业厅提出利用亚行贷款为全省乃至全国的畜牧养殖行业做出示范模式,以市场需求为导向,以机制创新为动力,用现代发展理念引领畜牧业,用现代科学技术和手段装备畜牧业,通过完善养殖(加工)基础设施、畜产品安全检测检验体系及信息化建设,将饲料调制、疫病防控、污染物综合治理、产品安全检测检验体系、质量追溯体系等先进适用技术示范推广应用,构建“环保、持续、健康、安全、高效”发展格局和良性循环产业链,全面提升畜牧业规模化、标准化、产业化、信息化水平,创新河南畜产品安全管理模式,示范带动项目区乃至全省畜牧业转变生产方式,推进河南省畜牧养殖产业的持续、健康发展,以及区域经济社会和谐发展。可持续的畜牧养殖和可追溯的产品质量安全体系建设是项目立项的亮点。

该项目由 10 个子项目组成,主要建设内容包括畜产品质量安全体系建设、畜禽养殖基地建设、畜产品加工、饲料加工、粪污处理等五个方面。该项目将帮助河南优化畜产品质量安全检验检测体系,提高 9 个大中型民营畜牧养殖和畜产品加工企业提高食品安全管理水平,并实行环保可持续的畜牧养殖和畜产品加工。

项目建设期共 5 年。截至 2019 年 7 月,已完成 14 个合同包的采购工作,累积合同金额 1.83 亿元人民币,占总合同额的 27%。提款报账 4200 万元人民币,占贷款总额的 10%。4 家子项目参与企业在实施过程中因种种原因无法推进其子项目或自愿退出,涉及的亚行贷款资金 2600 万美元,需要新增子项目来弥补退出企业的产能缺口,满足设计监测框架(DMF)中监测评价指标,特别是成果级指标和关键的产出指标。因此,目前项目正在进行中期调整。

二、项目进展工作中存在的问题

亚行贷款项目政策性强,涉及面广,周期长,程序复杂,运作上需内外兼顾,管理要求高,更与其他行业业主单位相对集中、单体用款规模大不同,农业项目是利用国际金融组织贷款项目中管理最为复杂、最具挑战性的一类项目。因此,存在的问题和困难也较多,我们主要从亚行、企业、政府三方面进行分析。

(一)亚行方面的问题

(1)周期长,环节多,审批迟缓。

亚行的项目管理周期从开始到完成必须经过项目识别、项目准备、项目批准、项目执行和项目后评价五个阶段,亚行内部程序即使是简化业务流程也需要 56 个环节的工作,审批繁杂,周期长。旱作项目是 2004 年 11 月由原农业部牵头,全国打捆申报的项目,2009 年 2 月 3 日签署贷款协定和项目协定,历时 4 年多的前期准备时间。畜牧项目从 2011 年 10 月由原省农业厅牵头,联合省发改委、财政厅向国家发改委、财政部申报的项目,2016 年 1 月 29 日中国政府和亚行正式签署《贷款协定》和《项目协定》,同样历经了 4 年多的前期准备时间。

(2)项目设计不合情不合理。

比如,旱作项目设计不符合中国国情,原设计申报的项目方向,由于国内形势变化,想要调整,亚行不同意,致使最后达成的意见是:投资规模基地建设占总投资的 70%,加工占30%,使得企业建设的积极性降低,基地建设缓慢,为以后项目的执行埋下了很大的隐患。比如,畜牧项目,亚行批复的设计监测框架中指标太过详细,尤其是成果级指标的设计太具体,致使中期调整的时候太被动,只能是“猪”调整成“猪”,“牛”调整成“牛”,没有主动性和灵活性,导致项目中期调整难度大、时间长,延缓了项目的中期调整进度。

(3)项目经理更换频繁,影响项目进展。

比如,旱作项目在2年内换了4任项目经理,每个项目经理都要熟悉一下项目才能开展工作,延误了项目的推进速度。

(二)企业方面的问题

(1)市场变化。

农业企业发展受市场变化的影响,抵御风险能力弱,有的企业多种经营导致资金链断裂,企业无法经营,项目也就无法正常继续实施。比如,畜牧项目中终止项目执行的科尔沁、东汉禽业、牛牛牧业都是这种情况。

(2)反担保能力弱。

大多数农业企业固定资产少,反担保能力弱,没法完成财政所要求的实物抵押方式,致使反担保手续和转贷协议没法签订,项目无法继续推进和实施。比如,畜牧项目中终止项目执行的企业阿凡提、牛牛牧业。

(3)土地及环评原因。

在项目准备阶段,土地和环评是项目可研批复的必要条件,但是部分企业在土地审批和环境评价批复时遇到了一些问题,导致可研批复不能及时完成。常见问题有:

根据《畜牧法》规定,畜禽养殖用地为农业用地,亚行畜牧项目所需土建用地性质必须是设施农业用地,但是把耕地转换成可以进行附属物建设的设施农业用地过程复杂,耗时也较长。

有些企业在征地过程中,由于土地为集体所有,如果想要征用必须获得拥有土地转让和租赁权的所有农户的许可,沟通过程中难以在意见上完全与每一户达成一致。还有部分企业在办理土地审批手续时,恰逢省级土地规划调整,由于调整用时较长,导致迟迟无法办理审批手续。

由于项目企业多为养殖企业,根据环境部门要求,在选择土地时,必须要与当地居民区保持一定距离,同时应当处在下风口,这样不会影响当地居民正常生活。因此,土地的位置也是环境评价必须考量的重要问题。畜牧项目是打捆项目,必须在所有企业都完成环境评价的前提下才能进行下一步的可研批复,所以只要有一个企业遇到上述问题,都会影响整个项目,这也是导致项目进展缓慢的重要原因。

(4)企业管理人员和员工素质不高,缺乏现代化的管理制度和手段,对亚行项目的前期准备和实施期中的各种要求和程序不了解,致使项目在招标采购、提款报账等过程中走弯路,往往很小的事件解决不了,停滞不前,耽误整个项目的推进。项目设计时,有些企业对于招标采购中采购内容和分类没有深入了解,分包不尽合理,比如个别企业在设计土建和设备类别时没有考虑工程建设的实际需要,招标采购不同步,导致企业没法开工,项目进度受到一定影响。尽管省项目办和专家对他们进行了多次培训,但有的项目单位频繁换人,再加上有的员工责任心不强,导致效果不佳。

(三)政府方面的问题

(1)政府支持力度不够,配套资金不足。

省、市、县项目办管理经费不足,市、县项目办几乎没有管理经费,省项目办存在挤占挪用工作经费的问题,经费不足,不能对市、县项目办和项目单位进行集中培训,只能选派专家进行现场培训。

(2)政府财政担保政策的变化和风险意识的提高致使原有的企业担保手续要重新办理,增加了企业负担,延缓了项目进展。比如,畜牧项目准备阶段,每个项目企业按照程序要求都进行了财政反担保和财政评审,只是大部分企业采取的措施是股权抵押和当地财政担保函。由于国家政策变化,根据 2016 年 10 月财政部发布的第 85 号令及相关管理规程,地方财政要求企业必须提供等值实物抵押。因此,部分企业在签署正式转贷协议时不能提供等值实物抵押,导致进展缓慢甚至退出。

(3)根据财政部《国际金融组织贷款赠款项目选聘采购代理机构管理办法》(财际〔2011〕133 号)第五条内容规定,采购包中含有国际金融组织贷款或赠款,无论以何种采购方式,项目单位都只能选聘一个采购代理机构,不得拆分后选聘不同的代理机构。招标代理机构有且只有一个,为项目企业的合同招标采购服务,但由于其能力有限和缺乏竞争,致使采购工作进展不顺利。

三、政策建议

(1)亚行要精简审批程序,项目设计时要从中国国情出发,灵活多变,贷款协定、项目协定等法律文件以及监测框架等指标设计宜粗不宜细。

(2)正确处理国内审批程序与亚行审批程序之间的关系。

亚行项目的准备及评估阶段是非常耗时的,需要亚行、项目单位、行业主管、发展改革部门、财政部门等众多部门协作。所以,建议在项目工作中处理好亚行和国内程序之间的关系,做好衔接,各项工作同时进行齐头并进,才能最大限度节省时间,并使整个项目不脱节、不漏项。

(3)实行财政部门"一票否决制"的项目筛选和立项审批模式。

无论是项目前期的财政评审还是后来要和财政部门签订的转贷协议,根据财政部 85 号令规定,企业都必须要有实力给当地财政部门提供等值的实物抵押。很多企业在项目推进过程中都因为提供不出实物抵押而不得不延期或终止项目，因此建议在新项目的筛选和选定时，可实行财政部门“一票否决制”，只有先通过财政评审才可以开始项目工作，以保证后续项目工作顺利进行。

(4)适当增加项目招标代理机构数量。

在项目执行中，一个代理机构有很多弊端，诸如业务不熟练、能力不足、没有竞争压力等，延误项目招投标及采购工作。建议应当修改政府相关规定，增加至2~3个招标代理机构，让项目单位有选择余地。

作为亚行贷款项目的管理机构，要求项目办工作人员具备多方面的业务知识和综合素质，具有良好的沟通协调能力。日常工作中，项目的管理需要用绣花功夫保障整个项目的顺利进行，任何一个环节出了问题都可能影响整体的进度。希望在以后的工作中，可以严格按照国家相关法律法规和亚行的规定，充分发挥服务意识和创新意识，保证项目建设质量，达到预期的示范性目标。

农业外资借款项目的风险与防范

沈云亭

农业外资借款项目对我国农业的恢复和发展做出了很大贡献。据不完全统计，截至2000年，中国农业（不包括林业、水利）利用外资借款项目协议金额为70多亿美元，约占农业利用外资协议金额的40%，在一定程度上弥补了我国农业发展资金的不足，改善了我国农业生产条件，推动了我国农业产业化发展，促进了我国农业技术进步和农村外向型经济的前进步伐，提高了我国农村人口素质，增加了农民收入，改善了农民生活条件，加快了我国农村经济发展。但在看到其有利方面的同时，也应看到农业外资借款项目的资金是借来的，必须按期偿还，并附带或多或少的利息和其他费用，因此又具有一定的风险性。

一、农业外资借款项目风险

根据多年农业外资借款项目的实践和总结，笔者认为其主要有以下几种风险：

（一）政治风险

经济往来和援助不应该政治化，但实际上受政治因素影响很大，从而导致农业外资借款项目具有一定的政治风险。造成这种状况的原因很多，主要有：一是一些国外组织或政府在与我国政府政见不同时，把经济手段作为协调解决问题的工具，农业外资借款项目只是其中之一；二是国外政府更迭等原因而引起的对外战略的调整等。政治风险可能使农业外资借款项目资金额度减少，甚至无法正常执行。

（二）论证风险

论证是根据当前国家的政策、发展方向、项目的投入产出比等判断农业外资借款项目是否可行的工作，它是确定农业外资借款项目投资方向性的基础工作，直接关系着项目的成功与否，在工作中要求必须保持客观、严谨的科学态度，其重要性日益受到众人关注。目前，我国农业外资借款项目还存在着很大的论证风险，主要原因有：一是我国农业外资借款项目论证体制还不是很完善，正处于向专家论证体制过渡过程中，论证工作独立性不强，尤其是中小项目还存在着论证不足现象。二是农田基本建设、农业开发等农业外资借款项目由于在广阔的地域上进行，受洪涝、冰雹等自然因素影响较大，论证时我们只考虑了灾害发生的正常频率和强度，但实际上非预期的自然灾害时常发生。三是农业外资借款项目投入、产出品种繁多，受农资市场、农产品市场等多重市场因素影响，与工业项目相比农业外资借款项目论证本身就比较烦琐，风险较大。四是在经济层面上，由于农村地区经济发展不均衡，导致项目论证前提条件的界定比较困难，必须深入调查，才能得出正确的结论，在这方面表现最为突出的是项目劳力的投入折算问题。论证风险给项目的成功实施埋下了巨大隐患，如一个农产品加工项目建成后，却发现原料不足或销路不畅，是典型的论证失败。论证失败比执行偏差更可怕，执行偏差影响的可能是项目的收益水平，即无法达到项目设计的高收益，有时还有办法进行补救，但论证失败可能根本无法实现收益，也缺乏可用于补救的措施。

（三）汇率风险

这里提到的汇率风险是指在我国农业外资借款项目中，由于我国货币与借款合同中规定的用作借款或还款尺度货币间比率的变化而导致项目还款资金数额及利息变化而造成的风险。汇率风险在我国 20 世纪八九十年代的农业外资借款项目中表现得尤为突出，1982 年河南、山东、安徽共同实施的“世界银行贷款华北平原农业项目”就是汇率风险的典型例证，该项目完全实现了预定的低产田改造目标，达到了农业丰产和改善农民生活的目的，但因为用作借（还）款货币尺度的 SDR（特别提款权）对人民币的汇率从项目借款时 1∶3.4 左右上升到还款时的 1∶12 左右，仅汇率的变化就使项目的还款金额增加了 2 倍多，给项目区造成了沉重的财政负担。

（四）国内利率变化造成的借款适宜性风险

国内利率的变化不会影响农业外资借款项目预定经济目标的实现，但会影响人们对当初外资借款项目适宜性的再评价。农业外资借款项目前期工作比较长，有的会长达七八年，在这段时间内，国内利率可能会发生很大变化，由项目初始立项时用外资借款比较好，变为后来的还不如用国内借款更划算。对特定的农业外资借款项目来说，在折现率不变的情况下，适宜性风险不会影响绝对效益指标数值，因此这是一项隐性风险，往往会被忽略，但作为决策者，必须把其列为考虑范围之内。目前，在我国国内银行贷款利率持续下降的情况下，农业外资借款项目的适宜性风险评价更应引起借款单位的高度重视。

（五）时效风险

农产品市场变化比较频繁，导致了农业生产有很强的时效性，而农业外资借款项目从立项、分析、论证，到与外方谈判、确定项目等是一个较为漫长的过程，短则一两年，长则七八年，农业生产与农业外资借款项目时间上的差异性就给农业外资借款项目带来了一定的时效风险。比如：我们根据市场变化预测今后 3 年发展大蒜有利，为此，我们打算通过外资借款解决发展大蒜资金不足问题，但由于农业外资借款项目程序烦琐，前期工作时间较长，使项目无法在最有利的时间实施，甚至到 3 年后项目才开始执行，但此时已事过境迁，种大蒜已无利可图。时效风险在农业外资借款项目中比较普遍。

（六）经营风险

农业外资借款项目的经营风险与其他项目的经营风险一样，都是由于在运营过程中，管理不力、竞争失败等原因，达不到项目预期效益而带来的风险。

（七）借款机制风险

农业外资借款项目真正的用款者是农业企业或农户个人，但国外贷款方一般不会直接对企业或个人进行借款，要求必须由我国政府进行承借承还，政府实际充当着农业外资借款的国内管理者和外资借款还款担保人的双重身份，当农业企业或农户个人还不了借款时，政府必须代为偿还。因此，对我国政府而言，农业外资借款项目的这种转贷机制会带来一定的风险。

（八）偿债风险

它是指农业外资借款项目执行主体无法按规定要求偿还外资借款而形成的风险。它是一种结果性风险，是农业外资借款项目一切失误汇集在一起最终、最严重的表现，其起因可能是投资决策失误、汇率变化、经营管理不善、财务安排失当等。

二、防范措施

针对农业外资借款项目的风险，在实际工作中，最好的回避方法是做到未雨绸缪，事前对农业外资借款项目的风险进行通盘考虑，既要做到充分发挥农业外资借款项目促进我国经济发展的有利作用，又要避免其风险的发生或弱化其风险的强度。

(一)广开国际筹资渠道,分散借款风险

财务管理中有一条分散筹资风险的重要原则是多角筹资,应用到我们农业外资借款项目中就是要广开国际筹资渠道,分散借款风险。针对一个项目,其外资来源可能是世行或亚行,很单一,但针对一个省、一个国家的整体农业外资借款项目来说,其资金来源应该是多方面的,既要有来源于世行、亚行的项目,又要有来源于其他国际组织或国家的项目。来源渠道越多,其农业外资借款越稳定,越容易减弱农业外资借款项目的整体性风险,不会因某个筹资渠道出现问题,而使农业外资借款项目整体出现筹资困难的情况发生。

(二)加快项目专家论证体制建设,充分发挥专家的参谋咨询作用

专家的意见有利于完善、改进决策,弥补决策漏洞,避免决策失误。因此,我国应加快项目专家论证体制建设。首先,应明确项目论证专家的资格条件、权利、责任和义务,实现项目论证与决策彻底相分离,确保在项目立项、论证过程中论证专家的独立性,避免部门主义、行政干预,杜绝领导意志专家意见化,真正做到让专家以局外人的身份,站在客观独立立场上,对项目的必要性、可行性等充分发表意见;其次,在专家论证的基础上推行论证复核体制,对项目的论证工作进行再次复查,以求项目论证工作预测合理、方法得当、论证完整、逻辑严密、结论正确,彻底降低论证风险。

(三)合理预期国际金融市场汇率变化,建立汇率风险分散和分担机制

国际金融市场的汇率是经常变化的,只要进行外资筹措,就会存在汇率风险,但在实际工作中可采取适当措施降低这种风险:一是选择某一稳定的货币作为借款或还款的标准,比如我们从日本借入日元,但由于日元汇率不稳定,我们可选择比较稳定的欧元作为借款或还款的标准;二是在全球货币走势都不明朗或出于稳妥考虑,选择多种货币汇率的加权平均值作为借款或还款的标准。这些处理方法对国外因素引起的汇率风险有较好的分散作用,但对于我国国内因素造成的汇率风险是无能为力的。前面提到的世界银行贷款华平原农业项目的汇率风险,是由我国外汇体制改革造成的,无论采用哪几种外币汇率的加权平均值,都无法消除项目的汇率风险。对于这种情况,国家应考虑建立汇率风险分担机制,对于我国政策调整而对借款单位造成的损失应予以合理补偿,这样做不管从道理上讲或是从促进我国农业引进外资上讲都是必要的,因为国家作为一个整体是政策的制定者和受益者,不应让部分地区蒙受损失。

(四)权衡利弊,合理利用农业外资借款

农业外资借款项目的资金来源有多种渠道,各种渠道筹集的外资资金具有不同的特点,适宜不同项目的投资需要,例如:对于农业综合开发、低产田改造等受市场影响小、资

金需求量大的战略性项目,在其他条件相同的情况下,选择还款期限较长、技术等配套服务好的世行、亚行贷款优势较为明显;对于种植业、养殖业中的一些短期、极易受市场影响的项目,就应当选择筹资速度相对较快的资金来源,以便降低项目的时效风险。同时,从经济角度讲,外资借款与国内借款在质的方面并无差别,都是为获得产出而进行的投入。因此,在项目论证中,除要对不同外资来源渠道的资金进行比较外,还要对外资和内资资金方案的经济可行性进行比较,通过权衡利弊,找出较好的筹资方案。笔者认为在其他条件相同的情况下,不管是用款单位还是政府管理机关,都应当把项目的经济效益是否合适、是否比内资更有利当作农业外资借款项目是否可行的首位,不能片面地追求外资借款数额。

(五)加强协调,提高效率,促进农业外资借款项目的进程

农业外资借款项目根据资金来源不同,所经过的程序略有差别,世行、亚行等站在自己的角度把农业外资项目周期划分为项目选定阶段、项目准备阶段、项目评估阶段、项目谈判阶段、项目执行与监测阶段、项目总结评价阶段六个阶段。对于用款方来说,要顺利通过这些阶段,促进项目进程,首先必须按照他们各步骤的要求做好基础工作;其次,及时加强国内外沟通协调,尽量压缩各步骤的时间间隔,促进项目尽快上马。

(六)建立责任追究制度,增强相关人员的责任感

农业外资借款风险已经对个别地方的财政和经济发展造成了一定影响,有些原因造成的风险是有情可原的,比如:国家政策调整造成的汇率风险,这不是地方政府或某个人的过错,不能追究地方政府或某个人的责任,最佳的解决办法是建立风险分担机制;但有些原因造成的风险是可以减少或杜绝的,比如:借款企业因管理不善而倒闭,个别领导为追求政绩,不顾资源、市场条件、投入产出比等硬上的项目,这是不可原谅的,解决的办法除通过完善工作程序和改进项目转贷机制,要求实际用款单位和农户对贷款提供物资抵押或担保外,还应建立责任追究制度,实行项目终身责任制,属论证失败的要追究论证专家的责任,属决策失误的要追究相关领导的责任,属经营不善的要追究经营者的责任。

加快转变农业发展方式　推动河南农业对外开放

王超平

农业是人类赖以生存和发展的条件,是世界各国经济社会发展的基础。中国仅用约占世界10%的耕地和6%左右的淡水资源,就养活了占世界将近20%的人口。农业的持续增长,为中国经济健康发展提供了有力支撑,也为世界农业发展和全球粮食安全做出积极贡献。在农业产量大幅增长的同时,农产品的质量和安全水平不断提高,农业资源的保护也进一步加强。积极推动农业对外开放,努力打通国内、国际两个市场,增强农产品国际市场的竞争力,逐步扩大国际市场占有率,是目前摆在我们面前的紧迫问题。

近年来,河南农业扬帆出海成绩初显,河南省先后与塔吉克斯坦、吉尔吉斯斯坦、乌克兰等国在良种繁育、畜禽养殖等农业领域已经建立了合作关系,并共同实施了一批重大项目,起到了较好的示范效应。但也应当清醒地看到,河南农业与"一带一路"沿线国家进行投资合作还存在一定的制约因素。首先,省内农业企业资金压力较大。农业投资多,属于投资量大、回收期比较长的项目,对外农业投资更是如此。其次,河南农业企业对外投资合作经验也略显不足。再者,河南农业企业对外投资合作人才也较为匮乏。这在一定程度上制约了河南省农业走出去的步伐。

在实践"一带一路"和河南农业对外开放工作中,应当从以下几个方面着手:

一是确立中亚各国为重点合作对象国。从目前农业契合度和合作便利条件考虑,河南农业合作的重点对象不是人口相对稠密的东盟诸国,而是位居中亚的土库曼斯坦、乌兹别克斯坦、吉尔吉斯斯坦、塔吉克斯坦和哈萨克斯坦这五个国家。应该说这五个前苏联国家,对河南而言是最具开发潜力的区域之一。首先,按照国家发布的“一带一路”倡议规划所指出的,“一带一路”在建设运行的初始阶段,主要涉及的地域范围是中国及中亚各国,未来会逐步扩展。可见,中亚地区是战略的先期领域,这意味着中国与中亚各国之间的贸易便利化将比其他地区发展更快,对外贸易环境改善也会更加明显。其次,中亚和河南也有新欧亚大陆桥这一铁路动脉相连,郑欧班列便途经中亚五国中的哈萨克斯坦,因此中亚与河南进行贸易往来、投资合作具有良好的条件。再者,中亚主要的五个国家地广人稀,农业生产相对落后,属于传统农业范畴,与中原农业存在较大差距,有着较大的农业合作发展空间。同时,河南与中亚等国已经有了一定的合作基础,展开农业合作与交流也相对容易。

二是统筹制定河南农业“走出去”整体规划。“一带一路”是一个长期战略,农业对外投资合作更具有长期性。虽然,当前面临一个较好的历史机遇,但依然应当有一个详细的整体规划,制定出阶段性发展的目标与重点,充分考虑其当地资源优势,并能够结合当地市场、国际市场和国内市场的需求,做出一个完整的规划。这个规划不仅仅是农业“走出去”规划,农业上下游产业链的投资都应纳入到农业“走出去”战略的大布局当中。目前,河南农业“走出去”虽然有一定基础,显现出了小荷尖尖角,但这也多为农业技术交流合作和示范园区建设,农业产业链还远远未形成。因此,要制定出一整套的建设发展规划,在农业科技园区的基础上,扩大合作与交流范围,鼓励省内涉农企业向加工、物流、仓储等资本和技术密集型行业以及种子、研发等科技含量较高的关键领域投资,提升投资合作的层次。这样,不仅有利于培育出具有国际竞争力和影响的大型涉农跨国企业,而且先进的现代农业体系也更容易得到东道国的认可和支持,保证河南农业“走出去”的健康可持续发展。

三是强化政府部门和中介机构的引导与服务职能,尊重企业的主体地位。政府部门的引导作用和服务职能应表现为:首先,要利用政府间的信息优势,为国内外企业搭建信息服务平台。通过这个平台,贸易企业可以了解国际贸易惯例,寻找适合的目标合作对象,找到可信的资信评价机构;投资企业可以了解到当地的经济、法律、习俗,甚至宗教、文化情况,并找到适宜的融资渠道。通过信息服务平台为企业行为导航,帮助企业尽快融入当地经济生活中去。其次,政府部门要定期举办国际农业交流活动,或者组织有对外合作意向的农业企业参加国内外举办的各类交流洽谈活动,为扩大投资交流面、增加合作机会创造条件。再者,要开展定期或不定期的“一带一路”倡议宣讲活动和海外贸易投资趋势讲座,帮助企业了解“一带一路”倡议的最新进展,国家在融资渠道、贸易便利化等关系企业发展前景的领域有何新举措,使农业企业了解并受益于河南不断优化对外开放条件,使涉农企业敢于出海、勇于出海。

转变农业发展方式,推动河南农业对外开放和“一带一路”建设发展战略,在未来国

际间农业合作与经贸活动中,笔者对此提出以下建议:

第一,在与沿带沿路国家的农业管理部门夯实合作基础,应更好地发挥宏观指导和统筹协调作用,利用现有的合作机制,建立高效的沟通机制,保持畅通的交流,妥善规划未来合作方向和重点。

第二,在农业对外合作中要加强立场协调,沿带沿路的国家更应加强在粮食安全、气候变化、生物质能源等国际粮农领域重大问题上的沟通与协调,形成共识,共同反对各种形式的贸易保护主义,建立公平合理、持续稳定的国际农产品贸易秩序,为农业发展营造良好的国际环境。另外,应依托省内高等院校、科研院所和相关企业,加强对适用人才的联合培养,联合建立各类人才教育培训基地;强化海外人才引进工作,促进国际间人才交流与合作,重点加强国际金融、国际贸易、农业科技、食品加工、质量安全、检验检测、认证认可、标准化、仓储物流等方面的人才培养与引进,为河南农产品出口提供专业人才支撑和智力储备。

第三,扩大"一带一路"间的贸易规模,有关"丝绸之路经济带"和"21 世纪海上丝绸之路济"的国家要相互扩大市场开放,加强海关、质检、物流、人员出入境等方面的合作,充分释放双方农产品贸易的发展潜力。完善技术性贸易措施应对机制,加快建立国外技术性贸易措施应对机制,合理运用技术性贸易措施,帮助出口农产品企业和产品满足国外相关法规标准要求,突破国外技术壁垒,积极应对贸易摩擦,顺利走向国际市场;建立技术性贸易措施研究机构,围绕大宗出口农产品,针对主要出口国家和地区开展技术性贸易措施研究,收集、汇总、分析国内外农产品质量安全信息,开展风险评估,发布年度报告,督促有关方面采取积极有效的应对措施。

第四,积极拓宽食品农产品出口渠道,发挥河南省"一带一路"重要节点的区位优势,深入研究国际贸易新模式,探索出口新渠道,助推食品农产品出口。发展自主经营外贸企业,支持其不断壮大自身实力,主动开展境外合作,赢得出口主动权。引进国内外龙头企业,为河南种植养殖基地搭建平台,实现出口渠道多元化。有效巩固东盟、日韩等传统市场,大力开拓拉美、非洲等新兴市场,快速抢占欧美高端市场,持续扩大清真食品国际市场,提高河南农产品国际市场占有率。积极整合省内展会资源,加强与国际知名会展商合作,提升河南农产品展会知名度。

第五,加强质量安全监管,严格落实农产品安全监管责任制,建立健全出口农产品质量安全源头控制、追溯召回、"黑名单"、经营异常预警等制度,进一步加大联合执法力度,严厉打击农产品出口中的违法行为;充分发挥农业行业协会的作用,完善出口企业信用管理体系,严格信用等级评定,营造守法诚信享便利、违法失信受惩戒的良好氛围。

第六,努力打造出口农产品知名品牌,加快实施出口农产品品牌战略,支持有条件的地方创建"一县一品""一县多品",重点扶持产业集中度高、产品质量稳定、具有自主知识产权的农产品生产区域或企业。积极发展特色产品、有机认证产品和生态原产地产品,推动出口农产品结构优化升级，形成新的出口增长点；鼓励龙头企业开展商标国际注册，采取收购、授权使用等形式推进品牌建设。紧跟国际市场需求变化，通过技术引进或创新，提升企业核心竞争力，树立品牌形象和质量信誉。

第七，在农业对外开放和“一带一路”建设中，要促进投资量的增长，双边和多方要消除各种投资壁垒，积极开展多种形式的投资促进活动，双方经贸促进机构要充分起到桥梁和纽带作用，为双方企业特别是中小企业交流搭建平台，帮助企业寻找更多的贸易和投资合作机会。

第八，着力构建出口农产品冷链物流体系，依托郑州航空港经济综合实验区和省内口岸资源，进一步发挥现代综合交通枢纽和海空公铁多式联运优势，加快冷链物流体系和配套设施建设，提升出口农产品集散能力，降低物流成本，增强河南农产品国际市场竞争力。加快速冻食品、生鲜果蔬、肉奶制品等冷链物流和种苗、花卉等恒温物流基础设施建设，进一步完善出口农产品国际冷链物流网络，实现国内外物流网络高效衔接；积极培育河南具有国际竞争力的冷链物流企业，构建服务农产品国际贸易、营销网络、跨境贸易电子商务的物流支撑体系，打造出口农产品物流服务平台。

当前，国家正积极推进“一带一路”建设，作为古丝绸之路起点的中原大地，曾经创造了辉煌的历史和灿烂文化，我们应该充分利用这一得天独厚的优势，转变河南农业发展方式，推动和促进河南农业“走出去”，扩大农业对外开放，促进农产品出口，增加农民就业、促进农民增收、推动农业转型升级和经济发展方式转变，拓展农业发展空间、提升农业现代化水平、增强河南农业的国际竞争力，对加快河南由农业大省向农业强省转变、夯实城乡协调发展基础、全面建成小康社会具有重大意义。

我国小麦贸易引力模型的实证检验及建议

彭旭林　张丽元

一、引言

我国自加入世界贸易组织以来，对外开放程度逐步加大，与世界的国际贸易逐步加深，中国与世界的贸易交易量也呈逐步增加的态势。随着我国社会快速发展，对小麦的需求量节节攀升，我国小麦进出口贸易逆差逐渐增大。近些年，我国小麦贸易问题一直受到许多学者的关注，特别是新冠肺炎疫情在全球肆虐，我国正经历百年未有之大变局，社会进入新发展阶段，结合我国乡村振兴战略的实施，使得关于影响我国小麦贸易问题的研究变得越发重要。

我国小麦的贸易伙伴国相对比较集中，主要是美国、加拿大和澳大利亚，这三个国家小麦种质资源优，农业技术水平和机械化程度都很高，在国际贸易中长期处于优势地位，我国每年约80%以上的小麦进口量来自这三个国家。与此同时，近些年我国小麦贸易伙伴国又有新的变化，随着我国与俄罗斯之间合作的加深，我国从俄罗斯进口小麦的比例也在增加，俄罗斯正成为我国新兴的重要小麦贸易伙伴国。另外，哈萨克斯坦在进行了一系列改革后，虽然其农业整体水平仍然较低，但是小麦出口量逐年增长，我国已成为哈萨克斯坦最主要的小麦进口国之一。因此，小麦作为我国大宗农产品进出口主要产品之一，研究美国、加拿大、澳大利亚、俄罗斯和哈萨克斯坦与我国的贸易模型，分析影响我国双边小麦贸易量的影响因素,对于我国小麦供给侧结构改革、实施乡村振兴战略、促进国际国内双循环具有重要意义。

本文在前人对引力模型不断完善的基础上,选取对我国小麦进出口有重要影响的5个国家和可能对我国小麦双边贸易产生影响的6个变量建立贸易引力模型并进行回归分析,收集相关数据进行实证检验,研究影响小麦贸易的主要因素,并就我国现阶段发展要求提出一些相应的建议。

二、模型构建与分析

(一)传统贸易引力模型

贸易引力方程初时源于牛顿的万有引力定律,Tinbergen(1962)最早将其应用于国际贸易领域,他认为两国间的贸易流量M_{ij}与两国的GDP成正比,与两国之间的距离成D_{ij}成反比,最初的贸易引力模型为:

$$M_{ij}=\frac{\kappa(GDP_i)^{\alpha}(GDP_j)\beta}{D_{ij}^{\lambda}} \tag{1}$$

式中:κ为常数;α和β表示GDP的贸易弹性;λ表示距离的贸易弹性。

最初的贸易引力模型仅考虑了出口国与进口国GDP以及两国之间的距离D_{ij}三个变量对贸易流量的影响,并未考虑其他影响因素。

为了简化模型,将其转化为线性形式,对该方程两边取对数,可转化为如下形式:

$$\ln M_{ij}=\alpha_0+\alpha_1\ln GDP_i+\alpha_2\ln GDP_j-\alpha_3\ln D_{ij} \tag{2}$$

式中:$\alpha_0\sim\alpha_3$均为系数。

该贸易引力方程对实际的解释度较高,因而被广泛应用,但最初的贸易引力模型仅考虑出口国与进口国GDP以及两国之间的距离三个变量对贸易流量的影响,而随着国际贸易形势的不断发展和复杂化,经济学家在该引力模型的基础上,不断引入新的变量,以便更精准、更全方位地解释和预测国际贸易的发展和变化。

贸易引力模型的提出对国际贸易产生巨大影响,国际贸易的计量研究由此得到很大提升。随着对贸易引力模型的不断研究和改进,其应用范围越来越广,主要包括研究货物贸易(王维然,2009)和服务贸易(桂嘉越,2018),研究国家间的贸易分析(李沅熹,2014)或某国某一地区与其他国家或组织之间的贸易分析(丁琳,2011;赵桦,2016),收集整理历年相关数据分析研究贸易模型进行理论研究,通过贸易引力模型分析贸易潜力以及预测贸易发展趋势,借以进行调整从而指导贸易实践,提高国际贸易竞争力,甚至具体分析某一种或多种因素对双边贸易的影响,提出意见或建议,从而指导调整决策部署(邵桂兰、郝国志、李晨,2020;张玉胜,2020;陈元春,2020)。随着贸易引力模型研究的加深和不断扩展改进,贸易引力模型的解释度越来越高,应用范围越来越广,预测的可信度越来越强,对贸易实际的指导性逐步加深，贸易引力模型在今后国际贸易研究与实践中的应用也会越发广泛。

贸易引力模型在国际农产品贸易中的研究与应用也在逐渐拓展深入。张弛、王晓颖（2020）采用拓展的引力模型，在贸易便利化视角下从宏观方面分析中国对金砖国家农产品出口潜力，刘京京（2019）基于引力模型分析了中国进口巴西大豆的贸易潜力，李浩然、穆月英（2020）基于贸易引力模型研究了中国小麦进口贸易格局及其影响因素，并提出相应的对策建议，李爽、单琳琳（2017）基于引力模型研究了中国玉米进口贸易影响因素，并提出相关对策建议。

（二）模型设定与变量选择

对历年小麦国际贸易量、到岸价、中国进出口量等数据进行分析，再结合我国小麦产销数据分析，既可以对农业供给侧结构性改革的必要性和动力研究，又能具体展现我国小麦生产存在的供给侧结构性矛盾。拟建立小麦国际进出口贸易模型，对历年小麦国际贸易量、中国到岸价、中国进出口量、国际主要出口地、出口量等数据进行模型参数分析，寻找国际小麦贸易对中国的主要影响及未来可能的变化，结合我国农业供给侧结构性改革政策要点，分析我国小麦种植政策的要点。

在这一部分的模型设定中，考虑目前手中的参数，选择在初始引力模型的基础上，引入中国小麦进口量 T_i 和中国小麦出口量 T_j 以及上一年度中国小麦产量 P_{t-1} 三个变量，选取小麦主要进口国中美国、加拿大、澳大利亚、俄罗斯和近年在我国小麦进口中比例提高较快的哈萨克斯坦五个国家，统计从 2000 年至 2019 年各参数的值，形成新的贸易引力模型，其方程为：

$$\ln M_{ij,t} = \alpha_0 + a_1 \ln T_{i,t} + \alpha_2 \ln T_{j,t} + \alpha_3 \ln GDP_{i,t} + \alpha_4 \ln GDP_{j,t} + \alpha_5 \ln D_{ij} + \alpha_6 \ln P_{t-1} \quad (3)$$

式中：$\alpha_0 \sim \alpha_6$ 均为系数。

（三）变量、变量含义及数据来源

本模型中引用的变量、变量含义及数据来源见表 1。

表 1　变量、变量含义及数据来源

变量		含义	数据来源
因变量	$M_{ij,t}$	第 t 年中国对 j 国的小麦进口额（万美元）	联合国 UN Comtrade 数据库
自变量	$T_{i,t}$	第 t 年中国小麦进口量（万 t）	中国农业信息网
	$T_{j,t}$	第 t 年中国小麦出口量（万 t）	中国农业信息网
	$GDP_{i,t}$	第 t 年中国 GDP（亿美元）	国家统计局
	$GDP_{j,t}$	第 t 年 j 国 GDP（亿美元）	美国统计局，加拿大统计局，澳大利亚统计局，俄罗斯联邦统计局，哈萨克斯坦国家统计署
	$D_{ij,t}$	中国与 j 国首都距离（km）	Distance calculator 网站
	P_{t-1}	第 t-1 年中国小麦产量（万 t）	国家统计局

三、模型结果与分析

运用R软件对小麦进口引力模型进行估计，先采用多元回归模型进行分析并进行t检验，得到最初回归分析结果，对于拟合结果不理想的模型，再对模型变量采用最小AIC法进行进一步的筛选，最终筛选出最佳模型，同时分析筛选出来的变量的相对重要度。AIC信息准则即Akaike Information Criterion，是用来衡量统计模型拟合优良性的一个标准，由日本统计学家赤池弘次创立和发展，也称赤池信息量准则，它建立在熵的概念基础上，可以权衡所估计模型的复杂度和模型拟合数据的优良性。赤池信息准则的方法是寻找可以最好的解释数据但是包含最少的自由参数的模型。增加自由参数的数目提高了拟合的优良性，AIC鼓励数据拟合的优良性，但是尽量避免出现过度拟合的情况，所以优先考虑的模型是AIC值最小的那一个。在中哈贸易引力模型中，由于2000~2009年中哈小麦贸易几近于无，因此只分析2010~2019年的贸易数据。由于在时间维度进行分析时，$\ln D_{ij}$在模型中是一个常量，因此在分析时单独作为一个因素进行讨论，而不在模型中进行具体分析。模型分析结果如表2、表3所示。

表2　最初回归分析结果

双边国家	项目	T_i	T_j	GDP_i	GDP_j	P_{t-1}
中美	系数	−0.191	0.004	−2.838	3.957	0.543
	P值	0.176	0.985	0.0058***	0.226	0.890
	截距	−17.792				
	拟合度(%)	0.88				
中加	系数	0.315	0.400	−0.666	−2.609	5.603
	P值	0.141	0.130	0.635	0.185	0.352
	截距	−19.775				
	拟合度(%)	0.433				
中澳	系数	0.035	0.006	−0.602	0.223	3.634
	P值	0.672	0.955	0.381	0.742	0.178
	截距	−24.509				
	拟合度(%)	0.188				
中俄	系数	0.085	0.113	2.471	0.461	7.781
	P值	0.612	0.558	0.037**	0.492	0.114
	截距	−101.482				
	拟合度(%)	0.971				
中哈	系数	−0.163	1.744	−11.616	0.749	86.131
	P值	0.930	0.405	0.437	0.879	0.217
	截距	−685.445				
	拟合度(%)	0.754				

注：*、**、***分别表示在10%、5%、1%的水平上具有统计显著性，下同。

表 3 最小 AIC 法筛选最佳模型结果

双边国家	项目	T_i	T_j	GDP_i	GDP_j	P_{t-1}
中美	系数	-0.196		-2.735	3.862	
	P 值	0.088*		0.0011***	0.170	
	截距	-12.670				
	相对重要度(%)	12.73		39.48	47.79	
	拟合度(%)	0.911				
中加	系数	0.248	0.165		-2.398	
	P 值	0.103	0.212		0.0007***	
	截距	24.420				
	相对重要度(%)	7.63	5.53		86.84	
	拟合度(%)	0.448				
中澳	系数			-0.398		3.180
	P 值			0.024**		0.005***
	截距	-20.240				
	相对重要度(%)			30.31		69.69
	拟合度(%)	0.318				
中俄	系数			3.288		4.590
	P 值			0.000***		0.023**
	截距	-75.468				
	相对重要度(%)			57.84		42.16
	拟合度(%)	0.975				
中哈	系数		1.547	-9.740		77.292
	P 值		0.194	0.027**		0.006***
	截距	-618.353				
	相对重要度(%)		21.82	31.90		46.88
	拟合度(%)	0.850				

最小 AIC 法筛选最佳模型结果显示，中国小麦进口量(T_i)只在中美贸易引力模型中在 10%水平上显著影响了小麦贸易量，在其他 4 个最佳模型结果中则对小麦贸易量没有显著影响，表明中国小麦进口量(T_i)整体上对小麦贸易流量的影响不大，中国小麦出口量(T_j)在 5 个贸易引力模型中对贸易流量均无显著影响。这说明在影响中国小麦贸易流量的因素中，中国小麦进口量和出口量的影响均不显著，这可能是由于双边贸易中中国小

麦的进口量和出口量受国内供需变化影响在相当一段时期内保持相对稳定,波动性较小,也表明仅改变中国小麦进口量或者出口量对中国小麦贸易流量的作用不大。

中国GDP(GDP_i)是影响小麦贸易流量的重要因素,在中美、中俄和中哈贸易引力模型中在1%水平上差异显著,中澳贸易引力模型中在5%水平上差异显著,贸易伙伴国GDP(GDP_j)也影响贸易流量,在中加贸易引力模型中在1%水平上差异显著,分别分析5个贸易引力模型可以看出,中国GDP(GDP_i)和贸易伙伴国GDP(GDP_j)的回归系数均有正数有负数,但仔细分析两国GDP可以发现,两者对数之和在整体上表现为正数,也验证了贸易引力模型中对GDP的假设。同时可以发现,在这5个贸易引力模型中,中国GDP(GDP_i)对贸易流量的影响有超越贸易伙伴国GDP(GDP_j)对贸易流量的影响的趋势,表明小麦贸易流量对贸易伙伴国GDP(GDP_j)的依赖度有所下降,说明中国的贸易结构正在不断调整中得到优化,这也给小麦供给侧结构性改革的实施带来更多信心。

上一年度中国小麦产量(P_{t-1})对小麦贸易流量也有影响,在中澳和中哈贸易引力模型中在1%水平上差异显著,在中俄贸易引力模型在5%水平上差异显著,且其回归系数均为正数,表明上一年度中国小麦产量是影响小麦贸易流量的影响因素之一,上一年度中国小麦产量增加,引起下一年度中国小麦供给增加,除能更好满足国内需求外,对小麦的出口倾向相对增强,导致贸易流量增加。

两国之间的距离(D_{ij})是影响贸易流量的重要因素,由于两国之间的距离(D_{ij})在本次回归分析所用模型的时间维度上是一个定值,因此将其单独进行讨论。通常认为空间距离大,运输成本增加,导致贸易成本增加,最终限制双边贸易流量,所以距离对贸易流量的作用是反向的。在这5个五贸易引力模型中,美国和加拿大与中国的距离相差不大且在5个模型中距离最远,但美国和加拿大都是世界主要小麦生产国,其价格优势明显,因而双边贸易流量相对稳定;俄罗斯处于欧洲大陆,与中国距离较近,但由于俄罗斯农业政策及政治因素,导致双边贸易流量易受到影响;澳大利亚也是世界主要小麦生产国,且与中国距离较近,如果排除其他政治因素,中澳双边贸易流量会持续向好;哈萨克斯坦是5个国家中距离中国最近的国家,其小麦产量在近几年不断提高,对中国的出口量也在增加,如果改善哈萨克斯坦的基础设施建设,降低两国之间运输成本,中哈双边贸易流量也会不断增加。

综合分析5个贸易引力模型的拟合度,中美、中俄和中哈的拟合度在0.85以上,拟合度较好,说明引力模型对实际的解释较高,而中澳和中加两个贸易引力模型的拟合度比较差,说明该引力模型引进的新变量对中国小麦贸易量的影响较小,不能很好地解释和预测未来的双边贸易流量,接下来应再充分考虑各种可能的影响因素,引入新的变量,重新建立贸易引力模型并进行分析,以便提高对未来贸易流量的解释度和准确性。

四、结论

在我国与不同国家的贸易引力模型中，影响小麦贸易量的因素都不尽相同，但从整体来看，其主要影响因素是我国 GDP、贸易伙伴国 GDP、两国之间的距离和上一年度我国小麦产量，这很好地验证了古典的贸易引力模型，同时也可以看出上一年度我国小麦产量对两国小麦贸易有重要影响。

从我国与主要小麦贸易国的贸易引力模型看，我国 GDP 和贸易伙伴国 GDP 对小麦贸易有促进作用。我国 GDP 反映了潜在的需求能力，贸易伙伴国 GDP 反映了潜在的供给能力。在小麦国际贸易中，供给和需求应处于相对平衡的状态才更有利于国际贸易的平稳发展。这对我国的启示就是，要着力通过优化产业不断升级、提高国家创新能力和高新技术水平等一系列措施，不断提高我国 GDP ，同时要加强与世界各国的联系，加快构建命运共同体，促进全球经济不断稳定向好发展，不断提高世界经济水平。

两国之间的距离对小麦贸易有反向作用。空间距离不可更改，但两国之间的距离对小麦贸易的影响主要是通过增加运输成本实现的，如果在技术或政治变革中，如通过改善基础设施建设，增加对降低运输损耗的相关技术研究，变革运输方式等手段，叠加小麦贸易中的规模效应，那两国之间的距离对小麦贸易的影响会极大降低。

上一年度我国小麦产量对两国小麦贸易有促进作用。这提示我们，要注重提高我国小麦产量。“粮食生产要掌握在自己手里才更安全”，划定农业红线，重视农业生产，要通过进行小麦供给侧结构改革，加强农业相关研究投入和政策帮扶，提高科技在农业生产中的比重，不断提高农民种粮积极性和畅通农业金融渠道等措施，不断提高我国小麦产量，进而促进小麦国际贸易。

发展跨境电子商务促进河南农产品出口

张春光

当前,由于农产品出口成本呈现不断上升的趋势,尤其河南农产品出口企业对跨境电子商务平台重视程度不够,加至省内涉农跨境电子商还处于发展的初级阶段、基础较弱、应用意识不强、推广范围不宽,至使农业跨境电子商务平台、提升物流配送效率、拓展出口渠道和降低农产品出口成本等难以起到积极作用。

河南农产品出口企业应抓住机遇,大力推进电子商务建设,积极围绕国家"一带一路"倡议和区域协调发展规划,坚持"创新、协调、绿色、开放、共享"发展理念,统筹利用好国际国内"两个市场、两种资源",破解跨境电子商务发展中的体制性、机制性障碍,并根据河南农产品出口的现状以及跨境电子商务对降低农产品出口成本的有利因素,来转变农产品贸易的增长方式。

一、河南农产品出口成本高昂的现状及原因

自改革开放以来,河南由于人多,劳动力价格相对低廉,因而食用菌、果蔬、水产及加工食品等劳动密集型农产品在国际市场的廉价优势相对突出,农产品出口贸易发展很快,部分农产品在国际市场上具有一定的地位和影响力,2015 年全省农产品出口总额达到 153.5 亿元。近年来,随着国际消费市场出现持续低迷,国内能源、原材料及劳动力价格

持续上涨,农产品生产成本上升加快,河南农产品出口增长压力越来越大,出口价格优势也进一步遭到减弱。同时,各国贸易保护主义也再度抬头,为保护本国农业产业发展,纷纷采用各种新型非关税贸易壁垒来限制他国农产品进口,从而导致河南农产品的出口成本显著上升。

另外,近年来人民币持续升值,也在一定程度上削弱了农产品的出口价格优势,而且导致部分劳动密集型农产品出口的价格优势遭到进一步减弱。据了解,河南由于禽畜、水产、果蔬、食用菌等农产品的国内价格大幅低于国际市场价格,国际竞争优势非常明显,然而棉花、大豆、谷物等土地密集型农产品的生产成本长期居高不下,尤其与发达国家相比尚存在不小差距。究其原因,主要还是因为人口众多、土地经营相对分散,难以实现大规模机械化生产,生产技术水平和生产效率不高,难以在与发达国家大规模机械化农业的价格竞争中形成优势,自然也无法在国际市场形成与发达国家同类产品竞争的价格优势。

二、跨境电子商务对河南农产品出口成本下降的影响

在传统贸易模式下,农产品的出口一般须经过出口商、国外批发商及国外零售商等环节才能送达消费者手中,其间还要经过复杂的物流和双边海关的出关及入关检验、检疫,环节众多,流程复杂,时间耗费长,流通成本高。尤其是农产品的价值增值基本都被国外进口商和零售商控制。以河南灵宝出产的苹果为例,每箱省内价格不足 80 元,然而在日本、香港、东南亚等地区的超市中售价甚至能高达每个 28 元。可见,经过复杂的出口流通环节,产自河南的果蔬价格可能高出国内十几倍乃至数十倍。

在跨境电子商务模式下,农产品出口的供应链条将被重塑,省内农产品出口企业乃至农村专业合作社可以直接与外国蔬菜进口商、批发商甚至消费者直接对接,而其间复杂的海关检验、检疫等通关程序及物流方式的组织都可以委托跨境电子商务企业来完成。这是因为,跨境电子商务发展到今天,除可为企业或用户提供产品信息介绍和供需信息的广告服务外,正在不断将物流配送及海关清关等服务整合到电子商务平台之中。也可以这样说,在跨境电子商务平台下,农产品的出口交易流通可得到大大简化,也即意味着其出口成本将相应降低。

这是因为农产品与一般的工业制成品不同,对物流配送速度有着更为严格的要求,必须在相对固定的时间内送达消费者手中才能保持其应有的价值。对于农产品的跨境贸易来说,要做到这一点难度非常大。因为物流速度越快也即意味着物流成本会越高。

跨境电子商务可降低农产品出口物流成本。目前,河南的跨境电子商务平台不仅能够为农产品出口提供动态的市场需求信息,而且其与物流企业的合作也正在深入推进。同时,一些物流运输企业也开始利用其物流优势积极参与跨境电子商务服务,如河南利用跨境电子商务物流平台——“豫货网上行”、“阿里巴巴河南产业带”、淘宝网“特色中国

河南馆”、敦煌网、苏宁云商、天猫国际、运哪儿网等也开始涉足河南农产品进出口。随着第三方物流平台参与跨境电子商务业务进程的加速，为河南农产品出口物流流程的优化与提升提供了机遇，其专业的物流组织方式和最优化的配送模式必然能相对降低农产品的物流时间和物流成本。

跨境电子商务可避免或减少农产品出口的贸易壁垒成本。一些发达国家为保护本国相关产业发展，纷纷采取设置新型非关税贸易壁垒的方式，以增加他国对本国的出口难度。当前，河南农产品出口面对的新型非关税壁垒主要包括反倾销壁垒、反补贴壁垒、检验和检疫壁垒、身份验证壁垒、标签规则壁垒、绿色壁垒和动物福利壁垒等。以检验、检疫壁垒为例，进口国对农产品进行检验、检疫原是正当权益，但近年来，美、日、韩及欧盟等发达国家或地区却逐渐提高检验、检疫标准和范围，导致河南农产品的出口难度增加，出口成本上升。

跨境电商平台企业相比大大小小的农产品外贸出口企业来说，更加熟悉各国的贸易壁垒标准，更加了解农产品贸易的通关流程和检验、检疫程序。尤其是其依靠大数据和云计算的信息数据优势，对国际农产品市场需求变化的动态把握能力更强。因此，与一般的农产品贸易企业平台相比，跨境电子商务在农产品出口中的应用可避免或减少相关贸易壁垒的成本。

三、利用跨境电子商务助推农产品出口成本下降

（1）发展农产品出口的大型跨境电子商务平台，在完成一切出口流程的同时，农产品只有在送达外国消费者手中时保持适当的新鲜度才能实现其应有的价值；否则，质量再好、价格再贵的农产品，其价值也会大打折扣。跨境电子商务平台下的农产品出口与传统的农产品出口贸易模式相比，虽然物流配送速度相对加快，出口成本相对降低，但依然难以满足农产品出口对速度和效率的实际需求。

对此，河南立足农产品生产与出口的实际情况，积极鼓励农产品专业跨境电子商务平台的发展，鼓励现有的跨境电子商务平台企业扩大其出口服务范围，为农产品出口提供专业和配套的跨境电子商务服务。政府应当出台相关优惠政策，鼓励此类优质平台企业积极参与到农产品出口的跨境电子商务服务之中。

（2）发展农村专业合作社或农业园区的自建专业跨境电子商务平台。省内部分农产品生产成本和出口价格较高的主要原因在于小农户分散经营制约了规模化经营和大型农业机械的使用，导致生产效率不高。随着我国农业用地产权制度改革的深入，农村专业合作社和农业园区的经营模式也日渐成熟，加上自建专业的跨境电子商务平台，将成为推动河南农产品出口发展的一支重要力量。

（3）当前，各国日益严格的检验、检疫壁垒成为制约河南农产品出口的重要障碍。在

农产品出口中,一旦达不到目标出口国家的检验、检疫标准,产品便无法通关,或被扣留,或被退回,不仅出口交易无法顺利完成,出口商还要承担其间的物流运输及清关费用。因此,确保出口农产品达到出口目标市场的检验、检疫标准,不仅可以提高通关效率,而且可以大幅降低因不达标带来的不必要成本。跨境电子商务平台作为将市场信息、物流配送和电子支付等融为一体的新型贸易方式,也必须对用户的产品质量拥有一套严格的标准体系。

为此,应当积极鼓励从事农产品出口服务的跨境电子商务企业根据国际农产品需求市场对农产品的质量要求尤其是农产品进出相关国家各种检验、检疫标准制定自己的产品质量标准体系,提升农村专业合作社或农产品生产加工企业提升农产品生产技术含量,逐步实现农业的产业升级,以努力达到跨境电子商务平台的出口标准,依托跨境电子商务搭建标准化的检验检疫平台。

(4)在跨境电子商务平台下,除生成环节以外的其他出口流程基本可以委托给跨境电子商务企业去完成,跨境电子商务企业可以根据农产品的质量特点和运输要求合理配置其物流流程,提供成本最低的物流运输方案,从而相应降低物流成本。为此,河南应在鼓励跨境电子商务平台企业积极自建物流或与第三方物流企业合作来谋求拓展自己的物流业务,形成跨境市场信息服务与物流配送服务整合发展的新模式,为农产品出口提供全方位的出口服务。

另外,还要鼓励负责出口农产品出口货源组织的外贸企业与跨境电子商务平台和第三方物流企业开展合作,签署长期合作协议。同时,随着国家"一带一路"倡议的推进,从事农产品出口的跨境电商企业可以充分利用相关优惠政策,抓住"郑欧班列+跨境电商"模式,整合沿线物流供应链,早日实现"买全球、卖全球"的战略构想。

四、推进跨境电子商务发展河南农业贸易促进

大力推进电子商务建设,构建跨境电子商务完整的产业链和生态圈,打造新型产业贸易服务链,是实现河南农业贸易又好又快发展的迫切要求,是转变农产品出口发展方式的战略选择,是拉动内需、扩大出口、服务民生、建设富裕河南的重要举措。

(1)整合河南公共服务云平台、河南电子口岸等平台资源,建立海关、税务、外汇、出入境检验检疫、商务、工商、交通、邮政、金融、信用保险多位一体的跨境电子商务"单一窗口"综合服务平台,不断完善服务功能,实现跨部门、跨行业、跨地区的信息共享互换、协同作业,建立政府部门间联合监管新模式。引导外贸综合服务企业、电子商务平台企业等对接"单一窗口"综合服务平台,形成线上综合服务体系。

(2)结合河南产业优势,采取一区多园、一园多点的布局方式,高起点、高标准规划建设一批跨境电子商务综合园区,延长产业链,做大产业规模,形成协同推进、良性竞争、错

位发展格局,打造线下平台,集聚电商平台企业、外贸综合服务企业、电商专业服务企业、电商专业人才等要素,提供通关、物流、金融、人才等一站式综合服务,有力支撑线上“单一窗口”综合服务平台,促进跨境电子商务线上线下有机融合、互相支撑、联动发展。

(3)建设人才培养和企业孵化平台。开展政府、高校、协会、企业合作,建设一批跨境电子商务实用型人才培训基地。健全跨境电子商务人才公共服务体系,引进一批知名跨境电子商务人才中介服务机构,形成专业化、国际化的跨境电子商务人才服务市场。组建跨境电子商务产业联盟、人才发展联盟,支持众创空间发展,推进人才与企业、项目、资本无缝对接。鼓励跨境电子商务领域创业创新,为创业人员提供场地、人才、技术、资金支持和创业平台孵化服务,推动大众创业、万众创新。

(4)建设跨境电子商务信息共享体系。依托“单一窗口”综合服务平台,统一信息标准规范、信息备案认证、信息管理服务,实现企业“一次备案、多主体共享、全流程使用”,监管部门、金融机构、电商企业、物流企业之间信息互联互通,口岸管理部门信息互换、监管互认和执法互助,为跨境电子商务信息流、资金流、货物流“三流合一”提供数据技术支撑。

(5)建设跨境电子商务金融服务体系。发展跨境电子商务金融创新业务,鼓励金融机构、第三方支付机构、第三方电商平台、外贸综合服务企业之间开展合作,为跨境电子商务交易提供在线支付结算、在线融资、在线保险、在线退税等完备便捷、风险可控的一站式金融服务;鼓励在跨境电子商务活动中使用人民币计价结算,支持银行业金融机构与第三方支付机构创新电子商务跨境人民币业务产品,为跨境电子商务企业提供优质支付和跨境人民币结算服务。

(6)建设跨境电子商务智能物流体系。完善口岸物流服务通道,支持物流快递企业与跨境电子商务仓储物流中心业务对接,支持跨境电子商务平台与国家交通运输物流公共信息平台对接。发挥“多式联运”优势,运用云计算、物联网、大数据等技术,构建互联互通的物流智能信息系统、衔接顺畅的物流仓储网络系统、优质高效的物流运营服务系统等,探索建立高品质、标准化、规范化的跨境电子商务物流运作流程,逐步形成深吞吐、远辐射、供应链可控、流程规范的跨境电子商务智能物流体系。

(7)建设跨境电子商务信用管理体系。建设跨境电子商务信用信息数据库,提供电商主体身份识别、信用记录查询、商品信息查询、货物运输以及贸易信息查询等信用服务。建立监管部门信用认证和第三方信用服务评价相结合的综合评价体系,通过数据提取采集和加工分析,为政府、企业提供信息评价服务。实施信用负面清单管理,分类监管、部门共享、有序公开,通过事前准入禁止和事中全面查验、严密监管,维护跨境电子商务良好的发展环境。

(8)建设跨境电子商务质量安全体系。建设跨境电子商务产品质量安全风险监测中心和商品溯源数据库,汇聚生产、交易、通关、物流、支付、结算及评价等综合信息。充分应用信息化手段，开展跨境电子商务质量安全网络舆情监控，实现跨境电子商务商品源头可溯、去向可查、风险可控、责任可究。

(9)建设跨境电子商务统计监测体系。以申报清单、平台数据等为基本依据，完善跨境电子商务交易主体信息、电子合同、电子订单等标准格式及跨境电子商务进出口商品和物品的简化分类标准，建立规范、全面的跨境电子商务统计制度和监测制度；利用大数据、云计算技术，对各类平台商品交易、物流通关、金融支付、税收征管等数据进行交换汇聚和分析处理，逐步建立多层面、多维度反映跨境电子商务运行状况的综合指数体系并定期发布。

(10)建设跨境电子商务风险防控体系。建设完善网络安全防护体系、数据资源安全管理体系和网络安全应急处置体系，建立风险信息采集机制、风险评估分析机制、风险预警处置机制、风险复查完善机制，保障进出口商品质量安全，有效防范交易风险。开展跨境电子商务全流程专业风险分析，预防和打击跨境电子商务领域违法犯罪，为政府监管提供有效的技术支撑、决策辅助和服务保障。

“互联网+”背景下农产品产销对接模式创新研究

张旭光

当前我国农产品供需结构失衡，面临农产品“卖难”和消费者“买贵”并存的问题。究其原因，是产销对接中市场供求信息不对称、流通成本过高等造成的。因此，在当前“互联网+”背景下，充分利用新业态新方法，对于解决农产品滞销问题，促进农民增收，有极为重要的现实意义。

一、贫困地区农产品产销对接现状

（一）农产品产销对接主体

1.农产品生产经营主体

当前，贫困地区农产品的生产主体以家庭分散经营为主，由于经营者普遍存在文化程度、思维方式、资源禀赋等因素的制约，在产销对接中，呈现出“小生产”和“大市场”的矛盾。因此，农产品生产经营主体需要专业化、规模化、组织化程度较高的新型经营主体，如种养大户、农业专业合作社、农业龙头企业等。

2.农产品流通主体

经过流通和销售环节的农产品才能转化为商品。我国传统的农产品流通主要是由农产品收购商到田间地头收购，转运至批发市场或加工市场，最后通过农贸市场、超市等其他零售渠道到达消费者（消费团体）手中。

（二）农产品产销对接主要模式

我国的农产品产销对接主要有农超对接、农批对接、农工对接、农校对接、农社对接、农产品直销和互联网销售等模式。目前主要的对接模式还是农批对接，但是农产品批发市场存在主体分散、信息不畅等问题，限制了该模式的进一步发展。农超对接自 2008 年以来不断发展壮大的新模式，由于农产品生产经营主体与超市组织管理的差距，还不是最主要的产销对接模式。当前“互联网+农产品”的销售模式呈现不断发展趋势，并蕴藏较大潜力。

二、农产品产销对接中存在的问题

（一）农产品生产标准化程度低

农业龙头企业、农业专业合作社和家庭农场等新型经营主体数量不断增加，但总体来看，目前农产品生产的标准化程度依然较低。单个生产经营主体根据各自所得信息决定生产，农产品连续性供给不足；新型经营主体的组织化水平较低，管理水平不足、经营不规范、生产标准不一等，这也使“农超对接”模式难以发挥潜力。

（二）农业信息化程度低

农产品生产和流通环节的信息不畅通导致生产盲目和生产调整的滞后，导致农产品供求不匹配，存在供过于求和供不应求现象。一是由于农户的细碎化经营导致获取市场信息的途径单一、能力较弱；二是近几年来贫困地区扶贫力度的加大，经营主体对市场信息存在一定程度的忽略，导致农产品同质化，卖价较低。

（三）产销对接长效机制不健全

当今消费者选择渠道多元化，需要从消费者需求出发，目前产销双方的合作主要在农产品的采购和销售环节，属于短期行为范畴，缺乏长效的合作机制。如果建立长效的产销对接机制，销售方将消费者需求能及时有效反映给生产方，促使农产品生产者进行标准化、专业化生产和品牌化销售，不仅有利于实现农民增收、保证农产品质量安全，还有利于提升农业产业化和现代化水平。

三、贫困地区农产品产销对接模式探索

(一)建立农产品产销服务平台,畅通产销渠道

建立并推行农产品产销服务平台,形成农产品生产、加工、运输、销售可追溯制度,追溯农产品的生产环境、肥料农药使用情况以及加工质检等各个环节。该制度和平台的建立需要从政策层面、组织层面、网络层面进行构建。目前可依托益农信息社等搭建农产品产销服务平台,形成农产品生产者、农会、销售者、消费者等多方共同参与的农产品资讯系统,畅通农产品履历查询渠道。

(二)推动农产品质量认证,提升农产品品牌化水平

近年来,农产品质量安全日益受到关注,推动农产品"三品一标"质量认证,促进农产品品牌化,提升农业产业发展更显得举足轻重。以河南省为例,截至2018年底,有效期内的无公害农产品3125个,绿色食品758个,有机农产品42个,农产品地理标志106个,每年新增认证产品数量不断增长。

从"三品一标"认证数量看(见图1),根据"十二五"期末到"十三五"期间的数据统计,无公害农产品和绿色食品的认证数量不断增加,有机农产品由21个增加到42个,这反映出我国在保障农产品质量安全方面的新发展。

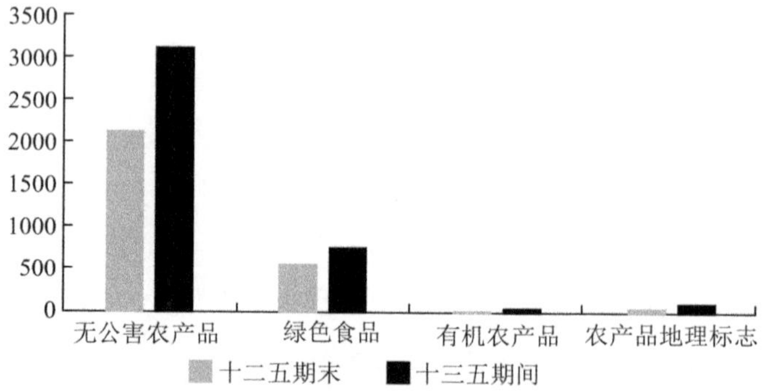

图1 河南省有效期内"三品一标"产品数量

从"三品一标"认证主体看(见图2、图3),根据某县无公害农产品和绿色食品的认证主体分布看,合作社认证占比最大。农业合作社作为农产品产销对接的重要一环,特别是合作社规模越大、等级越高,其参与农产品质量安全认证的积极性越高。一方面,因为农业合作社综合发展越好,管理越规范,越注重农产品质量和市场反应,对农产品质量要求也越严格;另一方面,由于合作社管理者的思维方式和文化水平相对较高,管理者综合素质越好,越注重创新,也愿意在农产品质量上投入更多,越容易参加

质量安全认证。

农产品企业比农业合作社更接近市场，对市场信息把握更准确，对农产品价格更敏感，因此更有动力提高农产品质量，对认证更高质量水平的绿色食品更有动力。

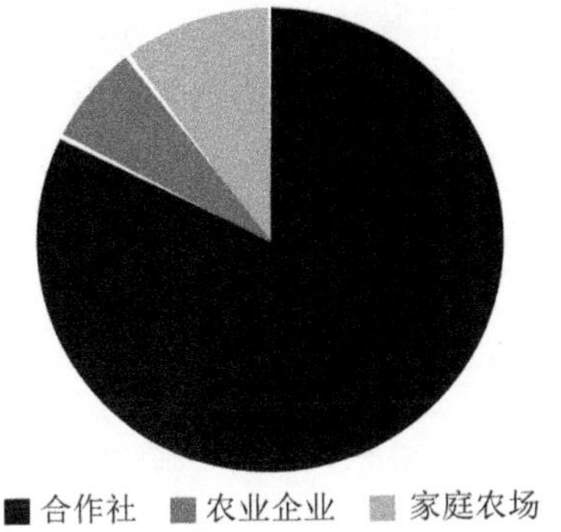

图 2　某县无公害农产品认证主体情况

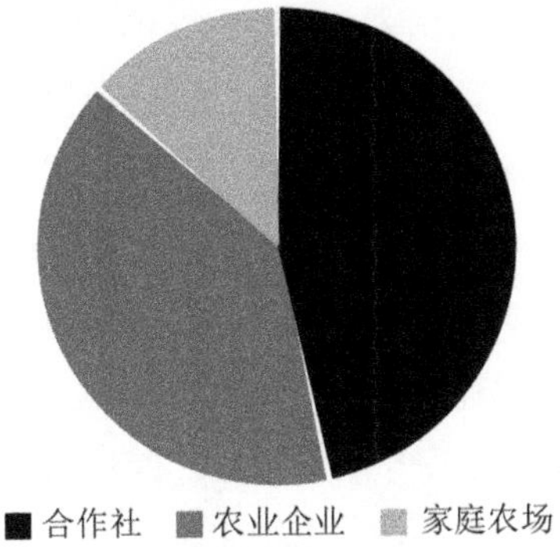

图 3　某县绿色食品认证主体情况

从“三品一标”认证产品看（表 1），粮食作物认证较少，经济作物特别是瓜果蔬菜类认证较多。粮食作物认证无公害农产品较多，认证绿色食品较少，可能是粮食作物作为大宗农产品，受产量、技术、溢价水平所限。经济作物认证多的原因可能是由于其保鲜期短、保存成本高、运输成本高等特点，需要通过质量安全认证，形成品牌效应，增加溢价空间，使得经营者更有积极性。

表 1　某县农产品认证类型分布

认证种类	产品类型		
	粮食作物	经济作物	合计
无公害农产品	56	81	137
绿色食品	8	34	42

最后，从“十二五”期末以来，以“三品一标”认证为基础的农业品牌化不断发展，特别是贫困地区的发展，受到外部环境的影响。一方面，由于脱贫攻坚以来，政府部门对农产品质量和品牌更加重视，相关质量安全认证成本不断降低；另一方面，市场的竞争越激烈，经营主体消费者对质量要求越高、购买渠道越多元，主体参与质量认证和品牌化的意愿越强。

四、“互联网+”背景下的农产品产销对接模式建议

培育专业化新型经营主体。通过龙头企业、示范社、示范农场等创建，加大培训力度，加强财政支持等手段培育一批具有互联网思维的新型经营主体。完善农民专业合作社、

家庭农场、种养大户等新型经营主体管理制度,充分利用网络技术,实施信息化管理,鼓励各类生产主体合作,向规模化和标准化方向发展。

促进电子商务平台间的互联共通。地方政府要充分利用已有的互联网资源(如益农信息社),提高利用效率,运用微信、微博、手机 APP 等终端网络和报纸等媒体,以图片、视频等形式展示当地农产品信息;通过搭建农产品供需资讯平台,及时有效更新各地农产品需求、价格等信息,指导各类主体合理安排生产;通过电子商务平台,促进龙头企业、专业合作社、中间商等主体参与高质量、品牌化农产品基地创建,实行生产、分拣、包装、运输、销售一体化作业,保证产品质量;打造以龙头企业为主的“基地+直销”模式,缩短供应链条,增加农户受益,建立稳定的产销对接关系。

加大对质量安全认证支持,促进农产品品牌化。以国家、省、市三级农业产业化龙头企业和农业专业合作社为重点,根据地方特色,鼓励创建农产品品牌,进行“三品一标”等质量安全认证,简化认证流程、提高认证效率。政府支持并开展农业品牌创建活动,遴选知名农业品牌目录,通过参加展会、农产品博览会等方式,积极推介本地农特产品。